SILVERSCREEN

Neue amerikanische Lyrik
herausgegeben von

Rolf Dieter Brinkmann

SILVERSCREEN

Neue amerikanische Lyrik
herausgegeben von

Rolf Dieter Brinkmann

Büchergilde Gutenberg

Lizenzausgabe für die Mitglieder der Büchergilde Gutenberg,
Frankfurt am Main Wien Zürich

Schutzumschlag: Juergen Seuss, Frankfurt am Main
Gesamtherstellung: Mohndruck, Reinhard Mohn OHG, Gütersloh
ISBN 3 7632 1467 4 · Printed in Germany 1971

10 SACHEN, DIE ICH JEDEN TAG MACHE

wache auf
rauche pot
sehe die Katze
liebe meine Frau
denke an Frank

esse zu Mittag
mache Lärm
singe Lieder
gehe raus
treibe mich in
den Straßen rum

gehe nach Haus
zum Abendessen
lese die »Post«
mache Pipi
zwei Jungen
grinsen

lese Bücher
besuche meine Freunde
kriege die Nase voll
trinke eine Pepsi
verschwinde

TED BERRIGAN

NOTIZEN 1969 ZU AMERIKANISCHEN GEDICHTEN UND ZU DIESER ANTHOLOGIE

»George ißt ein Frühstück, und dann ißt er ein Stück Salami. Später am Tag ißt er zu Mittag, und dann ißt er ein Stück Salami. Nach dem Abendessen nimmt George Salami als Dessert.«

Anne Waldman, Salami

1.

Das Überraschende der neuen amerikanischen Gedichte ist, *daß sie zunächst einfach nur da sind.* Daß ein Gedicht einfach nur *da* ist, stellt heute für das abendländische Bewußtsein von Gedichten sowohl für den Produzenten wie auch für den Leser den schwierigsten Ausgangspunkt dar. Denn besetzt von dem verschwommenen Wissen von einer sogenannten »Modernen Lyrik« und deren abstrakt-theoretischen Implikationen, ist die Sensibilität der Aufnahme von Gedichten abgestumpft. Immer ist da theoretisch an der Schraube gedreht worden, und jetzt dreht sich die Schraube leer im Gewinde auf derselben Stelle. *Wir sehen durch Theorien auf Gedichte und erblicken dann nichts anderes als Belege für unsere Theorie.* Das ist sehr langweilig.

2.

Anstatt durch eine »Strophe« und die Vorstellungen in einer Strophe nach draußen zu blicken, so wie jemand am Fenster steht und nach draußen blickt. Er sieht das, *was da ist.* Vielleicht steigt gerade eine Frau in ein Auto und der Rock spannt sich und rutscht ein wenig den Oberschenkel hoch. Etwas weiter weg, auf einer Reklamewand, »blitzt« ihm das »All« entgegen. Es ist ein neues Waschmittel.

3.

Und wir lachen, wenn wir Mae West (Original mit deutschen Untertiteln) am Samstagabend im 3. Fernsehprogramm als Flower Belle Lee sagen hören: »Kultur ist eine große Sache!«

4.

Dann springen wir ab, vom Rand des Tisches oder von der aufgeschlagenen Seite der »Bravo«, wo auf einem Farbfoto am 23. Drehtag um 12 h 30 Roy Black Helga Anders mit der Gabel einen Happen Rinderfilet in den Mund schiebt: seltsame, fremde Eindrücke, *als wäre das gewöhnliche Dasein noch nie vorhanden gewesen?*

5.

Der entscheidende Unterschied zu der »Lyrik«, wie wir sie verstehen, ist: daß *Bilder* gegeben werden, andere Vorstellungen (images), *die sinnliche Erfahrung als Blitzlichtaufnahme;* es passiert nicht die Zurückbiegung des Gedichts auf ein Sprachproblem oder auf unpersönliche Metaphern oder das bloße Allgemeine (der »Politik«), denn Leben ist *ein komplexer Bildzusammenhang.* Es kommt darauf an, *in* welchen Bildern wir leben und *mit welchen Bildern wir unsere eigenen Bilder koppeln.*

6.

Die Frage heißt: *Was* schreibe *ich* auf das Blatt Papier? Das geschieht in dem einen *Augenblick*, wo das Gedicht hingeschrieben wird. *Wie* das geschieht (also: Stil!), ergibt sich aus der Intensität des Autors, dem Grad seiner *Beteiligung* an dem vorhandenen *Material*; es ist eine *momentane Kombination.*

7.

Diese Anthologie hat ein einfaches Prinzip: das Interesse des Herausgebers. Es gab eine Menge *neuer* amerikanischer Gedichte, die ihm gefielen. Später zeigte sich, daß die ausgesuchten Gedichte nicht nur die privaten Interessen des Herausgebers zeigten, sondern ein Gesamtbild ergaben von dem, was »neu« an den Gedichten ist. Die Arbeit an dieser Anthologie dauerte vom Sommer 1968 bis zum Sommer 1969. *Das heutige Datum: 29. Juni 1969.* Kölner Buch-Klima, muffig. Was an den hier versammelten Gedichten neu ist, hängt mit der Überraschung zusammen, daß diese Gedichte da sind. Ich meine, daß in ihnen *Gegenwart* enthalten ist. Eine Sensibilität, die sich nicht in Erinnerungen ergeht. Alles ereignet sich nur *jetzt, in einem Augenblick,* und in diesem einen Augenblick ist die Person, die schreibt, anwesend. Sie schreibt nicht, um »Literatur« weiterzuentwickeln (diese entsetzliche Sache mit der Objektivität!), sie realisiert *sich* jetzt in dem einen Gedicht. Damit stellt sie sich natürlich gegen die bestehenden Vereinbarungen, die Konvention des abstrakten Denkens. Und das ist nach all den kosmischen Verschwommenheiten, den bekannten lyrischen Empfindungen und didaktischen Klugheiten aus dritter, vierter Hand, die sich z. B. im deutschsprachigen Gedicht der Nachkriegszeit ausgebreitet haben, die wichtigste Entdeckung des amerikanischen Typus von Lyrik: *Gegenwart, die auf den, der schreibt, bezogen ist,* nicht aber die Erfüllung allgemeiner Forderungen ist, die immer Forderungen des Bestehenden sind. Was angestrebt wird, ist der Ausdruck einer Empfindlichkeit *des Einzelnen, seine Abweichung vom vorgegebenen Muster* »Dichtung« und der Norm dessen, was als »Gedicht« bisher so leicht hantierbar blieb, die Abweichung von dem »Natürlichen« der Poesie. Verweigert also wird die von Generation zu Generation weitergereichte »natürliche« Verpflichtung zum »großen Thema«. Das ist ein Bruch jenes Kontinuums von Kultur, dessen Anfänge die Beat-Autoren setzten. Die herrische Geste des Besserwissens, des Belehrens sowie die gußeiserne Autorität »Dichter« ist in diesen Gedichten nicht vorhanden. Und wenn O'Hara schreibt, »wir werden endlich im Zentrum der Dinge glücklich sein«, so meint das jetzt, hier, in diesem Augenblick –

sehen Sie sich um, *was ist wirklich da*, was Sie anfassen können und womit Sie einverstanden sind, jetzt, hier, in diesem Augenblick, da Sie das lesen? *Was ist da und fordert Sie heraus?* Fügen Sie das den Gedichten, die Sie mögen, hinzu. In dem Augenblick werden es *Ihre* Gedichte, und *Sie* gehören zu den Gedichten. Eine einheitliche Sensibilität jenseits vorhandener Sprachbarrieren entsteht. Keiner ist ausgeschlossen.

8.

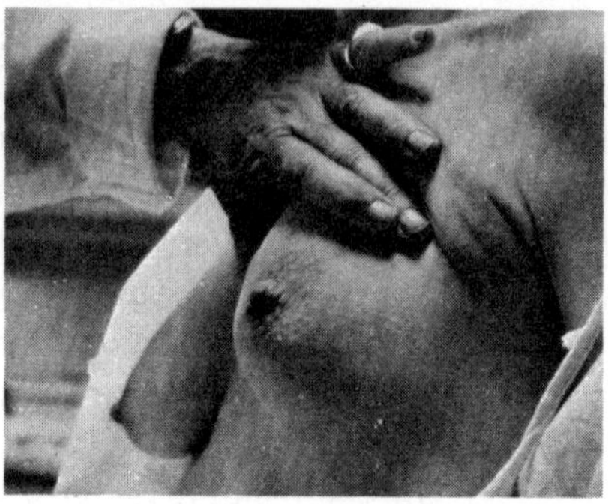

Hier zeigt der Operateur, wie eine schlaffe Hängebrust nach dem Eingriff aussehen wird. Die Brustwarzen werden zusammen mit den Brustdrüsen nach oben versetzt, so wie es auf der Zeichnung dargestellt ist. Der Chirurg paßt dann die Warzen in zwei vorbereitete, höher gelegene Öffnungen in der Oberhaut ein. So wird eine unschöne Brust zur erotischen Zierde.

9.

Der Verzicht auf die eigene Anwesenheit in einem Gedicht fehlt den neuen amerikanischen Gedichten, die hauptsächlich heute in New York gemacht werden, nachdem die Autoren der Beat-Generation das *amerikanische* Gedicht durchgesetzt haben. Waren die Gedichte der Autoren, die Mitte der fünfziger Jahre bis hin zu der 1960 von D. M. Allen edierten Anthologie The New American Poetry die neue Lyrik für die USA durchgesetzt haben, ausdrücklich und häufig *zwanghaft amerikanisch*, so ist dies den gegenwärtig geschriebenen Gedichten selbstverständlich. Das macht sie wiederum für den europäischen Kulturbereich faßbarer. Es wird nicht mehr ein Beweis geführt, auch nicht gegen die abendländische Art des Gedichts. Das meint nichts anderes, als daß die strenge Aufteilung, in nationaler Dichtung zu denken und sich darin zu verstehen, aufgelöst wird. Die Isolation, die mit der Ausprägung einer an eine bestimmte Sprache und Nation gebundenen Literatur begonnen hat, wird heute mehr und mehr durch eine einheitliche Sensibilität gegenüber den vorhandenen Zuständen und dem in den bestehenden Zuständen eingeschlossenen Material durchbrochen. Eine globale Empfindsamkeit beginnt sich anzudeuten, wie sie auch in den Studentenaufständen überall wirksam wird. Es ist *ein Aufstand gegen die dreckigen Bilder, die andere dreckige Bilder nach sich ziehen* und so lange als einzig »wahre« Bilder verstanden wurden: gegen den mörderischen Wettlauf, konkurrenzfähig zu sein, gegen die besinnungslos hingenommenen Gewaltakte, gegen das Auslöschen des Einzelnen in dem alltäglichen Terror. Die alltäglichen Dinge werden vielmehr aus ihrem miesen, muffigen Kontext herausgenommen, sie werden der gängigen Interpretation entzogen, und plötzlich sehen wir, wie schön sie sind... ein Schlittschuh, der über die Eisfläche gleitet, eine Hand, die einem Hund Hundefutter hinhält, mein liebstes Gemüse broccoli – denn die alltäglichen Sachen und Ereignisse um uns sind terrorisiert worden; dieser winzige, aber überall verteilte Terror wird zersetzt, *das konkrete Detail befreit.* Jetzt ist es ein Schlittschuh, der über eine Eisfläche gleitet. Jetzt ist es ein Mädchen, das lächelt. Dies ist mein liebstes Gemüse, broccoli. – Ruft man sich die Anfänge der europäischen Literatur ins Gedächtnis, so erkennt man eine in den Literaturprodukten verschiedener Sprachbereiche gleiche Empfindsamkeit, eine einheitliche Perspektive auf die Umwelt, so daß Übernahmen von Motiven, Themen, Handlungsfragmenten völlig legitim waren. Heute scheint ein analoger Vorgang stattzufinden. Es entsteht neu ein literarischer Großraum durch Adaptionen, gleiche Materialbehandlung, durch eine aus den literarischen Konventionen sich lösende Subjektivierung des Schreibens. Sie erst erlaubt die Hereinnahme etwa eines Kochrezepts in ein Gedicht und macht dadurch ein Gedicht relevanter, weil teilbarer. Die intellektuellen Spezialisierungen nehmen ab, der Autor hört auf, »Autor« zu sein und wird jemand, der dieses eine Gedicht geschrieben hat (der Begriff »Gesamtwerk« wird somit zu einem wichtigen Teil als verschleiernder Begriff bloßen Positdenkens denunziert). Das mag auch die tatsächliche Bedeutung der unzähligen kleinen Lyrikheftchen ausmachen: Gedichteschreiben wird als der geläufigste Ausdruck des Menschen gesetzt. Eine *post-moderne Literatur* beginnt; eine Literatur, die sich nicht mehr in Konkurrenz zu den bereits bestehenden »großen« Literaturerzeugnissen versteht – wir alle sind groß und großartig: *»mädchenhaft, schön und unnachgiebig«*, um eine Zeile von Frank O'Hara zu gebrauchen. (Wir haben bloß Angst, das zu *sein,* weil alles um uns sich mit sinnloser *Bedeutung* aufgeladen hat, die jeden Gegenstand unserer tatsächlichen *Benutzung* entzieht!)

10.

Familiär: Elvis mit seinen Eltern

11.

Zurück zu den amerikanischen Gedichten! Ist das »das amerikanische Gedicht«: wenn *John Giorno* Streichholzschachteln verteilt, auf denen auf einem roten Grund in weißer Schrift »John Giorno« steht und auf der Rückseite ebenfalls in weißer Schrift »Insults are a cure for boys with long hair says Paul. E. Gerwing the police chief«?

12.

»Ich meinerseits, wenn ich bewundernd die *skrupellose* Art ansehe, wie die Ausländer ihre Lyrik starten, sei es Mallarmé, sei es Henry Miller...«, schrieb Gottfried Benn in seiner Vorbemerkung zu Frühe Lyrik und Dramen.

13.

Das Schreiben von Gedichten als ein Tun (eine Tat), wie es so häufig im abendländischen Territorium theoretisch proklamiert worden ist, wird heute im amerikanischen Bereich *ausgeführt, gegen* die gewöhnlich gewordenen »dreckigen« Bilder mit dem Lächeln der Politiker, den zertrümmerten Autos, Kopfschmerzen und Nervenzusammenbrüchen.

14.

Aber auf »Nervenzusammenbrüche« zu sprechen gekommen: *der Einstieg in die Oberfläche der Bilder* (Vorstellungen, images) vollzieht sich gerade dadurch. Es verwundert nicht, wenn der »break-down« als »break-through« angesehen wird. (Der englische Psychiater Ronald D. Laing deutete diese Interpretation an, die von dem amerikanischen Literaturprofessor L. A. Fiedler aufgegriffen und weiter durchgespielt wurde.)

15.

Das »Charakterkorsett der Wörter« (Oberbegriffe), das uns aufrecht hält, die »Angstszene Kultur« etc. Immer wieder dieselben Blind-begriffe, die uns abrichten und jeden Impuls ersticken, es anders zu sehen. Man braucht nur eine Zeitlang die hier üblich gewordenen Buchkritiken in den Feuilletons zu lesen, um zu begreifen, wie in dem gleichgültigen Tonfall und der kokett verspielten, chicen Attitüde der Rezensenten (»... hier aber muß der Rezensent eingestehen ...« etc.) sich der latente Haß aus dem aktuellen Teil der Zeitung reproduziert. Für den an dieses Klima gewöhnten Leser mag es nur verwirrend und wahrscheinlich lächerlich sein, auf eine Besprechung zu treffen wie die des jungen Lyrikers Ron Padgett von Joseph Ceravolos Gedichten »Wild Flowers Out Of Gas« in einer so ambitionierten Zeitschrift, wie es *Kulchur* war: *»Joe Ceravolos Gedichte sind wie die alte Dame, die einem boy scout hilft, eine belebte Straße zu überqueren. Sie sind aber auch wie der Lastwagenfahrer, der seinen Lastwagen anhält, um sie sicher die Straße überqueren zu lassen, und hupt und winkt. Und ebenso sind sie wie der Groschen in der Tasche des Jungen, der nicht verbogen wurde, als der Lastwagen ihn überrollte.«* (aus: Kulchur, Vol. 5/No. 18, 1965). – Die gleiche offene und persönliche Haltung gegenüber Literatur, die sich in einer derartigen Kritik zeigt, findet sich in der regelmäßigen Kolumne *Under Shelley's Poet's Tree* der Zeitung Other Scenes wieder, deren Motto heißt: *Under Shelley's tree Newton's law doesn't apply – only Berrigan's. Ted Berrigan's Law states that anything that happens in the life of a poet is interesting.* Die vorgegebenen Bezugs- und Interpretationssysteme sind hier aufgelöst; das, was als »kulturelles Fluidum« so gern zitiert wird, ist ent-mythisiert worden. Keine Scheu ist mehr vorhanden, *feminine – marvelous – and tough* zu sein! Es werden annehmbarere, verständliche Eindrücke gegeben, *Bilder*, so wenn es in der oben zitierten Kolumne heißt: »Das Lautsprechersystem war zu schwach, um die sanfte Stimme Robert Creeleys während seiner Lesung in der St. Mark's Church verständlich zu machen, so daß einer seiner Bewunderer rief: Lauter, bitte. Creeley erwiderte philosophisch: *That's the story of my life.«* – "That's the story of my life" ist eins der Musik-Stücke auf der 3. LP der *Velvet Underground*, MGM-Records. Diese Tendenz (»feminine, marvelous and tough« – eine Formel, die von Frank O'Hara stammt und heute als Motto für die New Yorker Gedichte-Macher gilt) setzt sich auch in der jüngsten Publikation, der Zeitschrift »Culture Hero«, von Les Levine fort. Les Levine, der dem Lyriker J. Giorno Plakate für Lesungen und Schutzumschläge entwirft und mit der Lyrik-Szene um Anne Waldman sympathisiert, variiert das Motto der Zeitung Other Scenes so: »Kein Interesse an harten Klamotten – es zählen nur Ideen und weiche Intelligenz.« ... nachgiebig, zärtlich ... und fest. Auch das persönliche Moment in all den Aktivitäten wurde von O'Hara und seinem »Personalismus« entscheidend mitgeprägt. Sobald »Literatur« verschwindet, tauchen auch wieder die Personen auf!

16.

Ich kann ruhig zugeben, nichts damit zu meinen. Naiv und borniert dürfte es sein, nach dem »politischen Gehalt« von Gedichten zu fragen. Und auch das ist ein Unterschied zu der uns vertrauten Art, mit Gedichten umzugehen: es besteht nicht der *Zwang*, mit dem Gedicht politische Bekenntnisse abzugeben. Ist durchschaut worden, *daß ausdrückliche politische Demonstration von dem Zustand programmiert wird, gegen den sie sich wendet?*

17.

Die Charakterisierung »Post-Moderne«, die von dem amerikanischen Kritiker Leslie A. Fiedler benutzt wird, bezeichnet m. E. sehr gut die hier versammelten Gedichte. Der Comic-Charakter ist bei vielen Gedichten offensichtlich. Marshall McLuhan beobachtet zutreffend: »Die unvollkommene Form gestattet größere Beteiligung!« *Dort*, in dem Gedicht, wo *die ganze Welt und Gott* behandelt wird, werden auch die konkreten Details *erledigt*, es bleibt kein Raum für den Einzelnen. Also, was sollen dann noch Gedichte? Und was soll dann noch der Einzelne?

18.

Die Charakterisierung »Post-Moderne« bezeichnet zugleich aber auch sehr gut den *seit langem überfälligen, notwendigen Trend*, die in »hohen kulturellen Ansprüchen« festgehaltene Mystifikation »Dichter« (als blinden Sehers, dumpfen Rhapsoden usw.) abzuschaffen und damit die in dieser Figur vermittelte »Autorität« fallenzulassen. *»Supermen are for supermarkets and heroes are for sandwiches!«* Nicolas Calas, Kunstkritiker.

19.

Außer den Artisten in der Zirkuskuppel, die ratlos sind, gibt es noch *Bodenartisten.* Sie haben sich breitbeinig hingestellt (denn der Boden schwankt beträchtlich, wir brauchen *Pillen* gegen Seekrankheit!), und da, vor uns, machen sie ihre kleinen Schaukel- und Geschicklichkeitsakte, jonglieren mit Bällen, machen Spagat, wirbeln Gewichte herum. Und ein Mädchen, das lächelnd vor uns Spagat macht, erregt uns mehr als das Mädchen oben in der Zirkuskuppel, das (weil es so hoch oben ist) für uns gar kein Mädchen mehr ist. – (Warum beweisen hier die Schriftsteller immer weiter, wie »abgetakelt« ihr Medium ist?)

20.

Oder es ist der »hübsche« Junge, der ein enganliegendes Trikot trägt, der uns fasziniert. Er glitzert, und noch etwas an ihm. *Mögen Sie Jungens?* Die vielleicht Mädchen sind.

21.

Wie sehen *Ihre* Erwartungen gegenüber Gedichten aus? Sind es *Ihre* Erwartungen?

22.

Auffällig ist der *anti-theoretische Zug*, der in der gegenwärtigen amerikanischen Lyrik herrscht. Und so wie keine Theorie von den Autoren »gepflegt« wird, so wird auch die Vorstellung von einem einheitlichen *œuvre* nicht mehr gepflegt. Der »Indianer« verschwindet langsam in der endlosen Weite der Prärie.

23.

24.

Der Indianer verschwindet langsam auf dem Bildschirm in der endlosen Weite der Prärie. *Soeben erschienen!* Der große Schwab-Katalog wieder ganz neu. Keinen Pfennig kostet Sie dieser 632 Seiten starke *Bestseller.* Diese Anthologie kostet Sie im Handel 20 DM. Das Copyright liegt beim Verlag Kiepenheuer & Witsch.

25.

Die im Anhang wiedergegebenen Arbeiten mögen zeigen, in welchem *Klima* Gedichte geschrieben werden. Es ist ein Irrtum, anzunehmen, daß der Druck der Gesellschaft auf den einzelnen Schriftsteller dort größer ist und er sich folglich notwendigerweise zu Gruppenzusammenhängen zusammenschließen muß, während hier noch alles netter ist und man beruhigt Feuilleton-Fehden ausführen kann. »Ficken« ist das Wort, nach dem ich gesucht habe.

26.

JIM MORRISON
OF THE DOORS:

What people put in their mouths is their own business, so I'd rather not say what I think about eating. The whole question offends me.

27.

Der *Individualisierung* des Schreibens und dem damit verbundenen *Abbau der kulturellen Definition* »Autor« und »Leser«, der in der amerikanischen Lyrik-Szene zu beobachten ist und sich in dem ungeheuren Anschwellen hektografierter Lyrik-Pamphlete und little mags zeigt (*in dem Moment*, wo begriffen wurde, daß ein Gedicht alles sein kann und es keinerlei philosophische, soziologische, psychologische oder sonstwie -logische Beiträge leisten *muß*, schon gar nicht Sprachwissenschaft zu sein hat), liegt eine Sensibilität zugrunde, die allerdings keineswegs spezifisch *amerikanisch* ist. Sie entzündet sich an einem Reiz-Material, das sich nicht hoch-stilisieren läßt oder auf eine Formel bringen: Filme, Reklame, eine Dose Bier, Salat, Billy the Kid, Pot, Pepsi, Der Apteryx aus Webster's Dictionary und Neuseeland und *Das Leben ist langweilig, wenn man Tarzan der Affen ist, z. B. man tritt hinter einem Busch hervor und sagt Jawohl, ich bin M'sieur Tarzan* (Berrigan).

28.

Bukowskis Weigerung, als Lyriker angesehen zu werden, d. h. verwertbar zu sein und beliebig von der Kritik zitierbar, *und* Ted Berrigans Statement in seinem Gedicht Tambourin-Leben »das hier ist Kunst, nicht Leben, oder aber, auf der anderen Seite, das hier ist Leben, nicht Kunst« können trotz der Unterschiedlichkeit ihrer Gedichte *in einer Perspektive* gesehen werden: es ist der Versuch, sich der Aufsplitterung der Person in ein Bündel nebeneinanderstehender Funktionen zu verweigern. *Große Gedanken* zu reportieren in und mit dem, was sie schreiben, kommt beiden gleichermaßen unerträglich vor.

29.

Oder wenn Ron Padgett ein Gedicht »Salat« schreibt, so ist das ein freundlicher Witz: je weniger Gedanken in einem sind, desto mehr füllt sich das Gedicht, auch und gerade für den Leser. (Sieht man aber durch Gefühl *und* Denken auf das Gedicht, so zeigt dieser Witz *Wirkliches*!)

30.

Daß diese Art des Gedichts nach dem Durchbruch in den USA sich auszuweiten beginnt, dürfte daher nicht erstaunen: die jähe Mobilität der Lyrikszene in England, das sich doch so lange einer konservativen Gedichtart erfreuen durfte, dokumentiert bereits heute mit den unzähligen kleinen Lyrikmagazinen und den vielen Gedichtbandpublikationen, daß Literatur tatsächlich in ein neues Stadium getreten ist. Lyrikschreiben ist »in« geworden: *diese Mode* kann niemand bedauern. Wie schön ist es, ein Gedicht »anzurufen« (Dial-a-Poem).

31.

Erinnern nicht sehr stark die ineinandergerinnenden Vorstellungen beispielsweise der Berrigan/Padgett-Kollaborationen an die *light shows* während eines Rock-Musik-Konzertes (nur daß in diesem Fall die Vorstellungen auf den *inneren Bildschirm* projiziert werden). Es sind *künstlich hergestellte Bild-Reihen*, die dennoch nicht in hochexquisite, freudianische Surrealismen und *literarische Symbole* ausweichen. Wenn sie irgendwohin ausweichen, dann in einen Witz, einen Gag. Das ist ein Ausverkauf »großer« Symbole: *heute sind die großen Ideen billig zu haben!* Und eine gute Kopfschmerztablette ist besser.

32.

Wir lachen, wenn wir Mae West sagen hören: »Kultur ist eine große Sache!«, denn wir begreifen plötzlich in dem Bild, daß sie, *Mae West*, wirklicher ist als das, was wir bislang als »Kultur« verstehen *mußten*.

33.

Neben der Auflösung des strengen *Werk*-Begriffs ist bei den Autoren die Auflösung eines einheitlichen Stils häufig zu beobachten, d. h., der im »Stil« angelegte Verselbständigungsmechanismus wird unterlaufen.

34.

24 Autoren: der älteste ist Charles Bukowski, geboren 1920, der jüngste ist das Mädchen Anne Waldman, geboren 1945. Von 2 Autoren konnte das Geburtsdatum nicht festgestellt werden, 5 Autoren sind

zwischen 1920 und 1930 geboren, 9 zwischen 1930 und 1940 und 8 zwischen 1940 und 1945.

35.

Frank O'Hara wurde in diese Anthologie mit einem langen Gedicht hineingenommen, da seine Art des Gedichts (neben den Gedichten des New Yorkers John Ashbery) den intensivsten Einfluß auf die Generation nach 1940 ausübte und weiterhin ausübt. Das steht im Gegensatz zu den uns bekannten Informationen vom Einfluß Charles Olsons auf die jüngere Generation, obwohl das eine Zeitlang sicher so ausgesehen haben muß. Die »Auflösung« des Gedichts als totales Kunstwerk mit anspruchsvollem Bild- und Vorstellungsmaterial zu einer *subjektiven und beiläufigen* Ausdrucksart geschah über die Gedichte Frank O'Haras. – *Charles Bukowskis* Gedichte finden sich immer noch überwiegend in den kleinen Lyrik-Magazinen abgedruckt. Und obwohl *Michael McClure* bereits in der Anthologie Donald M. Allens 1960 vorgestellt wurde, vertreten seine Gedichte bis heute den klarsten Typus des *von »Schönheit« und »Sexualität (oder Sinnlichkeit) besessenen* Gedichts, was die Hereinnahme seiner Gedichte in diese Anthologie legitimiert hat. Ebenfalls wurde *Paul Blackburn* bereits in der Allen-Anthologie von 1960 und (mit Michael McClure und Frank O'Hara) in der deutschen Corso-Höllerer-Anthologie von 1962 präsentiert, doch erschien eine erste repräsentative Auswahl seiner Gedichte in den USA erst 1967 (im Vergleich dazu: eine erste zusammenfassende Gedichtpublikation seines Generationsgenossen und Bekannten Robert Creeley erschien bereits 1962. Neun Jahre vorher, 1953, gab Creeley in seiner Divers Press auf Mallorca Blackburns Übersetzung provenzalischer Dichtung heraus). – Als ausgesprochener *Westcoast-Lyriker* ist nur Michael McClure anzusehen. Charles Bukowski, Douglas Blazek und Aram Boyajian gelten als Lyriker der little mag scene. *Robert Sward* läßt sich keinerlei Zusammenhang zuordnen. Frank O'Hara repräsentiert die New Yorker Schule, Paul Blackburn stand der Black Mountain Group nahe. Der Großteil der Autoren dieser Anthologie gehört zu der literarischen Szene in *New York*.

36.

Ist auch nur annähernd begriffen worden, daß zum erstenmal innerhalb des westlichen Kulturbereichs eine trotz vieler Widersprüche einheitliche Gesamtbewegung *nicht mehr in Europa, sondern »dort drüben«* in New York stattfindet? Der Fakt, daß zum erstenmal eine literarisch bestimmende »Saison« nicht mehr im abendländischen Bereich geschieht, ist zur Bestimmung des eigenen Standorts wichtig genug: das uns

»natürlich« gewordene Bewußtsein, gegenüber der »Neuen Welt« das »Kultur-Monopol« zu besitzen, erweist sich jetzt als eine viel zu große Jacke. Und ist nicht auch das *»Ausweitung der Literatur«*, wenn neue Impulse nicht mehr im vertrauten abendländischen Bereich entstehen? Der Epoche des Surrealismus oder des Expressionismus (auch Epochen der literarischen little mags!) war es gewöhnlich, in einer permanenten Mobilität Anregungen, neue Impulse zu empfangen und auszutauschen. Hindert der Atlantische Ozean daran? Die Entfernung? Die Sprachbarriere? Doch der Rückstoß erfolgt zweifellos (wie das Beispiel England zeigt).

37.

»Ich meinerseits, wenn ich bewundernd die skrupellose Art ansehe, wie die Ausländer ihre Lyrik starten, sei es Mallarmé, sei es Henry Miller, ohne Rücksicht auf Schulbuchfähigkeit, Präsidententelegramme, Akademiebelohnungen und -belehrungen, empfinde diese deutschen Bewisperer von Gräsern und Nüssen und Fliegen so, als lebten sie etwas beengt durch wirtschaftliche und moralische Nöte, zwischen Kindern und Enkeln und in Einehen.« Gottfried Benn in seiner Vorbemerkung zu Frühe Lyrik und Dramen.

38.

Vertauschen Sie heute im obigen Zitat nur die Gräser und Nüsse und Fliegen mit sozial und Gesellschaft und Notstand und Repression und didaktisch etc.

39.

Für einen Augenblick wird durchschaubar, was vertraut und daher längst nicht mehr durchschaubar ist, *wenn Irritation eintritt.* Diese Irritation *ist* das amerikanische Gedicht. Während hier mehr und mehr die Person des Autors aus dem Gedicht verschwindet, wird sie im amerikanischen Gedicht zunehmend wichtiger.

40.

Und ohne weiteres läßt sich sagen, daß diese Gedichte wieder »Helden« haben, positiv, negativ: die Figur ihrer Autoren, die in die *psychische Dimension* der in Oberbegriffen erstarrten Literatur eindringen. Telstar. Marssonden. Raumkapseln. Mondlandefähren. Wir sehen den Mond von hinten. Auf dem Tisch liegt eine Tube Uhu, um Bilder einkleben zu können.

41.

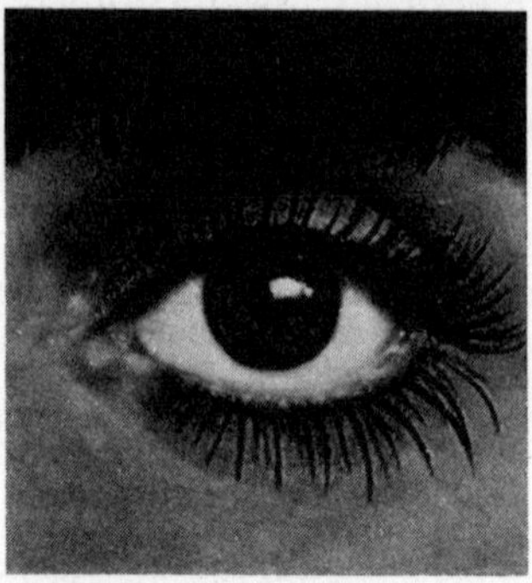

Modesty Blaise: For a start, Boots 17 Eye Brite Stick Shadowall over the eye. Soft Brown Stick Shadow in the crease, and on eyelid. Use Black Real Hair Lashes on top and bottom lids, snipping bottom lashes into groups of one and two. Put a little 17 Eye Brite inside lower lashes; use Black Mascara and Soft Brown eyebrow pencil.

42.

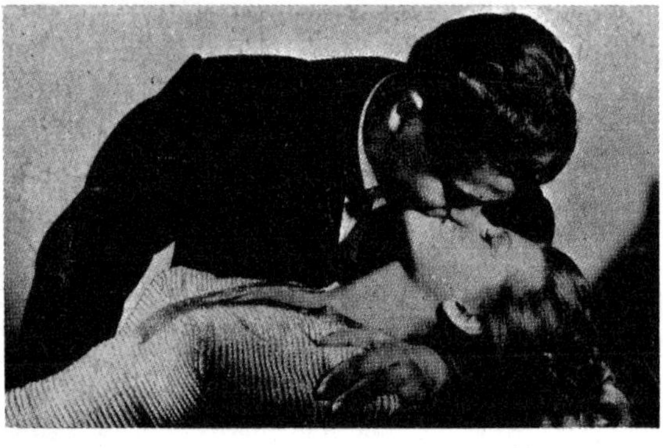

43.

In welchem Bild-Schnitt leben Sie? Beschaffen Sie sich Ihr Bild! Alte Filme, die noch einmal ablaufen. Dias rutschen vorbei. Literatur als Erfüllung einer Konvention, auch jener Erfüllung der Konvention »Moderne«, *ist vorbei.* Wenn alle Stile zur Hand sind, kommt es auf *Ihren* Stil an. (Das sagen diese Gedichte.) Die Schwierigkeiten jedoch fangen mit den *fremden* Erwartungen an, die man als die eigenen ausgibt.

44.

So wie Anfang der sechziger Jahre New York sich als Kunstzentrum herausstellte, so scheint heute die literarische Szene in New York bekannt zu werden. Eine zweite Welle (die Literatur) setzt ein. Mit »Underground« mag das assoziieren, wer will, z. B. *»Der Spiegel. Das deutsche Nachrichtenmagazin«*.

45.

In dem *Blatt* steht in der Ausgabe vom 9. Juni 1969, Nr. 24: »Der New Yorker Porno-Lyriker John Giorno, 31, der in öffentlichen Lesungen seine Worte bisweilen mit Rauchbomben vernebelt und dieses Frühjahr in der für Kunstexperimente freigegebenen St.-Mark's-Kirche seine Freunde mit 600 Marihuana-Zigaretten, LSD-Punsch und Marihuana-Kuchen zum Bacchanal empfing, publiziert seine Gedichte nur in Kleinstverlagen und boykottiert den Buchhandel.« – Uninformiertheit biegt in diesem Absatz zum Monströs-Chicen zurecht, was für die Literaturszene in den USA gewöhnlich ist: nämlich daß literarische Aktivität sich unmittelbar in einem voroffiziellen Bereich abspielt, dem Bereich der kleinen Pressen und hektografierten Lyrikmagazine. Fast sämtliche Lyriker, ob William Carlos Williams oder Robert Creeley, haben ihre Arbeiten in kleinen Zeitschriften und kleinen Verlagen jahrelang vorher publiziert, ehe sie dann in repräsentativen Ausgaben von den größeren Verlagen verlegt wurden. Von einem ausdrücklichen *Boykott* kann also nicht die Rede sein, ebensowenig von *Porno-Lyrik* bei Giorno. Zwei Themen werden in seinen Gedichten kombiniert, die *found poetry* sind (aus Zeitungs- und Illustriertenberichten montiert): *Sex und Gewalt. Eine Todeslandschaft* deutet sich bei Giorno an, und nicht zufällig heißt ein Abschnitt in seinem bislang einzigen Gedichtband »The American Book Of the Dead«. Sein Einfall »Dial-A-Poem« *(Ruf ein Gedicht an)* wurde ein Erfolg: eine Million Anrufe! Und das *Bacchanal* war die Geburtstagsparty für die Leiterin des St. Mark's Church Art Project, Anne Waldman, wobei zugleich das neue lange Gedicht Giornos »Johnny Guitar« vorgestellt wurde. (Der Titel ist ein Schlager der fünfziger Jahre! Erinnern Sie sich, von wem? Peggy Lee.)

46.

Das New Yorker *Poetry Project* der St. Mark's Church in the Bowery begann 1967 – mit Geldzuwendungen von amtlicher Seite, die jedoch gestrichen wurden *(»da diese Zuwendungen ebenso wie die finanziellen Unterstützungen durch die Regierung DRECKIG sind – They try to buy artists!« wie Anne Waldman, die Leiterin dieser Veranstaltungen, schreibt).* Lesungen werden seither dort abgehalten, Übersetzungen vorgetragen, John Ashbery liest Übersetzungen von Arthur Craven, Max Jacob und einige Gedichte von James Schuyler (weil Schuyler nie Lesungen macht) – gelegentlich werden große Gruppenlesungen abgehalten (so z. B. zu Weihnachten: *»Die Kirche war mit Leuten vollgestopft. Wein & Obst & Essen frei. Aufnahmen von Allen Ginsberg, der Hare Krishna singt. Ich sang einige von Allen's Blake-Gedichten mit Lee Crabtree [von den Fugs] an der Orgel. Dann lasen eine Reihe von Lyrikern, unter anderem Ron Padgett, Michael Brownstein, Dick Gallup, Lewis Warsh, Ed Sanders & ich. Very inspiring evening. Involved a lot of community kids off the streets etc. Motherfuckers etc.« A. Waldman.)* Eine Zeitschrift wird herausgegeben: THE WORLD, bisher 15 Nummern, hektografiert. Danebenher besteht ein workshop, der von Ted Berrigan und Joel Oppenheimer sowie Ron Padgett, Peter Schjeldahl und Diane Wakowski geleitet wurde. Filme von Rudy Burckhardt wurden vorgeführt. Und neben der Zeitschrift THE WORLD wird von Anne Waldman und Lewis Warsh eine weitere, ein wenig exklusiver aufgemachte Zeitschrift herausgegeben: ANGEL HAIR. Zu dieser Zeitschrift kommt eine Reihe von Einzelpublikationen: *G. Malanga,* 3 Poems For Benedetta Barzini; *Jim Brodey,* Identikit; *Lewis Warsh,* Moving Through Air; Prosa von *Johnny Stanton; John Giornos* Gedicht Johnny Guitar; die Gedichtkollaboration zwischen *Tom Clark* und *Ron Padgett:* Bun. – Es ist die betriebsamste Literatur-Szene: Lesungen auf öffentlichen Plätzen, Anne Waldman auf Rollschuhen händigt ihre Gedichte an Passanten auf der Straße aus, *Protestaktionen gegen den zu hohen Verkaufspreis von Ph. Whalens Gedichten.*

47.

Was fasziniert, ist der Versuch, neue »Verkehrsformen« für Literatur zu entwickeln. Gedichte werden auf der Straße verteilt. Lesungen auf der Straße abgehalten. Das hat zwangsläufig Rückwirkungen auf die Gedichte, die verteilt und draußen vorgelesen werden. Es ist das Bemühen, *Literatur zu popularisieren,* die Kluft zwischen »hohen Kulturleistungen« für eine kleine Elite und »niederen« Unterhaltungsprodukten zu verringern. Es werden Filme mit Lyrik kombiniert, ein Gedichttext mit Lichteffekten programmiert, Rock-Musik mit Gedichtrezitationen verbunden (letzteres wird besonders in England gemacht). So balanciert unser zärtliches Empfinden über die Spitze eines manikürten Fingernagels. Seltsam ist es dagegen, deutsche Dichter als *Fernsehleichen* vorgesetzt zu bekommen. (Vom Fernsehen erschlagen etc.)

48.

Diese Anthologie hat keinen »hohen« Anspruch, außer dem: darauf hinzuweisen, daß Gedichte nicht *notwendig* langweilig sein müssen.

49.

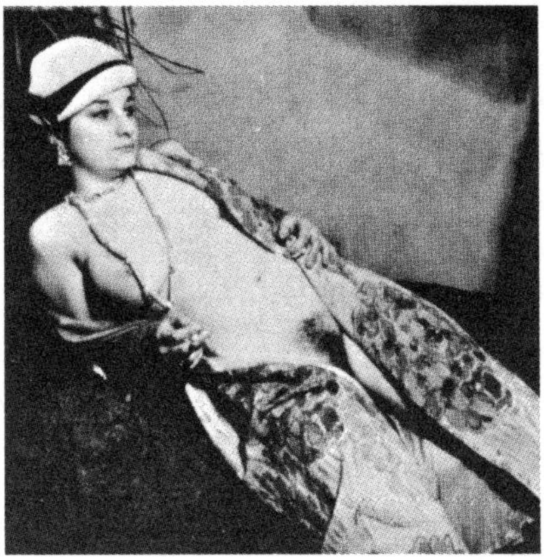

50.

Die *zwanghafte* Stil-Gebärde, die sich nach den literarischen Erfindungen der ersten Hälfte dieses Jahrhunderts in den europäischen Produkten der Gegenwartsliteratur auswirkt, fehlt den Gedichten dieser Anthologie (die durchaus mit Unterschlagungen arbeitet: eine Reihe von Autoren konnte aus Platzmangel nicht aufgenommen werden, wenn nicht jeder Autor mit nur einem Gedicht hier anwesend sein sollte. Doch Gemischtwarenläden finden Sie überall in der Stadt genug). Es hätten Aufnahme verdient von den älteren Autoren Phil Whalen und John Ashbery, von den jüngeren Richard Brautigan, Michael Brownstein, Michael Benedikt, Lewis MacAdams und Joe Ceravolo.

51.

Was sagt Roy Black über Helga Anders: »Ich mag Uschi (Glas) sehr gern, aber Helga ist ganz anders. Sie ist so zart und zerbrechlich. Ich bin immer besorgt um sie.« – Beide »drehen« jetzt zusammen. Was?

52.

Neben dem *momentanen Reizwert* (der »Neuheit« punktuellen Ja-Sagens, der Skrupellosigkeit, die eigene Sensibilität gegenüber dem verordneten Ausdruck durchzusetzen, der *bewußten* Naivität, der verkürzten Reflexion, der Privatheit und des Tat-Charakters), den diese Gedichte haben, stellen sie für den europäischen Leser zugleich auch

Modelle für die Möglichkeit des Gedichts im letzten Drittel dieses Jahrhunderts dar: denn nicht nur haben diese Gedichte die Verpflichtung zur Tradition »Gedicht« durchbrochen, sondern sie haben zugleich auch die Teile in sich aufgenommen, die aufgehoben zu werden verdienten, und zwar ohne sie als *bedeutsam* zu zitieren – Anklänge an die französische Lyrik des Surrealismus sind nicht selten (man kann es z. B. an den Gedichten Charles Bukowskis erkennen), und besonders in den Publikationen der New Yorker Lyriker finden sich direkte Verweise auf *Apollinaire, Max Jacob oder Reverdy:* es werden Oberflächenübersetzungen hergestellt, Gedichte dieser Autoren abgewandelt, Themen und Bilder aus ihren Gedichten übernommen, daneben aber auch exakte Übersetzungen gemacht etc. Fast scheint es programmatisch, daß der Lyriker Ron Padgett *Apollinaires Roman »Der gemordete Dichter«* übersetzte und Jim Dine dazu die Illustrationen schuf. Doch ist die Öffnung auf diese europäische Literatur hin keine bloße Fortsetzung. *Die Erfahrung der eigenen Verrücktheit,* die sich so oft in den neuen amerikanischen Gedichten ausgedrückt findet, *ist lediglich der halluzinierten Verrücktheit surrealistischer Gedichte ähnlich,* so daß ohne weiteres Übernahmen, Abwandlungen, Umsetzungen sich anbieten. Die *künstlich* geschaffenen psychischen Landschaften surrealistischer Gedichte sind heute zu gewöhnlichen, realen Landschaften geworden. Der Blick auf die konkret erfaßbare, alltägliche Umwelt *(dort steht eine Frau und beguckt sich lange einen VW!)* verhindert ein epigonenhaftes Nachschreiben: Mißverständnisse sind keine, sondern erweitern das Verständnis der Sache, die »falsch« verstanden worden ist – es sind gesteuerte Abweichungen, ein Durchschlagen gängiger Assoziationen (wie schön irre ist es zu lesen: »Über allen Gipfeln zieht es!«). Das Bewußtsein, das derartige Veränderungen und Erweiterungen erlaubt, ist nicht mehr länger durchsetzt von jenem alten kritischen Denken, das – aufgesplittert in brillante Aphoristik und enorm in sich differenzierte Einzelanalysen – jedes konkret vorliegende Detail diffamierte und damit seinen Gebrauch dem Einzelnen verweigerte – jener Denkhaltung, mit der offensichtlich eine wichtige Phase abendländischen Bewußtseins endet. Statt dessen geht es um die Herauslösung bestimmter Details aus der Verschleierung durch eingeübte trübe Gefühligkeit, der heimeligen Ideologie des Kleinen, In-sich-Ruhenden, Stillen. Erst das so freigestellte Reale erlaubt tatsächliche Annahme. *Hier bin ich. Da steht ein Stuhl.* Die Tendenz ist: uns selbst kennenzulernen »inmitten von Dingen, die da sind und uns auffordern, wir selbst zu sein« . . . ziehen Sie mal einen durch (pot), und Sie werden *sehen,* was los ist. Die sanfte Verrücktheit ist nicht nur um uns, sie ist auch in uns.

53.

Sämtliche Gedichte dieser Anthologie sind deutsche Erstveröffentlichungen. Ein Teil der Gedichte wird überhaupt zum erstenmal gedruckt vorgelegt.

54.

Ein Blick auf die Gedichte zeigt, daß sie *aus Surrogaten* hergestellt sind: keine »Natur« drängt sich auf, nichts »Natürliches« setzt sich in ihnen über die Gegenwart hinweg. Die ehemals »Großen Empfindungen« sind der kleinen augenblicklichen Erregung gewichen. *Fernsehen, Kino,* ein *Schlager,* die Dose *Old Dutch-Reinigungsmittel* und *Shirley Temple,* umgeben von Löwen. *Jean Harlow* wird auf den Schultern ins All hinausgetragen. Das Wetter ist ein *Technicolor-Wetter.* Ein Krebstod bei guter Pflege: »Hiermit heißen wir Sie / willkommen / zu *Gentleman's Quarterly,* / Amerikas neuestes / kühnstes / aufregendstes / Journal für Männer –«, dazu *Frankenstein* und das Leben der *Joan Crawford.* Das sind *Kodak*-Bilder. »Eine Menge *Drogen* können dich ändern, wenn du willst«, heißt es bei Anne Waldman. Alle Bilder und Landschaften sind *künstliche Bilder und Landschaften,* das Material ist die Dutzendware. Es kommt darauf an, wie es gebraucht wird.

55.

Wie direkt und brutal *kopiert* wird und mit welcher Schärfe sich durch die Kopie die jüngeren Lyriker von den älteren absetzen, beweist das Gedicht Tom Clarks, *Elf Arten, einen Scheißvogel zu betrachten.* Was als vordergründiger Gag auffällt, erweist sich bei näherer Beschäftigung mit diesem Gedicht als der genaue Widerspruch zu dem Gedicht des Amerikaners Wallace Stevens *Dreizehn Arten, eine Amsel zu betrachten* (deutsch in: Museum der modernen Poesie, herausgegeben von H. M. Enzensberger, 1960). Das ist nicht ein Einzelfall in der jungen amerikanischen Lyrik, sondern verweist auf eine *Grundtendenz:* zu kopieren, ein Vorhandenes in das Gaghaft-Flache zu verändern, das Tiefsinnig-Innerliche und »Gedankenreiche« in die Tiefe der Oberfläche, d. h. in das Konkrete zu verschieben, zu vulgarisieren, ganz gleich, ob es sich dabei um vorhandene ausgeschriebene Muster der eigenen amerikanischen Lyrik handelt oder um europäische. Der Maler Larry Rivers kopiert alte holländische Meister nach einer Abbildung auf einer Zigarrenschachtel, der Lyriker Lewis MacAdams übersetzt Gedichte René Chars, ohne die französische Sprache zu beherrschen, und gibt die Endprodukte als seine eigenen Gedichte heraus.

56.

Eine *Reminiszenz:* Der Kritiker Nicolas Calas erwähnt in seinem Essay *The Image and Poetry* in N. Calas, Art in the Age of Risk, E. P. Dutton, 1968, die Bemerkung des Lyrikers H. Norse: »Pop Art fängt an mit W. C. Williams *This is just to say: I have eaten / the plumps / that were in / the icebox / and which / you were probably / saving / for breakfast / Forgive me / they were delicious / so sweet / and so cold.«*

57.

58.

Eine besondere *Eigenart* der neuen amerikanischen Gedichte mag hier noch erwähnt werden: es ist der Zug zum Witzigen, Gaghaften. Das ist ebenfalls vorgeprägt in manchen Gedichten der fünfziger Jahre (etwa bei Robert Creeley in seinen frühen kurzen Gedichten oder dann bei Paul Blackburn in einem Gedicht wie »Das Zusammentreffen«, das 1958 geschrieben und in die vorliegende Anthologie aufgenommen wurde), doch wirkt es sich erst heute bei den jüngeren Autoren wie Fagin, Padgett, Waldman oder Berrigan aus. (Entsprechungen finden sich in der Prosa eines Burroughs, Cohen, Heller, Pynchon und Veitch.) Und eigenartigerweise, blättert man noch einmal in den Gedichten G. Benns *heute*, entdeckt man einen ähnlichen Hang: *Details zu verwenden, die aus dem bewußt verkürzten Blick springen,* präzise und witzig. Ist es die *Schmu-Geisteskrankheit*, von der Padgett in seinem Gedicht »Hübsche Sachen« spricht, die sich in solchen Gedichten auswirkt und so viel *wirklicher* ist als der in ideologischem Gedankengut (gleich welcher Richtung!) erstarrte Blick? Ein Moment der Befreiung vermittels des Gags? Der das *Plagiat* des Bestehenden ist und es löchert.

59.

Überhaupt: *Plagiate!* (»Die Geschichte des Plagiatentums« – von E. A. Poe's *A questionable plagiarism* bis zu R. Padgetts Manifest *The New Plagiarism!)* »Mach's neu und setze deinen Namen darunter«, schreibt T. Berrigan. In dem Statement K. Elmslies findet sich ein ähnlicher Hinweis auf diese Arbeitsmethode. Und bei dem bereits erwähnten Kritiker N. Calas steht der Aphorismus *Plagiarism avoids imitating failure.* – Aus mehreren vorhandenen, ausgeschriebenen Texten (Gedichten) einen zu machen, alte Gedichte »aufzumöbeln«... das eigene Gedicht ergibt sich überraschend aus dem Zusammenführen mehrerer fremder Texte, aus *Oberflächenübersetzungen* etc.: die Möglichkeit des eigenen Ausdrucks liegt im Arrangement der Fertigteile, sobald die psychische Dimension dessen, der das macht, darin enthalten ist! Diese Vorgänge *entleeren* den vorgegebenen und längst als »natürlich« hingenommenen Bedeutungsgehalt, der unfrei macht und den Einzelnen nur von sich wegführt. Darüber hinaus wirkt sich in solchen Methoden konkret das Bewußtsein aus, im *Zeitalter der Ablichtungen* (Xerox) zu leben, der unbegrenzten Vervielfältigungsmöglichkeit, die den abgelichteten Gegenstand qualitativ verändert, z. B. das Lächeln der Mona Lisa. Was passiert, ist: *daß wir anfangen zu begreifen,* so wie es der New Yorker Maler *Joe Brainard* in seiner Reflexion *Sick Art* ausgeführt hat: »Mona Lisas Lächeln bringt oft Betrachter dazu, die Tatsache zu übersehen, daß sie keine Augenbrauen hat. / Ein Hautspezialist gab zu verstehen, daß Leonardo da Vincis Modell an einer Hautkrankheit, genannt Alopecia, litt. Alopecia ist eine Hautkrankheit, bei der man keine Augenbrauen hat. / Andrerseits rasierten sich zu der Zeit viele Frauen die Augenbrauen ab, und Leonardo da Vincis Modell mag nur dieser Marotte gefolgt sein. / Wie auch immer, es besteht kein Zweifel, daß ›Der Denker‹ von Rodin an beiden Füßen entzündete Fußballen hat. / Heute, mit moderner Kunst, ist es nicht so leicht, Krankheiten und körperliche Mängel festzustellen. / Trotzdem, viele Ärzte haben eine enge Beziehung zwischen verschiedenen Hautkrankheiten und den Gemälden Jackson Pollocks bemerkt. Besonders Aussatz und Krampfadern. / Pilzerkrankungen waren in der Kunst des Mittelalters und der Renaissance weit verbreitet.« (aus: The World, Nr. 14, 1968).

60.

»Die Xerographie – geistiger Diebstahl für alle – kündigt die Zeiten des Sofortbuches an« (M. McLuhan). Die neuerliche *Ausweitung der Lyrik* in den USA und auch England hat darin einen entscheidenden Grund.

61.

Roll over, Chuck Berry! Rückgriffe, die keine sind. Roll over, Beethoven. Und Jerry Lee Lewis. Schöne *Dichtung!* Durch Verstärker gejagt. Ist die Kopiermaschine der Verstärker für Lyrik?

62.

63.

Für den an ein würdevoll-langsames Voranschreiten der Dichtung gewohnten »Kunstverständigen« ist die hektische Betriebsamkeit im angelsächsischen Sprachbereich, das enorme Ansteigen der kleinen Lyrikpublikationen, irritierend, zumal er von der Theorie weiß, in der das Ende der Literatur ausgebreitet wird. Doch ist zu fragen, welches Ende gemeint ist und welche Literatur. (Die, von der man nur als »Literatur« sprechen kann ...) Die hier versammelten Gedichte unterlaufen diese Problematik: sie haben sich der irrwitzigen Anstrengung, durch noch raffiniertere, süffisantere Ausdrucksweisen gegenüber dem bereits Geschriebenen sich als konkurrenzfähig zu erweisen, entzogen. Gerade dadurch machen sie deutlich, daß *ein »biologisches« Bedürfnis* nach ästhetischen Gebilden wie einem Gedicht (zumindest noch im Augenblick) besteht.

64.

THE NEXT GENERATION NEEDS TO BE TOLD THAT THE REAL FIGHT IS NOT THE POLITICAL FIGHT, BUT TO PUT AN END TO POLITICS. FROM POLITICS TO METAPOLITICS. FROM POLITICS TO POETRY. LEGISLATION IS NOT POLITICS, NOR PHILOSOPHY, BUT POETRY. POETRY, ART, IMAGINATION, THE CREATOR SPIRIT IS LIFE ITSELF; THE REAL REVOLUTIONARY POWER TO CHANGE THE WORLD; AND TO CHANGE THE HUMAN BODY. *Herbert Marcuse,*

zitiert nach der Zeitschrift »Running Man«, Special Issue: Ecstatic Revolution, Vol. 1, No. 3–5, 1969, London.

65.

»Sex ist eine hübsche Sache. Gedichte mit Sex sind ebenso schön wie der Gegenstand selber. Dantes Beatrice *muß* Schamhaar gehabt haben. Und die Anmut eines hochgereckten Arms. Oder die nackte Schulter, über die eine Hand streichelt. Dann *Titten*. Was ist wirklich da?«

66.

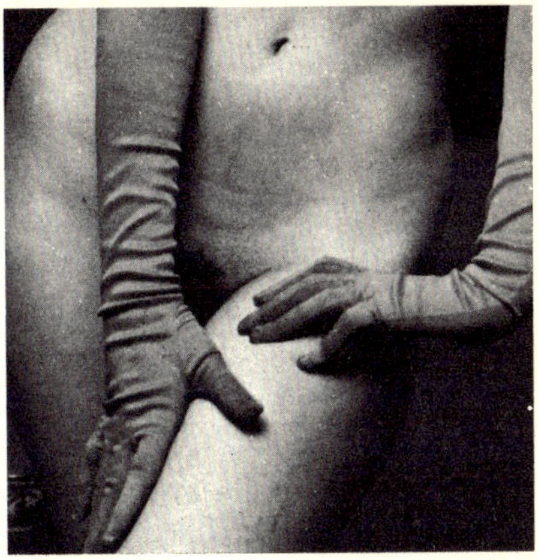

67.

Von *avantgarde poetry* kann nicht mehr die Rede sein. Ebenso entziehen sich diese Gedichte der billigen *Begriffs-Schablone modern*. Die bereits angemerkte *antitheoretische* Haltung, die in der gegenwärtigen amerikanischen Lyrikszene überwiegt, möchte jene blöden Züchtigungsrituale feuilletonistischer Kritikerschreibe unterbrechen, die mit ihrem Gegenstand (das einzelne Gedicht) gemeinhin nichts zu tun haben. Was aber passiert statt dessen? Sie werden aufgefordert, in ein Zimmer zu treten und sich umzublicken. Sie sehen *Elf Arten, einen Scheißvogel zu betrachten* und *Biotherm*. Sie sind verwirrt und verstehen nicht, aber Sie möchten vielleicht das verstehen. Also greifen Sie in die Kiste mit den intellektuellen Schockwörtern und ziehen den Begriff *Entsublimierung* heraus. Sie passen es z. B. dem Gedicht »Biotherm« an, dieser Mischung aus der lächerlichen Stimmung eines pot-highs, aus privaten Scherzen, der gaghaften Verzerrung des »Edlen« und »Gepflegten«, es stimmt: Gedichte wie »Biotherm« oder »Elf Arten, einen Scheißvogel zu betrachten« oder »Das Zusammentreffen« oder ... oder ... sind als *die Entsublimierung der Gedicht-Kunst* zu verstehen. Die eigene *Optik* wird durchgesetzt, *Zooms* auf winzige, banale Gegenstände ohne Rücksicht darauf, ob es ein »kulturell« angemessenes Verfahren ist, *Überbelichtungen, Doppelbelichtungen* (etwa bei Biotherm), unvorhersehbare *Schwenks* (Gedanken-Schwenks), *Schnitte:* ein image-track. Diese verwendeten Techniken dienen den Autoren der »neuen Sensibilität« nicht mehr dazu, bloß die bestehenden literatur-immanenten Perspektiven weiterzuentwickeln oder neue zu provozieren, sondern die im Lauf der westlichen Literaturgeschichte sich verfestigte *negative Programmierung* der Sprache aufzuweichen (da der Ausdrucks-Kanon des Häßlichen gegenüber dem, was *schön* ist, sich mehr ausdifferenziert hat und konkreter ist – ein Ergebnis der Mangel-Gesellschaft, die bis *in* die Sprache rein »männlich« orientiert ist!).

68.

Der Herausgeber dankt allen Autoren, die mit Manuskript- und Büchersendungen und vielen Briefen sich an der vorliegenden Anthologie beteiligt haben, besonders noch einmal Ron *Padgett* für seine nützlichen Hinweise, sein Entgegenkommen beim Besorgen von Adressen etc. Gleichermaßen möchte er Ralf-Rainer *Rygulla* danken, der an Planung und Ausführung der Anthologie aktiv teilgenommen hat und seine Vorstellungen dem Buch hinzufügte. Und nicht zuletzt dankt er den *Übersetzern,* die mit der *Intensität nicht-professioneller* Übersetzer sich der Gedichte angenommen haben.

69.

»Barrieren! Man will nicht mehr *Barrieren.* Aber überall sind noch Barrieren. Was tun?« (Maleen)

70.

Der grundlegende Unterschied der neuen amerikanischen Gedichte zu den derzeitig noch üblichen Gedichten abendländischer Machart ist, daß nicht mehr in Wörtern gedacht (und gelebt) wird, sondern in Bildern. So bringen die hier versammelten Gedichte auch keine Empfindungen, die man selber nicht hat, keine Gedanken, die man selber nicht denken könnte, ohne daß jedoch die Subjektivität dadurch gemindert würde. Nicht im ausgetüftelt Exquisiten zeigt sich Subjektivität, sondern im Gebrauch eines Materials, das für viele teilbar ist. Das Häßliche steckt nicht im Außergewöhnlichen, vielmehr in dem Vertrauten, so wie das Schöne nicht im Außergewöhnlichen steckt, sondern im Alltäglichen. Wir sehen nach draußen. Dort fahren Autos. Sie stinken. Wenn ein

Auto mit einem Ruck anhält, fangen wir an zu kotzen. Und wer mag schon diese Häuser, in die wir reingehen?

71.

Ein vorletztes Zitat: *I will sleep / in my little cup* lautet ein zweizeiliges Gedicht von Ron Padgett mit dem Titel »December«. Wie finden Sie das? Wenn Sie dieses Bild *sehen* können ... ist es sehr schön, zärtlich und friedlich.

72.

»Indem ich es lese, entsteht das Gedicht. Es entsteht jedesmal neu, es entsteht sogar, pointiert gesagt, jedesmal ein anderes Gedicht« (D. Wellershoff).

73.

Aber all das ist schon viel zu abstrakt. Die *Gedichte sind viel weniger, und das ist ihr »mehr«.* Sie sind einfach da. Hier, auf diesen Seiten. Sie machen uns high. Das ist eine hübsche Sache wie das Leben selbst. Es läßt uns einfach nur dasein ... fest und sicher, in diesem Augenblick. Und das ist so, wie *Joe Brainard* in seiner Geschichte »Mehr Rauchen« in der Zeitschrift Art News, April 1967, schreibt.

74.

»Das einzige, was mit den Leuten nicht stimmt, ist: daß sie nicht genug rauchen. Ich rauche vier Päckchen am Tag und bin stolz darauf. Warum nicht? Wir alle wissen genau, daß wir nicht schon morgen an Krebs sterben oder übermorgen oder / und dann den Tag – also, was soll's? Ich habe täglich vier Päckchen geraucht, seitdem ich 14 Jahre alt bin, und bin stolz darauf. Und wenn ich auch Krebs kriegen werde, würde es nicht viel ausmachen. Wenn man irgend etwas tut, sollte man es so gut wie nur möglich tun.

Eine andere Sache, die ich nicht leiden kann, sind Leute, die Mentholzigaretten rauchen. Ich weiß nicht genau, warum, aber irgendwas ist daran falsch.

Es gibt so viele verschiedene Sorten von Zigaretten, daß es einem schwerfällt zu entscheiden, welche Sorte man rauchen soll. Die Entscheidung wird leichter, wenn man zuerst die Möglichkeit ausscheidet, Mentholzigaretten zu rauchen, und dann zwischen Filter und ohne Filter wählt. Es ist hauptsächlich eine Frage des Geschmacks. Ich rauche Filterzigaretten, aber wie ich schon sagte, es ist hauptsächlich eine Frage des Geschmacks.

Wenn es etwas gibt, das ich nicht leiden kann, dann sind es Leute, die überhaupt nicht rauchen. Dafür gibt es keine Entschuldigung. Einige Leute sagen, daß es zu teuer sei, aber wenn jemand wirklich wie wild rauchen möchte, kann er es und *wird* er es auch.«

75.

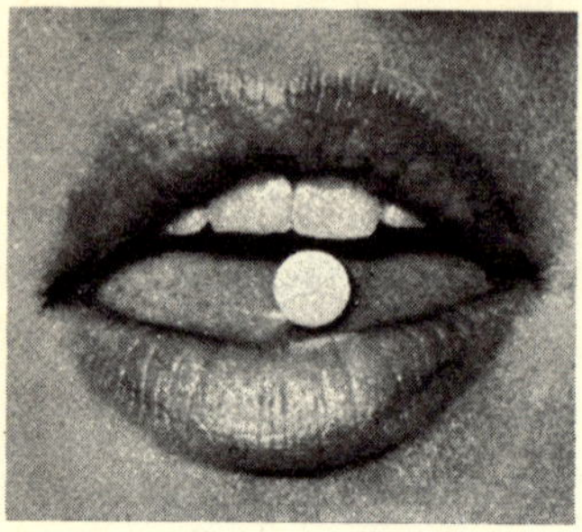

Köln, Juni/September 1969 — Rolf Dieter Brinkmann

INHALT

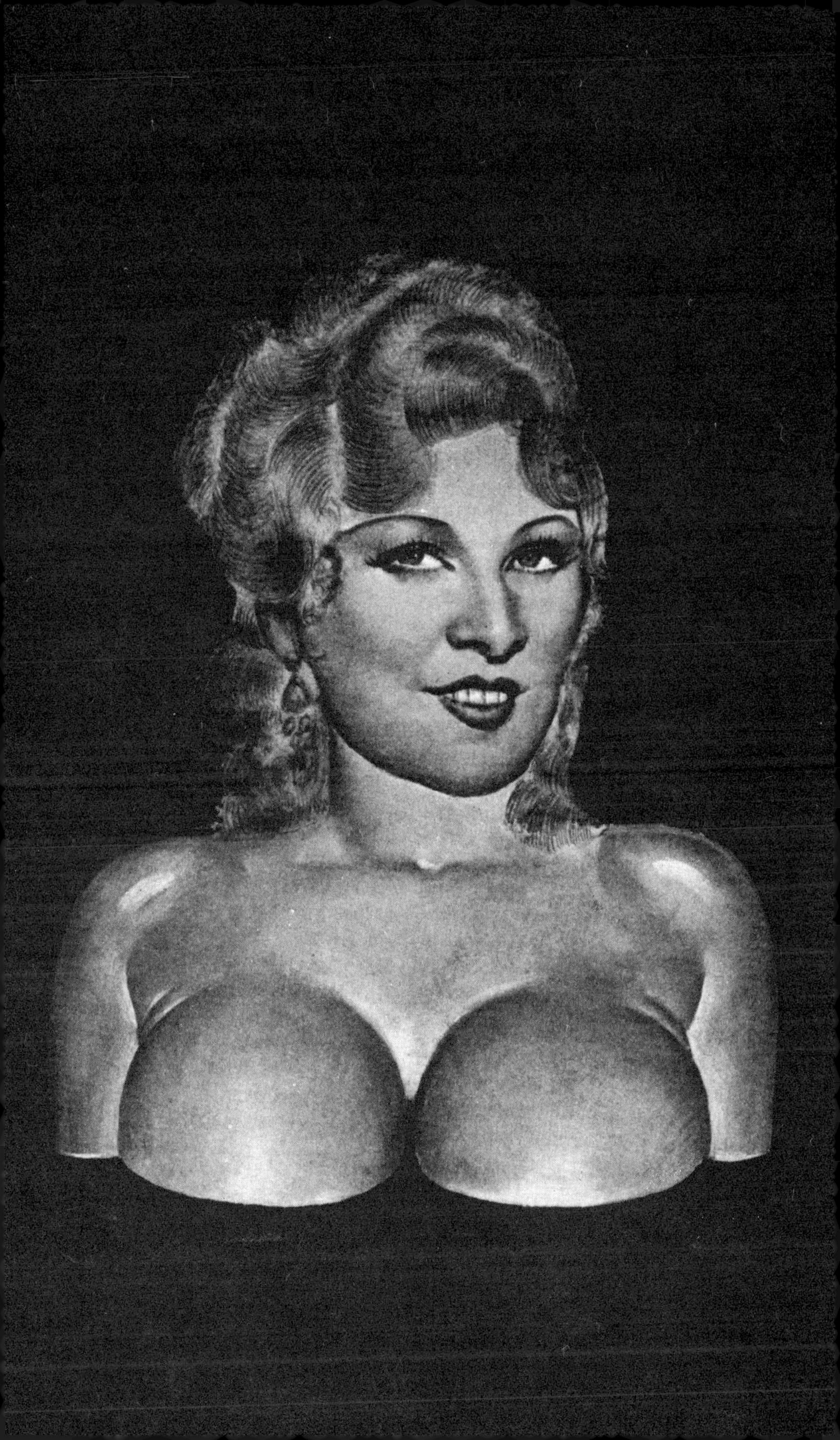

ROBERT SWARD

geb. 1933 in Chicago, ging dort zur Schule, nach der Militärzeit, während des Korea-Krieges, Studium an der Universität Illinois und der Bread Loaf School of English. Erhielt 1958 den MA., studierte von 1960 bis 1961 mit einem Fulbright-Stipendium in England, Reisen in Frankreich und Griechenland. 1964–1965 Guggenheim Fellowship für Lyrik, 1966 D. H. Lawrence Fellowship. Aufenthalte in Mexiko. Lehrtätigkeit an der Universität Iowa, Cornell University und am Connecticut College. Gedichte erschienen in Poetry, The Paris Review, The New Yorker, Poetry Northwest, Chelsea, Transatlantic Review, El Corno Emplumado, Ambit. – Prosakollaboration mit der englischen Schriftstellerin Ann Quin; schreibt an einem Roman.

Bücher: Kissing The Dancer & Other Poems, Cornell University Press, 1964 / Thousand Year Old Fiancée, Cornell University Press, 1965.

The Very Air He Breathes, aus: Sward, Kissing The Dancer & The Apteryx (1/35) of Webster's Dictionary and New Zealand, aus Sward, Kissing The Dancer ● Halsted St., Chicago, & Hillside aus: Sward, Thousand Year Old Fiancée.

»Genau die Luft, die er atmet«

Sie liegt auf einer gelbbraunen Matte
aus Ausfluß – und Leopardenflecken.

Und er *(er gehört ihr*
und sie weiß es!)

Kann kaum gesehen werden, zusammengedrückt
und an ihrer linken Seite.

Ein Auge, eine Augenbraue und etwas Wange
ist alles, was von ihm zu sehen ist.

Die Überschrift (wieder) spielt darauf an, daß es Spaß macht
(unglaublichen Spaß), zu einer Zeit wie dieser

Eine Frau zu sein! Und in der Tat
sieht es aus wie Spaß.

Ihre Augen sind groß und raffiniert geschlossen
wie Leopardenflecken; und ihre Lippen sind ausgebreitet.

Sie ist, tatsächlich, eine deodorierte Leopardin
gerade dabei, den Mann zu nehmen.

Und wieder die Überschrift: *Du bist genau die Luft,*
die er atmet (der Mann liegt fast auf ihr).

Sie scheint dadurch nicht gestört zu sein;
und mit den beiden entblößten rasierten Achselhöhlen beugt

Sie sich zu ihm hin. Man ist geneigt, sie als etwas
völlig Furchtloses sich zu denken; sie lächelt,

Und nimmt den Mann. Weder Deodorant
noch Ausfluß könnten mehr tun.

Sie lächelt,
und sie liegt da, genau die Luft,
die er atmet.

Der Apteryx (1/35) aus Websters Dictionary und Neuseeland

Der abwärts gebeugte Apteryx (oder Kiwi) scheint
Ein rudimentärer, vornehmlich ein
Webster-Vogel zu sein. Der Apteryx (griechisch *a* +
Pteryx) fliegt nicht, und in der Tat
Fehlt ihm jeder Bezug (und die Notwendigkeit) zum Fliegen.

Mit flachem Brustbein, huhngroß und scharrend
Steht der Apteryx auf zwei geneigten und
Ungleichen Hühnerbeinen. Er *schnüffelt* nach Nahrung
Mit einem langen, dünnen, schilfähnlichen Schnabel:
Insekten, Schnecken, verkrüppelte Fliegen und Beeren.

Die Nasenlöcher des Apteryx
Liegen einen Zentimeter von der Schnabelspitze entfernt.
Und der Vogel – nicht völlig ausgestorben – überlebt
Unter dem Schutz der Regierung. Er vermehrt sich
Langsam, in aller Öffentlichkeit, nistet in Erdlöchern.

Wären seine Haare Federn, mit erotischen Mustern
Besetzt, könnte (es wäre denkbar) der schläfrige,
Außenseitige, sternenäugige Apteryx stolzieren, posieren
Und den Pfau spielen. Mit seinem angedeuteten Schwanz jedoch
Und grautönigem, kurzem, struppig-braunem Haar

Scheint der Apteryx sich mit *Schnüffeln* zu bescheiden. Und
Allein sein Schnabel, tauglich und gerade, macht ihn
Einem liebenswert. Aber zusammengekauert, ausgestorben
Innerhalb seines schlafenden Rückens (bei Tage),
In Stoppeln gehüllt das *Schnüffeln,* sucht der Apteryx
Die Regierung und vor allem den Webster heim.

Halsted St., Chicago

Es ist Chicago, es ist Chicago,
An das ich mich anzuschließen suche,
Meinen Finger in meinem Nabel, in der Halsted Street
Mit ihren Löchern; mich an eine elektrische
Steckdose anzuschließen,
Summ, Summ –
Ist mein allergrößter Wunsch.
Ich stecke meinen linken Zeigefinger in mein Ohr,
Und meinen anderen Zeigefinger, den stecke ich
Genau am Nasenansatz
zwischen die Augen
Von Little Orphan Annie, die täglich
(tatsächlich zweimal täglich)
auf den letzten Seiten
Der Chicago *Tribune* erscheint.

Ich kann Löcher nicht ausstehen. Ich küsse Leute,
wenn sie reden,
Oder stecke meinen Finger rein.
Ebenso Eisenbahnschienen. Ich gehe auf ihnen.
Eines Tages regnete es. Ich ging vierzehn Stunden lang.
Ich ging die ganze Strecke nach Norden, bis Wisconsin.
Und es stimmt, es war gut, zu lernen:
Wenn Leute erkennen, daß du sie magst,

Haben sie nichts gegen dein Anschließen.
Auf dem Weg nach Haus hatte niemand im Bus etwas gegen
mein Anschließen.

Ich schloß mich an durch ihre Knopflöcher
und Schuhe
(die Löcher für Schnürsenkel).
Ich kam stark zurück,
Ich kam zurück mit all meinen Fingern
und auch meinen Zehen,
Zurück ein für allemal jetzt.

Ich schraubte das Telefon auf. Ich steckte meinen
Finger rein.
Klick, Klick, das Amt.
Ich stotterte meine Botschaft heraus, mein letztes
Erscheinen,
Tiefste Gefühle, Vibrationen, Offenbarungen...

Ein Mißerfolg, mich zu verstehen.
Ärger auf meiner Seite. Ein neuer Drang, mich anzuschließen.
An eine verbogene Geldrückgabe, die Löcher in den
Urinbecken,
Gottes linkes Auge, auch den Himmel, Weltraum,
Die Ionosphäre, die Stratosphäre,
die Milchstraße
und das Universum im allgemeinen.

Bergabhang

Ein Mädchen liegt auf dem Bauch
In einem blauen Kleid.
Ein Mann, verlegen für einige Augenblicke
Zieht die Knie an
Und fingert an seinem Schlips.
Der Berg erhebt sich;
Er wimmelt von Männern, die sich aus den Grashalmen erheben.
Sie verschwinden. Der Berg nimmt
Seinen Aspekt der Ruhe ein.

Die Verliebten springen auf,
Befestigen sich an den Bäumen,
Und berühren sich nie. Schatten dunkeln ab.
Der Mond kommt auf.
Und die Dame in Blau steht vor mir.
Lehnt sich für einige Zeit an meine Brust
Dann, wie die anderen,
verschwindet sie für immer.

KENWARD ELMSLIE

geb. 1933 in Colorado Springs. Promovierte in Harvard, lebt in New York, Textdichter für Opern und Musicals (The Sweet Bye and Bye / Miss Julie / Lizzie Borden). Preisträger der National Foundation of the Arts. Veröffentlichte seine Gedichte und Prosa in The Paris Review, Poetry, C, Art & Literature, Locus Solus, Nadada. Zusammen mit Ruth York übersetzte er deutsche Dichtung des Mittelalters für eine Anthologie der Modern Library.

Bücher: Pavilions, Tibor de Nagy, 1961 / The Babybook (mit Joe Brainard), Boke Press, 1965 / The Gamebook Calendar (mit Joe Brainard), Boke Press, 1967 / Power Plant Poems, C Press, 1967 / The Champ, Black Sparrow Press, 1968.

Statement: Bis 1958 schrieb ich hauptsächlich »populäre« Song-Texte, Entwürfe für satirische Revuen und ein ganzes Spektrum lyrischer Theaterstücke, die von regelrechten Musicals bis zu »seriösen« Opern reichten. In dem Jahr aber sah ich mich zu meiner eigenen Verwunderung Gedichte schreiben, vielleicht angeregt durch eine Nachtklub-Lyrik-Lesung, die von Kenneth Koch abgehalten wurde, zu der ich zufällig hingegangen war. Ich fing an, mit ihm und mit Frank O'Hara meine Zeit zu verbringen, und darauf mit James Schuyler und John Ashbery und darauf mit Joe Brainard und Ron Padgett, und durch sie entdeckte ich verschiedene Methoden des Gedichteschreibens, an denen ich sonst vorbeigegangen wäre – d. h. Gedichte als persönliche Tagebücher, die Schönheit des Kurzlebigen, die Ungezwungenheit in dem »Falsch-Übersetzten« – man nimmt einen fremdsprachigen Text und macht eine willkürliche Übersetzung, die »aus-geweißt« wird – man nimmt ein Gedicht von irgend jemand anderem und löscht mit weißer Tinte bestimmte Wörter aus, dann verändert man den Rest zu etwas anderem – man lagert autobiografische »true-to-life«-Anekdoten in einen »hergerichteten« Text ein – ETC. Ich habe einige Vorlieben – das Schreiben von erzählenden Gedichten mit Ironie, die flüchtig aufschimmert, aber nicht auffallend ist; ich bin dahin gelangt, abstrakte Jetzt-siehst-du-es-, Jetzt-siehst-du-es-nicht-Gedichte gelten zu lassen, doch bevorzuge ich hoch-energiehafte Sachen, die in einer Hinsicht durch formale Forderungen Gestalt angenommen haben (Strophe, Metrum, Reim); die West Coast-Luft-Jungs sind für die Vögel, meiner Ansicht nach.

Alabama aus: Elmslie, Pavilions ● The History of France, aus: Elmslie, Power Pant Poems ● Fringe People aus: Poetry, Vol 96, No. 2, 1960.

Alabama

Dort auf der Wandtafel kommt das Paar
und schleppt sich in Turnschuhen die rostigen Eisenbahnschienen entlang
Auf ihrem Weg zum alljährlichen geldbringenden Erntedankfest.
Zur Linken Technicolor-Wetter – roter Himmel, weiße Felder.

Der Sommer ist ein Gerücht. Wo *sind* die Jahreszeiten? Wer kann das sagen?
Plötzlich zerplatzen Whiskys auf den Regalen des Gemischtwarenladens.
Umkippende Wagen, Schreie und Gewalt, das sonnabendliche Gewaltprogramm.
Zur Rechten täuschen Landestruppen Schlaf vor. Es ist Nacht in Alabama.

Stell dir vor, die Vorfahren genau dieses Paares, das verschwindet,
pflanzten richtige Bäume, die jetzt dauerhaft wie Treibholz sind.

Die Geschichte Frankreichs

Wind, Kälte, Regen.
Dann kam die Wolkenperson:
eine bleiche Kaiserin.

Heute ist ein schöner Tag –
solch lebenslustige Mädchen!
Ein spitzkantiger Stein bewegt sich.

Ah, unwiderrufliche Einwilligung!
Geld erkauft alles
außer Mauern zwischen Menschen.

Das Reich im Regen
mit der gespannten Atmosphäre
hielt uns an der Grenze an.

Gestreifte Barrieren! Idioten!
Und dahinter rufen Männer in Schwimmanzügen:
»Kunst, mach uns frei.«

Ein anderer jämmerlicher Morgen
voll mit Hühnern, Staub und Bojen.
Das Meer fährt fort anzufangen …

Krebszangen im Fichtenwald
deuten auf ein unlogisches Meer hin,
das: ich *weiß*, ich *weiß* singt.

Klebriges Teer und künstliche Verwirrungen
klären das Bündnis zwischen Richter und Lehrbuch.
Für wahre Demokratie besteht keine Notwendigkeit.

Nicht nur keine Notwendigkeit, sondern keine Möglichkeit.
Denk an Klippen. Denk an Pfauenvögel.
Und die salzigen Boote der Leutnante.

Private Zimmer kommen als nächstes – parfümierte Kopfhörer
für die jungen Leute: es ist die göttliche Sarah.
Holzbeingeräusche bumpsen durch die Salons.

»Verschwiegenheit in den Provinzen,
eine Reise unter einem Wasserfall –
das wird deine Männlichkeit nicht erproben, Robert.«

Ein hübscher Holzbläser und Drosseln.
Es wird erzählt, daß die Dachfenster auffliegen,
um sanftgesichtige Aristokraten hereinzulassen.

Und die Mädchen werfen die Kuchen hinunter,
die hübschen Lauchverzierungen auf dem Hauptgericht,
während jeder Briefe in hohlen Bäumen versteckt.

Zur Gesellschaft gehört die Dame mit dem landkartenförmigen Gesicht,
der jungenhafte Mann, der schachspielende Leibgardist;
wie lieben sie neuerdings, die französischen Sommer.

Die klügeren Städte haben gelbumrandete Parkanlagen,
hübsch und rechteckig mit Farnen und Kieselsteinhirschen,
und auf diesen spielen die alten süßen Liebhaber (mit den Wespen).

Unter ihnen, musikalische Spülung,
Tunnel zum Ozean
und zu aufgeblasenen haarigen Meereskreaturen.

Wir haben niemals (bumps) auf (bumps) Felsen gesessen,
die Frau nach Westen blickend,
und dem atlantischen und pazifischen Sonnenuntergang zugesehen,

die Männer in Decken gewickelt,
die Kinder auch in sie eingewickelt
und die alten Leute in den Autos.

Gut gemacht! Sie sehen, die Städte
haben flitterübersäte Zirkusnetze aufgespannt,
oder sind das Nester?

In sie hinein (summt weiter, Papp-Fabriken)
fallen Ozeansouvenire, neblige gemeine Dinger,
so daß die Boulevards mehr in Gebrauch kommen.

Heute, in den Bergsteingruben,
tragen die Arbeiter hohle Hüte,
in denen sie die Körner rausschmuggeln.

Aber in den malvenfarbenen Tälern
diese reizenden Universitäten.
Ach, alle auf Tierfriedhöfen erbaut.

Im Winter packen sie sie randvoll,
kommt der Frühling, zu Hans' und Ivans Erstaunen,
aber jetzt – – erreicht er die kostbaren Dinge:

Springbrunnen mit entblößten Bestien und Brüsten,
Lotterielose in den Schleusen,
um die Säuren am Durchsickern zu hindern.

In den Lagerhäusern tagträumen
Gangster von dieser Wolkenperson,
der bleichen Kaiserin.

Zur Mittagszeit holen sie ihn heraus,
den zungenförmigen hölzernen Kasten;
heute ist ein schöner Tag.

Randfiguren

Für Ruth Yorck

Wodurch unterscheiden sich Randfiguren von einem selbst, ihm, uns,
ihr, dir?

Sie stöbern nach sauberen Doppelbetten, um die Liebenden darin zu
betrügen.
Wenn sie ein Zimmer betreten, zerklirrt das wertvolle Stilleben.
Dann schreien sie »Falle!«, lassen sich fallen (gehn einfach nicht weg,
bleiben liegen).

So wird ihr Hollywood-Look angekratzt. Zwangsläufig auf Unsicht-
barkeit
Aus, verstecken sie sich stundenlang, vermummen sich wochenlang.
Hoppla, neue Runde!
Ertappt mit den Fingern am Mund, gründen sie die Liga für Mitgefühl.
Schreckliche Clowns, ihr Motto: für jeden Lacher eine Wunde.

Ihr Neuestes? »Zur Mitte ist unsere Parole dies Jahr;
Unser ideales Asyl das Auge des Taifuns, das windstille Prinzip
Und zum Teufel mit den andern!« Wörtlich. Doch ihre Maske
Sieht selbst von ganz nah aus wie richtige Haut und ihr Lächeln so lieb.

DICK GALLUP

geb. 1941 in Greenfield, Massachusetts. Bis zum Alter von 9 Jahren lebte er in einem kleinen Dorf in New England, danach in Tulsa, Oklahoma, wo er sich mit Ron Padgett befreundete und später mit Ted Berrigan. Besuchte die Tulane-Universität von 1959 bis 1962 ohne Abschluß, zog dann nach New York. Seitdem lebt er dort, *»zuerst fast verhungernd etc., und das 2 oder 3 Jahre lang, und später dann mit ausreichendem Essen, einer hübschen Frau und einer Tochter, Christina Danielle«.* Seit 1964 besucht er die Columbia-Universität. Er gehört der Dichtergruppe der Lower East Side an. Gedichte in The Paris Review, C, Mother, The World, Angel Hair, Kulchur, Poetry.

Bücher: Hinges, C-Press, 1965 / The Bingo, Theaterstück, Mother-Press, 1966.

The Return Of The Philista, aus: Gallup, Hinges ● The Georgics, aus: The Paris Review, No. 38, 1966 ● Like the Stars, aus: The Paris Review, No. 45, 1968.

Die Rückkehr der Philista

Billy the Kid kommt durch die Schleuse am Morgen und
zündet sich eine starke Zigarette an, träumerische
Träume erfüllen seinen Kopf: sie ist nicht verliebt.
Er sattelt seinen Bronco, das Geschwätz der Possenreißer,
Bitte, sagt er, und macht Kopfstand und schreit Zeter
In der ruhigen Luft des cchlichen Morgens. Ein Mädchen
Tritt an die Wildwest-Wasserstelle: und sie ist verliebt.

Es ist Morgen, sagt Billy, und der Morgen und sie brauen etwas
Unangenehmes für mich und »Clumps«, meinen Partner,
Zusammen. Wo ist jetzt Jewskij von Avila, wo Aljoscha?
Beide nur Kerben am Zeitstock. Die heimlichen Abwege
Des Schicksals und ein lockerer Colt rufen Erinnerung an die festlichen Anlässe
Der Vereinigung mit seiner weißen Liebe wach. Ein Mädchen
Ist mehr als ihre Hautfarbe, denkt er, wenn sie »verliebt« ist.

Es ist ein schwarzer Morgen, und sie ist »verliebt«
In Frans Hals, theatralische
Ziege, sagt Billy, lernste löffeln, Liebste. Sie murmelt
»Immer herumschleichen, einfach so
Sein! eine Paloma Negra ... oder ein herrlicher König, voll Glanz

In der Blüte, voll Ruhm die Liebe, das war ihr Traum, verwandelt in
Scheiße. Ach! beim Aufwachen merkt sie, sie ist »verliebt«.

An einem kindischen Morgen, und sie ist verliebt.
Kleine Junge-Liebe! Billy-Liebe! Die Morgenliebe ist nichts als Liebe,
Verknäuelte-Ärmel-Liebe, Juden-Liebe, Pimmel-Liebe! oh, so in Liebe
verstrickt erwachen!
Billy the Kid wacht am Morgen auf und SIE ist nicht verliebt.

Wie die Sterne

Wie die Sterne
Bin ich viel herumgekommen

Ein Papierstuhl

Der Saft beginnt zu Hause
Und läuft den Berg hinauf auf dich zu
Rasselt weg in die Mühle hinein
Trägt einen Klumpen broccoli
Mein liebstes Gemüse

Beim Anblick der Riffeln auf dem Rücken der Leute
Zusammengedrängt um ihre beweglichen Häuser
Erwarte ich, daß Leben wie Musik ist

Ich bin knochentrocken
knochentrocken

Manchmal denke ich, du
Bist mein liebstes Gemüse

Vom Ende der Milchstraße
Kotze ich auf die kleine klassische Stimme
Von Mozart

Kleiner Mann
Auf dem Bürgersteig

Entschuldigen Sie, Herr Mozart
Ich wollte zum Krebsnebel

Mit einem Au-Pair Mädchen an Ihrem Arm
Einem kleinen Garten in Ihrem Ohr

Wir haben gute Köpfe, Sie und ich
Obwohl dunkle Flüßchen der Verzweiflung
Die graue Substanz kräuseln
Und Sie sind nicht Mozart

Die Mini-Lampe schwingt durch den Kern der Erde
Ein gedrehter
unterworfener
Charakter, gelenkt von einem kranken Bewußtsein

Ballon-Nacht

Unterhalb einer dunklen Wolke aus Ballons

Wirklich, mein Herz ist ein Schwamm
Der nach See(Rülps)wasser verlangt
Um es mit Prämien-Mädchen aufzufüllen
Die alle ein Überschwemmungsproblem
haben.

Terror, Tod, Mordfälle, Krankheit und Regen
Ist das, was mich aufhält wenn ich Zeit habe
Bohnen für heute abend, Erbsen für morgen

Die Georgianer

Am Sonntagnachmittag in Georgia hatte ich nichts zu tun
Also schickte ich mich selbst zurück nach Georgia unter Wasser
In dem traditionellen Stil der Englischen
Rcnaissancc. Könntc ich dich viellcicht
Einigen Gedichten aussetzen? Huh? Die hochpolierten Gedichte
Der englischen Renaissance schüchtern mich
Mit ihren lateinischen Zwicken ein. Verzückte Zungenspiele
Versüßen den Dativ der Manierismen
In den Georgianischen Villen von Washington.

Auf seine Hand schauend, sagte der Mann: »aah!«
Kommt auf seinen ramponierten Unterarm zurück, Unterarm
Dem die allerletzte Beobachtung des ausgeklügelten

Blicks seines Partners gilt. »Aah!«
Georgie hat vier Asse! Er geht rückwärts
Nach Georgia, um die letzte Karte aufzudecken.

Kann ich sie sehen? Kannst du sie sehen? »Glug!«
Bist du durstig? Nein, du bist Georgia O'Keefe
Und ich bin zu dir zurückgekommen, ein blumiger Irrer;
Komm auch nach Georgia zurück, wo wir tot sind,
Nichts haben, nichts benötigen, nichts verlangen.

MICHAEL MCCLURE

geb. 1932 in Marysville, Kansas, lebt seit 1953 in San Francisco, verheiratet, eine Tochter. Hat in allen bekannten Zeitschriften der 50er und 60er Jahre publiziert, so in Evergreen Review, Yugen, Black Mountain Review, Big Table, Origin, Film Kulchur.

Bücher: Hyms to St. Gereon, Auerhahn Press, 1959 / Dark Brown, Auerhahn Press, 1961 / The New Book, A Book of Torture, Grove Press, 1961 / Meat Science Essays, City Lights Books, 1963 / Ghost Tantras, rivately printed, 1964 / Poisened Wheat, Oyez, 1965 / Love Lion Book, Four Seasons Foundation, 1966 / Tantras (mit Bruce Conner), Dave Haselwood, 1966 / The Sermons of Jean Harlow and the Curses of Billy The Kid, Four Seasons Foundation, 1968 / The Beard, Grove Press, 1968.

Statement: Man hat mir gesagt, daß Personen wechselseitig aufeinander einwirken müssen, und doch ist diese Wechselwirkung ein Bewußtseinsprozeß. Es gibt keine Seele. Der Geist und der Körper sind gleichzeitig da, eine *Spannung*, die Fleischwände *sind* Geist. Seele/Bewußtsein sind Fallstricke, ausgedacht von Blinden und Domestizierten. Liebe ist Körper, der gegen Körper schlägt, die *Konfrontation* von Gesicht und Gesicht und Schulter und Schulter. Ich sage, *Liebe* ist kein Traum oder eine Bewußtseinserfindung.
Die nachahmende Kunst war die letzten 4 000–6 000 Jahre ein Gift. Die Aufgabe der Kunst ist nicht nur Frohsinn und Erziehung, sondern eine Erweiterung zu schaffen – ein Weg zum Riesigen und zur Befreiung des Menschen, des Tiers, das sich das erdenkt. Und das Erdachte seiner körperlichen Liebe ist, daß er jene, die mit ihm gehen, zur Befreiung führt.
Das nachahmende Bild ist nur wirklich, wenn es so stark ist, daß es sich von selbst dem Fleisch/Geist aufzwingt und sich wieder zurückblitzt in seiner ganzen feurigen Helligkeit – es bleibt fern – dem Licht oder Fleisch. Es gibt keine Wechselbeziehung, nur eine Konfrontation.
Im idealen Fall – sind Kunst, Wissenschaft, Freiheit Aspekte eines einzigen Atemzugs. Das Atemholen ist ein Tun. Schreiben ist eine Tat. Die Großbuchstaben müssen zurückkehren – nicht als Personifizierungen, aber als ein Wiedererkennen, daß neue Eigenschaften zu existieren beginnen und Sterbende und Atmende überleben, die Qualitäten sind fließend und existieren nur im Kontext – sie können nicht zitiert und zum Ausdörren festgehalten werden – sie verschwinden. Sie zu Fallstricken machen zu wollen, ist Kranksein. Nichts ist zitierbar außer zur Lust des Zitierens. Schreiben ist nicht ein Produkt, sondern eine Erweiterung des Körpers. Es unterwirft sich keiner Moral, keiner starren Verhaltensweisen oder einer vorgefaßten Meinung. Wenn ich das Profil eines Gesichts von 7 Metern Höhe male, dann tue ich es, um Ritterlichkeit, Adel und Chaos zu schaffen. Nichts ist daran zufällig, es gibt kein glückliches Zusammentreffen, alles ist ein Tun meines Körpers. Dasselbe trifft auf das Schreiben zu.

Le Plus Blanc aus: McClure, The New Book, A Book of Torture ● Fuck Ode aus: McClure, Dark Brown.

Fick Ode

GROSSE GESTALTEN FICKEN GROSSE GESTALTEN FICKEN GROSSE
GESTALTEN
FICKEN AUF DEN KLIPPEN AN DEN UFERN IM SCHWARZEN FLUSS
in den endlosen Feldern, den mit schwarzem Klee
bewachsenen Wiesen. OHNE BEDEUTUNG! überraschend und
riesig groß wie ein Traum. Die ERFINDUNG der Liebe. Der riesige
SCHWANZ
der in den weichen Traum gleitet. Nicht Traum. In die Fotze,
DORT! In den Mund. Das Aufeinandergleiten
der Gestalten. Das Zucken, Schieben, Auf und Ab,
FESTHALTEN.
DIE GESTALTEN SCHLIESSEN IHRE KÖRPER AN IHRE KÖRPER AN,
die Hautwände sind verbunden! Arm auf Arm
an dem Arm. Die großen Gesichter und riesigen Beine,
die runden Arme der Liebe erneuert. Wir fallen
in den schwarzen Klee. Ich/gleite in das
duftende Gras ich singe in dein Ohr. Mein Lied ist
ganz der Klang meiner Gefühle. Musik ist häßlich. Mein
Lied ist genauso wie deins das mich umschließt.
ALLES IST STILL NUR MEIN LIED FÜR MICH, DEIN LIED
für dich. Das ist unser Berühren. Das ist
die riesige Halle, die wir bewohnen. Sich wälzen,
stehen. Den Schwanz im rötlich-schwarzen Fleisch. Zunge
im rosa Fleisch. Sperma auf deinen Brüsten,
Sperma auf deiner Zunge, Sperma in deinem Körper
Höhlen Liebe Schnecken Atem seltsame Armlinie

OH SCHLAF SCHLAF NICHT. OH KRAFT KÖRPER
LIEBE
Es sind keine Lügen auf deinem Gesicht, in deinen Augen
die ich in der Dunkelheit sehe. Über unserem
Kopf hängt ein goldener Sarg
Silber, Silberne Karaffe, Nein!
!DER ANBLICK, ANBLICK!
DIE LEERE UNSERER GEFÜHLE FÜR IMMER. DAS SPERMA!!!!
Mein Schwanz ist blau und rosa in der langen
Nacht. Nacht? In der riesig großen. OH
immer wieder unerwartet fühle ich dich/ich, du
bist mein Körper wie ich ihn brauche. Es ist nicht
Nichts. O Immer wieder, immer wieder!! O keinen Kelch
sondern Körper. O Zunge leck
die Süße der Arschbacken und die feste Geschmeidigkeit des
Arschlochs. O pelzbesetzter Fleischberg,
Handgebürstet. Große Gestalten, die ficken,
Parfüm immer Parfüm genannt. Erinnerungen
an diesen endlosen Augenblick. O WIESEN WIESEN
WIESEN WIESEN WIESEN WIESEN WIESEN WIESEN WIESEN WIESEN

WIESEN AUS verziertem Orange-Schwarz in meinem geschlossenen Auge,
berühre den Klee, alle zarten und erdrückten vom Körper zerstörten Blumen
AN DEN UFERN DES SCHWARZEN FLUSSES ERHOLE ICH MICH
von der Unehrlichkeit zu dir/zu mir. Von den durch Unehrlichkeit zu
mir selbst beeinflußten Momenten. Jeder Augenblick der letzte
jeder eine neue Erfahrung. Jeder der letzte Schutz und Angriff.

UND DAS NICHT NUR DAS ATMEN HÄLT AN. DIE EREKTION DIE
SENSATION
Der steife Schwanz steckt in dir. Der O Nein-Traum IST DAS
Verständnis von mir für mich selbst. Endlich das Erkennen des Körpers!!
!ENDLICH!
DEIN HAAR IST EIN BLONDES FELD UND EINE WIESE IN DUNKELHEIT.
DER KLEE IST SO HOCH WIE MEIN BEIN! ES GIBT KEINEN HIMMEL
ob man die Augen schließt oder öffnet. O Liebe Liebe schon zurückbekommen und
verloren. Jeder Moment aus Stein, Basalt und groß jeder ein
rechteckiger Block zwischen den Gestalten noch nicht aus den Augen verloren!
DAS ZUCKEN ZUCKEN ZUCKEN VON SPERMA IN DER WÄRME
meines Schwanzinnern. Brennen. Mein Rohr
O wahnsinniges Lecken! O brennende Schönheit!
BESPRITZTE AUGEN TROPFEN UND TRÄNEN VOM LACHEN, Oh!
atmend. O Mißverständnisse. Befreit

von allen Lügen wird das Gesicht rein. Die Gesten sind unvergänglich
DAS FEUER IST FEUER VERWORRENHEIT EINGEBRANNT
in sie. Was ist Geschwindigkeit? O Unaufrichtigkeit
zu mir selbst, aufgedeckt! O Saft in deiner rosa-roten
Fotze und auf deiner Zungenspitze. Brüste. NEIN!! Die Schulter
in meinem Mund. Der Biß in deine Arschbacke. Den Arsch geküßt
GESCHLAGEN UND ERFRISCHT NICHT LIEBE NEIN ABER
neu.
O ANGST ANGST ANGST ZERRISSEN UND VERGANGEN, O GROSSE
GESTALTEN, ATMEN.
O KLEE KLEE KLEE UND NICHT MUSIK O GROSSE HÄSSLICHKEIT

das ist Schönheit! O Schönheit die große Häßlichkeit ist. O
riesige Hallen aus Wiesen und Dunkelheit. Dunkles
Wasser. O wer ist hier gewesen bevor ich
mich engelhaft erhebe! Ich sage es ohne Angst ich
spanne meine Gesichts-, Arm- und Nervenmuskeln um mich einzubeziehen.
Der Schritt es zu tun ist leicht. O sehr
schwer. Einfach. O zerschlagene Dunkelheit groß und vollkommen.
MEIN SCHWANZ DEINE HAND MEIN MUND DEIN MUND DEINE
FLEISCH-FOTZE MEINE GRÖSSE

SCHWARZES LICHT SCHWARZES LICHT SCHWARZES LICHT SCHWARZES LICHT

und Bestienhafte Kreaturen aus Fleisch die größer werden. Licht
Klee in deiner Umarmung von mir von meiner Umarmung.
KEINE MUSIK!!!

O BEGONIENBLATT ZWISCHEN DEN SEITEN, innen Würmer. KEINE MUSIK!

Meine Arme sind große Körbe im Klee. Mein Rücken ein Steinblock.
Dein/mein Stöhnen vor Lust und das Aufschreien beim Kommen. Diese
Wallungen und Krämpfe im Zeh. Muskeln revoltieren
jede möchte Liebhaber werden. O HALT HALT.
((Stolz, Freiheit, Liebe haben eine Bedeutung – Erfahrung.))
Ich, mein Körper, ich, ich, ich, ich, ich krümme mich!
Der sofortige Test.
KEINE KEINE MUSIK.
VON EINEM TRAUMBILD KRÜMME ICH MICH, GESICHT, IM KLEE.

((DIES IST DIE HÖHLE DER LEERE UNSERER GEFÜHLE. ALLES IST OFFEN.

Öffne deinen Mund für mich Du/ Ich. Laß mich in der Dunkelheit den
großen Kopf meines Schwanzes noch einmal auf deine Zunge legen.
Schwillt an bis es kommt weiße Spritzer in der Dunkelheit.
Laß deine Brüste sich bewegen wie sie es tun. In der
Farbe die ich sehe in der Form die sie haben, kräftige Figur.
Öffne deine Schenkel. Die Form die du ihnen / ich / gibst für mich.
Ich fühle das Haar mit meiner Zunge mit meinem Schwanz wenn ich
ihn reinstecke. O Vergangenheit, Vergangenheit. Das ist eine
Zeitform. Es gibt eine.
ICH/GROSSE GESTALTEN FICKEN IN DER DUNKELHEIT,
Feuchtigkeit des Klees warm/kalt. Naß von der Zunge und Fleisch-Fotze
kalt/warm. Beiger Geschmack in der Dunkelheit. Wie du mir zu Knien fällst
und falle, um dich zu fassen/ich. Spermatropfen auf deiner Schulter.
DIES IST DIE DUNKELHEIT IN SCHWARZEM LICHT DIES IST DER KLEE DIES
ist das Tal und der Schwarze Fluß. Wieder die Karaffe, nein
die gefundene Jagd. Nicht die Verfolgung, der höchste Augenblick.
Die ganze Blüte nicht die ausgewechselten Ionen. Sperma spritzt und gleitet
mächtig hinein

SCHWARZES WASSER IN DUNKELHEIT WASSER KASKADEN
zu den Klippen und den Ufern und den Wiesen))

KEINE GRENZEN HIERFÜR KEINE MEDAILLONS INNEN KEINE BEWEGUNG ABER

alles Dunkelheit und Wiese, Fluß, Klee, Massen
die ficken. Du/ich lutsche den Saft von mir in großen Bewegungen des Mundes

Blüte/Fotze/Arm herum dennoch, Ich gleite runter, um dich
für immer zu bedecken. Ich bin nicht frei doch alle andern
sind unfrei. O helles
Dunkel ich/du/ich.

O LAWRENCE LAWRENCE LAWRENCE ICH BIN GANZ SO WIE JOHN
WEBSTER,
sein großer Körper dort an den Ufern, Klippenkanten verbinden
seine sehnsüchtige Liebe mt seinem Körper. O sieh ihn dort!!!!!!!!

FRAU FRAU FRAU FRAU FRAU FRAU
Ich-du/ich, jetzt
FÜR IMMER!!!

Le Plus Blanc

JEAN HARLOW, DU BIST SCHÖN AUF DUNKLER
ERDE MIT WEISSEN FÜSSEN! MICHAEL
der den Drachen erschlägt, ist nicht großartiger als Du. Der Luft
gibst Du magische Geschmeidigkeit. Wir werden Dich auf unseren
Schultern ins All hinaustragen. Über Alle triumphierst Du mit warmen
Schenkeln und
einem ängstlich verlangendem Lächeln, das Tarnung für die Aufrichtig-
keit ist
die sich in Deiner Anmut ausdrückt! Du drückst innere Energie durch
körperliche Wärme aus –

Du gibst Liebe. Liebe für Bewunderung! Auf Verlangen
antwortest Du mit Verwirrung. Wie. Wo
sonst außer in der Tiefe Jean Harlows wird solche Verwirrung
zu Anmut? Wie viele andere Frauen sind schöner
in Aussehen und Erscheinung! Wie wenige können / haben /

solche Liebe auf sich gezogen? Denn Du bist ganz ein Geschöpf der Liebe!
Deine Muskeln sind Liebesmuskeln!

Deine Nerven – Liebesnerven!

Und Deine aufgeschlagenen
Komikeraugen!
SCHLAF TRÄUME von Dir.

ARAM BOYAJIAN

geb. 1922 in New York. Macht Dokumentarfilme für das Fernsehen. Gedichte von ihm sind in kleineren Lyrik-Zeitschriften erschienen wie Wormwood Review, Small Pond, Olé, Entrails, Analecta und New American-Canadian Poetry.

Statement: Ich denke an Lyrik als an etwas Unvollständiges – ein Fragment. Als Fragment sollte Lyrik grob sein. Und jetzt kommt die schwierigste Sache: Lyrik sollte schön und eigenartig und voller Sex sein. Ich bin in New York City geboren. Ich werde in New York City sterben.

The Great Wall aus dem Manuskript ● Silent Movie Star aus The Willie, No. 2, 1968.

Die Chinesische Mauer

Es wäre einer Seifenblase unmöglich über die Chinesische Mauer
zu gelangen. Aber an den Stellen der Mauer
die Ruinen sind, wäre es ihr doch möglich.

Ein kleiner Topf ist mit einer seifigen Flüssigkeit gefüllt. Ein großer Plastikring steckt in dem Topf. Blasen entstehen durch Anheben des Ringes und ein sanftes Hineinblasen.

IM APRIL
EIN ORKAN AUS BLASEN
VON RINGBLASENDEN KINDERN

KINDER BLÄHEN IHRE WANGEN AUF – –
STÜRME AUF ALTEN LANDKARTEN
MACHEN SEIFENBLASEN

EINE SEIFIGE BLASE TRIFFT MEINEN KOPF – –
WIEDER HABE ICH WEGEN GEDICHTE MEINE KINDER
VERNACHLÄSSIGT

AM ERSTEN WARMEN TAG
MACHEN BLASSE KINDER
SOMMERLICHE BLASEN

EINE BLASE FLIEGT UND FLIEGT
BIS SIE GEGEN EINEN BAUM STÖSST – –
DER GANZE WINTER VERGESSEN

In dem Sandkasten mit zwei kleinen Kindern verdeckt ein junges Kindermädchen seine Beine mit einem Pullover. Aber es ist völlig sorglos.

DAS JUNGE KINDERMÄDCHEN
LÄSST SEINE BEINE SEHEN – –
NICHT ANDRER LEUTE KINDER

DAS JUNGE KINDERMÄDCHEN
ACHTET AUF SEINE BEINE – –
NICHT AUF DIE KINDER

DAS JUNGE KINDERMÄDCHEN ZEIGT SICH SELBST VOR – –
ICH BEOBACHTE WIE SEIFENBLASEN
DEN BODEN BERÜHREN

Ich erinnere mich an Audrey, die junge Frau meines Freundes. Zuerst wurde eine Brust entfernt. Dann zerschnitten sie sie Stück für Stück, bis sie verschwand. Sie bekam ein jüdisches Begräbnis und jeder war zum Weinen ermuntert.

TOTE AUDREY – –
UND EIN JUNGES KINDERMÄDCHEN IM PARK
HOCKT

IN AUDREYS SEIDENRAUPENBLUSE – –
KREBSKRANKE BRÜSTE

LEUTE WEINEN – –
UND DAS AUFBLITZEN
EINER SCHWARZEN SCHAM

DIE ERINNERUNG UND DIE BLASEN ZERPLATZEN – –
SCHNELLER UND SCHNELLER

Nach einiger Zeit, stelle ich mir vor, werden beide Seiten der Chinesischen Mauer gleich. Aber ich weiß es nicht sicher. Was auf andere Mauern zutrifft, braucht nicht auf die eine zuzutreffen.

Stummfilm-Star

Mit meinem signierten Douglas Fairbanks sen. Schwert
schneide ich Spitzen an Federhüten,
Schnurrbärten, Nasen und Fingern ab und zack
Schwanzspitzen und zack, zack
überall fliegen Zehen rum
Scheibchen vom Arsch, dünner als Roastbeef
sauber abgeschnittene Brustwarzen wie schwarze griechische Oliven
an denen ich gerne weiterlutschen möchte.
Jeder Schlag von mir ist verbittert, eifersüchtig, erniedrigend.
Jeder Schnitt ein Na und, Was solls, Scheiße
Und nachdem sich die Menge endlich auflöst
schwinge ich mich mit Seil und Kronleuchter über die Brüstung
zu Mary Astors Haus hinauf.
Vom Balkon aus betrete ich eine riesige Halle
überall verblichene Fahnen und rostende Trompeten an den Wänden
mit Initialen, Herzen und Daten beschmiert und dem Statement
Ich war hier.
Die Tür am anderen Ende ist ohne Griff
und meine Hand erinnert sich an das
Berühren
von Porzellan mit rosa Rosen.
Die Tür quietscht, plötzlich, langsam, langsam
öffnet sich.
Mein Atem stockt.
Da steht sie
ganz Fotze
und mit einem kurzen Säbel.

DAVID RAY

geb. 1932 in Sapulpa, Oklahoma. Studierte an der Universität von Chicago bis 1952, erhielt 1957 den MA. Lehrtätigkeit am Wright Junior College der Northern Illinois-Universität und der Cornell-Universität. 1956–1957 Redakteur der Chicago Review, von 1960 bis 1964 Redakteur der Zeitschrift Epoch. Lebt zur Zeit in England. Er veröffentlichte Gedichte in The Paris Review, The New Republic, The London Magazine, Poetry, Ambit. Willam Carlos Williams Maxime »no ideas but in things« ist auch für David Ray verbindlich.

Bücher: X-Rays, Cornell University Press, 1965 / Dragging the Main, Cornell University Press, 1968.

Three Woman & Dying of cancer well attended aus: Ray, X-Rays.

Krebstod bei guter Pflege

Es gab eine Zeit, als das Rasen
Meiner Reifen auf dem Highway
In Richtung Oklahoma genügte,
Um der quietschenden Couch zu entkommen,
Dem Zimmer, in dem ich in mein Kissen biß
Oder nach einem Mädchen verlangte,
Das für mich tanzte oder mit mir badete und am
Nächsten Tag angesichts des Häuptlings Pontiac lächelte.
Und jetzt bemühe ich mich nicht mehr, mich zu bewegen.
Ich rutsche zur Toilette
Auf meinem Kissen.
Als wir Kinder waren,
Hatten wir auch alle möglichen Beförderungsmittel.
Wir nannten sie Puff-Puff-Eisenbahnen.

Drei Frauen

I
Würden heute, hätte ich sie nicht verlassen,
Unsere beiden Kinder
Hübscher sein als jene, die sie meinem Freund geboren hat,
Mit dem ich sie bekannt machte?

II

Würden wir heute, hätten wir uns nicht wegen einer
Sache getrennt, die letztlich ein Mißverständnis war,
Auf der großen Ranch leben,

Die sie erbte, das Flußtal hinaufreiten und die
Indianischen Inschriften lesen,
An den roten Wänden des Cañons?

III

Würden wir heute, hätten wir uns nicht in einem
Restaurant am Times Square gestritten
(Wo sie Kleingeld verlangte,
Um einen Mann anzurufen, der sie ins
Radio City einladen *würde*, um *Ben Hur* zu sehen),
Noch immer durch das Schnurren der Katze neben uns
Erwachen? Würde sie mich noch immer
Drängen, beim Glockenläuten miteinander zu schlafen?

PAUL BLACKBURN

geb. 1926 in St. Albans, Vermont. Von 1944 bis 1947 Armeedienst, anschließend Besuch der Universität New York und der Universität Wisconsin, erhielt 1950 den BA. 1954–1955 Fulbright-Stipendium, 1955–1956 Lektor an der Universität Toulouse. Für seine Lyrik bekam er das Guggenheim-Stipendium mit Aufenthalten in Frankreich und Spanien von 1967 bis 1968. Paul Blackburn ist Herausgeber, Lyriker und Übersetzer.

Bücher: Proensa (Übersetzungen provencalischer Troubadour-Dichtung), Divers Press 1953 / The Dissolving Fabric, Gedichte, Divers Press, 1955 / Brooklyn-Manhattan Transit, Gedichte, Totem Press, 1960 / The Nets, Gedichte, Trobar Press, 1961 / Sing-Song, Gedichte, Caterpillar, 1966 / Poem of the Cid (Übersetzung aus dem Spanischen), 1966 / End of the Game and other stories (Übersetzung der Kurzgeschichten Julio Cortazars), Pantheon Books, 1967 / The Reardon Poems, Gedichte, Perishable Press, 1967 / The Cities, Gedichte, Grove Press, 1967 / In. On. Or about the Premises, Gedichte, Cape-Goliard, London 1968 / Cronopius And Famas (Übersetzungen weiterer Kurzgeschichten Julio Cortazars), Pantheon Books, 1969.

Statement: Heute schickt dieses Land Astronauten um den Mond. Die Lyrik muß dem Universum die Gänsehaut beibringen. Wir alle arbeiten getrennt und zusammen. Um Himmels willen, alles muß geändert werden, die Dritte Welt lebt, auch wir sind nicht draußen. Es ist sehr schmerzlich. Behalten Sie Ihren Sinn für Witze bei und lachen Sie so oft wie möglich. Sterben Sie gut. Machen Sie Kinder. Essen Sie so gut Sie können, aber nicht zu viel. Lieben Sie. Bieten Sie Hilfe an, nehmen Sie sie an und kämpfen Sie. Berühren Sie jeden.

Hands aus: Blackburn, The Cities ● Ritual VIII aus: Poetry, Vol. 109, No. 3, Dec. 1966 ● The Glory Hairs, aus: The Wormwood Review, Vol. 5, No. 1, 1965 ● Three Part Invention, aus: A Controversy of Poets, ed. by P. Leary & R. Kelly, Anchor Books, 1965 ● The Encounter, aus: The New American Poetry, ed. by D. M. Allen, Grove Press, 1960.

Die prachtvollen Haare

Eine Frau beim Pissen
in freier Natur zu beobachten, ist
ein Tier zu beobachten
                                        das das tut / dies Nackte
wie ein Pferd oder eine Kuh
Nichts so schlicht wie der Bolzen eines Mannes
aber weit offen wie eine Kirchentür
                    und ungehemmt zischend

Sie tun gut daran für ihre Zwecke
diesen Akt zu verstecken, den
freimütigen, platten Gebrauch ihrer Ausrüstung
fürs Geschäft
mit dem heiteren Geräusch
das nicht mit Liebe assoziiert wird . Und dann

abtrocknen und aufstehen mit einer verstohlenen Anmut
und daran denken . Alles, was ich an
Delikatem ertragen kann,
ist die Hand, die unterm Hemd über meine Brust
streichelt, wenn sie
daran denkt .

Das Zusammentreffen

Mitten in der Nacht von der Bar
zurück nach Hause schwankend, stand

mir der mexikanische Bandit auf dem Weg gegenüber,
seinen Lebensstandard zu verbessern

Zwei
Finger drehten sanft den Schnurrbart,
die andere Hand fingerte an der Pistole. Mein Arschloch

fiel raus/
und kroch den ganzen Weg nach El Paso zurück.

Ritual VIII

Laß mich dir sagen, laß mich dir
sagen, es
sind die Wiederholungen
halten uns irgendwie auf
Trab

Dieses hübsche Mädchen das mit
der Fähre um 6 übersetzt und so
deutlich alle Aufmerksamkeit
die sie kriegt ignoriert, wird
älter werden, schwanger
werden,
die Bevölkerungszahl erhöhen oder nicht,
es anders
sehen, ihre Ansichten
ändern und alles,
Jahre später
wird ein anderes Mädchen
ihr nicht unähnlich, kommen
in demselben Stuhl sitzen, nicht
rauchen,
von schlechtem Kaffee und Nebelhörnern erledigt
zurückkehren
zu einem unbemerkenswertem Leben, und
der Prozeß
fängt von neuem an
Diese alte Anzeige für ein Reinigungsmittel, Old
Dutch,
enthält eine Dose Old Dutch Reinigungsmittel mit
demselben Bild darauf,
und dasselbe darauf, nur
ein wenig kleiner, immer
eins ein wenig kleiner, das
selbe Ding
immer nochmal .

Hände

Ihr Zimmer ist
muffig, bemerkt sie
als sie eintreten

Nach dem Lichtanficken,
wie sie es sieht, und den hellen
Pullover auf das sorgfältig gemachte Bett geworfen, geht

sie schnell zu dem
Fenster, er ist dicht hinter ihr, während
sie sich bückt, um es hochzuwerfen
nimmt er die Krusten ihrer
beiden Gleichen in
die Hände, um
sie gegen
ihren Arsch zu pressen, ihre Spalte gegen seinen...
»Wart doch mal, kannste
nich' mal warten?«
ruft sie, und bringt
ein Ding hoch & ein anderes
runter .

Dreiteilige Erfindung

21. Juni '62, 1 Uhr 5 morgens
Sommerwende

Alle Fenster offen, Motten
flattern gegen die Schirme.
Die heitere Kehrseite:

das weithin hörbare Geräusch,
du summst im Badezimmer
bei offener Tür gegen
das beharrliche Surren
der Ven-
tilatoren in
dem neuen Gebäude um die Ecke,
der Luftdruck der metallenen Flügel verpufft, über-
lagert von der sanften Art deiner Erleichterung, dem Seufzen
während du

das kleine dichte Haar trocknest
und aufstehst .
Die Achsenschwingung ist metallisch
und ein Strudel Wasser
beendet das Lied .

Die erste Viertelstunde der Sommerwende
endet mit deiner Hand in meinem Kreuz, ein sanftes
Streicheln
das alles aus mir hervorbringt, Farben
und den dunklen Frühling von mir ins Dunkel / Atemzüge
gehen vom Flachen in die Tiefe nachdem
Brustkörbe sich heben und zusammenfallen.
Schließlich der Bewegung der Luft bewußt
die die feuchten Glieder kühlt, um ein V zu machen
vier ein umgedrehtes M: und dann, beide
auf unsere Gesichter fallend, all diese
klein geschriebenen l's.

Nach dem Ficken zurückgekehrt
an die Arbeit, gebe ich
zuerst den Blumen Wasser,
kümmere mich mit den Fingerspitzen um die jungen Pflanzen die
im Schutz der Nacht schlafen . Die junge schwarze Katze
springt auf meine Knie während ich schreibe, ihr
Bauch mit Kätzchen schwer . Sie
niest auf das Buch in meiner Hand.

Ventilatoren drehen
sich gegen das gleichmäßige
Atmen aus dem
anderen Zimmer . Luft
zieht durch
den ruhigen Fluß meines Handgelenks, Motten
flattern am Schirm.

TED BERRIGAN

geb. 1934 in Providence, Rhode Island. Wuchs katholisch auf, besuchte katholische Schulen, arbeitete in einer Fabrik, nach drei Jahren Armee (davon 18 Monate in Korea) begann er 1957 an der Universität Tulsa zu studieren, erhielt den BA und MA. Während er an seiner Abschlußarbeit über G. B. Shaw schrieb, lebte er in einem Lagerhaus in New York mit dem Maler Joe Brainard, den er ebenso wie Ron Padgett, Dick Gallup und David Bearden in Tulsa, Oklahoma, kennengelernt hatte. Von 1960 bis 1968 lebte er in New York und arbeitete als Kritiker für die Zeitschrift Art News. Gehörte der Lower East Side-Gruppe an, zu der u. a. Ed Sanders (Fugs), Allen Ginsberg, Frank O'Hara, Kenneth Koch und Ron Padgett zählten, *»und vieles, was in meinen Arbeiten passierte und passiert, ist diesem Leben zuzuschreiben. Ich befand mich mitten in der Szene des Kaffeehauses Le Metro, wo sich die Dichter versammelten, um vorzulesen und ihre Kämpfe auszutragen. Es war aufregend und verrückt. Dutzende von Dichtern und Typen, die aßen, tranken, rauchten, fickten und aus ihren Arbeiten lasen.«* – 1968 lehrte er am workshop des St. Mark's Church Arts-Projekt, 1969 an der Universität Iowa. Laut eigenen Angaben sind für seine Arbeiten die Gemälde und Collagen Joe Brainards sowie die Arbeiten der New Yorker Malerei entscheidende Ausgangspunkte gewesen. Das Gedicht Tambourin Life gilt als wichtigstes Gedicht der jüngeren Lyrikergeneration der USA. Berrigan publizierte in allen relevanten Lyrikmagazinen, u. a. in Poetry, Fuck You, Mother, Angel Hair, Lines, C, The World. Er gab das Magazin C heraus und leitete die C-Press.

Bücher: The Sonnets, Grove Press, 1967 / Bean Spasms (mit Ron Padgett), Kulchur Press, 1967 / Looking for Chris (mit Joe Brainard), C-Press / Many Happy Returns, Corinth Press, 1968.

Statement: Ich ziele darauf hin, meine Poetik in bestimmten Serien von Gedichten zu entleeren – so in meinen Sonetten. Dann warte ich. In der Zwischenzeit eigne ich mir alles mögliche an und falle mir auf die Nerven. Die Techniken meiner Gedichte sind aus einem Mißverständnis der Arbeiten John Cages, Marcel Duchamps, Jackson Pollocks, William Burroughs sowie dem Gedicht selber entstanden. Was ich den ganzen Tag mache? Siehe mein Gedicht Ten Things I do Every Day *(Wake up / smoke pot / see the cat / love my wife / think of Frank // cat lunch / make noises / sing songs / go out / dig the streets // go home for dinner / read the Post / make peepee / two kids / grin /// read books / see my friends / get pissed-off / have a Pepsi / disappear).*

Tambourin Life aus: The Young American Poets ed. by P. Carroll, Follett, 1968.

Tambourin-Leben

für Anne Kepler

1.

FUCK COMMUNISM

es ist rot weiß blau

im Badezimmer

Tulis

Ein Dollar, du Arschficker!
Bring alle deine Freunde dazu
daß sie damit

AUFHÖREN!

(irre Idee, was?)

ARTFORUM
723 1/2 North Cienega Blvd
Los Angeles, California

*

Mit dem Rücken zur Wand
(das passiert alles in Kalifornien)
dank Jack
ich meine es ist alles in Ordnung hier
es ist Morgen
und ich schaue über die Mauer
auf Mr. Pierre Loti und seinen namenlosen Hund
sie passen gut zueinander
wie sie einen Tiger durch weiße Weiten jagen
dem ist eine gewisse Bedeutung nicht abzusprechen
Was ist los?

Die Russische Revolution
CIRCA 1967

2.

Die Äpfel sind wieder rot in Chandlers Tal
röter wegen der Vorkommnisse dort
wußte nie was da eigentlich passiert war
interessiert mich auch nicht

Das Ende
auf einem Kissen
natürlich

einer Fußmatte Lust Erregung ein Zischen Schuldig!

ich sehe das Gekritzel an der Wand
der Brücke
Kreuzung
New York Post zehn Cents
Trinkgeld für den Zeitungsjungen
über
eine Million
lachender Visagen
Das nennt man Linientreue:
ja
er arbeitet an seinem Bericht:
Mr. Horatio Alger
er hat ein hübsches Talent
danke schön
hier ist Ihr Wechselgeld

3.

ich bin gerührt
hier haste 'n Groschen
wir brauchen die Vergangenheit nicht
die Sonne scheint
es ist Nacht
ich meine
es ist Nacht
und ich liebe dich mehr
seit
diesem Anfall / von Kurzsichtigkeit
*
Zieh diese Mief-Höschen aus
Mach schon
die Welt ist groß
die Großen schaffen sich
AUF ANNIE
(zwischen Oologah & Pawnee)
Guillaume Apollinaire

4.

Die Körper meiner Tage
öffnen sich
im Garten

meiner
Erinnerungen
in Amerika

*

Ich hatte den Mut zurückzuschauen
es war wie Kinderlähmung
Ich faselte blödsinniges Zeug

*

ICH BRAUCHE GELD
genau das Geld
das schließlich
weniger bedeutet
als Heftpflaster
oder ein Giftpilz

*

AUA!
dieses Heftpflaster enthielt ein AUA!
Wer nimmt auf der Straße von einem Giftpilz Notiz?
Jeder
der ein Heft-
Pflaster trägt
Dieser Giftpilz trug ein
Heftpflaster

5.

(für Brett de Barry)

»er weiß nicht, was man mit Ferien anfängt«
Dick
weiß auch nichts damit anzufangen
Das soll aber nicht heißen
daß Dick ein Giftpilz
unter einem Heftpflaster ist im Gegenteil
ein Giftpilz ist ein kaltblütiger Zeitgenosse
Dick dagegen ist ein Warmblüter
Dick, wenn du gehst
stell bitte den Kühlschrank
auf Ferien

6.

Jetzt lese ich 3 Frühstücksgedichte:

CORN FLAKES
HAFERSCHLEIM
RY-KRISP
sie wurden zusammengestellt
Verzeihung
ich wollte sagen NICHT zusammengestellt
nach der John-Cage-
Animal-Cracker-
Kompositionsmethode
(dies scheint sich zu einem
bedeutenden Werk
von tiefem
Ernst
auszuwachsen

*

Ich würde dafür kämpfen
Ich mußte es doch nicht

8.

Wahre Liebe

es gibt nur eine Art
»Wahre Liebe«
zu beschreiben
kennt die
wer?

*

Mr. Nelson Algren
1958 West Evergreen
Chicago Illinois

*

In Chicago, Illinois
kannst du dich richtig zu Hause fühlen
ob dir das paßt oder nicht, Baby
und ob dirs paßt
oder nicht
Du Bist Mein Freund
also geh mir nicht auf die Eier!

9.

Komm heute nacht
in mein Haus
Dick
und ich zeig dir
diese neue Arbeit
»Häuser bei Nacht«
Das & diese Seite, dort, nicht hier, ist nicht dasselbe
außer in
einer Rede-
wendung
es ist nicht
»Ein Porträt von Jean-Marie«
obwohl es das sein könnte, Sir

es ist auch nicht
»Ein Porträt von Barbara Harris«
die ich nicht kenne
obwohl ich sie sehr mag
sie ist mir in vielem ähnlich
(mein Name ist übrigens
»Mr. Brigadoon«)

10.

Ich verfange mich dauernd
in meinem eigenen Wirrwarr
der jetzt ein langsamer Wirrwarr ist
Das Radio bringt mich auf Touren

11.

Ende des Wirrwarrs, ich habe meine Kleider
in der Hand & warte in Mr. Ron Padgetts
pelzverbrämtem Bridgejackett
er friert sich jetzt einen ab
in Paris, Oklahoma
zwischen Galveston &
Mobile, ein Wort
das übrigens
erfunden wurde
streich das durch

geprägt wurde
von Mr. Marcel Duchamp
zur Beschreibung eines
Liebesknochens

12.

es ist zu kalt hier drin, aber nicht für mich
in meinem gegenwärtigen aufgeblasenen Zustand, um dieses Liebeslied
zu schreiben
»Kaltes rosiges Morgengrauen
in New York City«
hängt überm Radio

13.

Heute morgen wachte ich auf
es war Nacht
du gingst mir durch den Sinn
auf der Suche nach einem Heim
für den Baumwollkapselkäfer
LADY BRETT
sowas gibts in New York City nicht
nur in Oklahoma
wo ihr alle
wie ich reden lernen könnt
wenn »ihr alle«
Mr. Ron Padgett ist, »The
American Express«

14.

Er ist ein guter Freund von mir
obwohl er fürchtet, keine Leute
lieben zu können
denen es an Feinsinnigkeit fehlt
was immer das auch sein mag
jedenfalls danke schön, Frank
dir fehlts nicht an *con brio*
n'es ca'fe?

(danke schön, Ed)

15.

Ich zitiere
aus »The Code of the West«
einem Werk
von Mr. Ed Sanders
dessen »Poem From Jail«
ich wärmstens empfehle
Oder nein
ich zitiere statt dessen
aus diesem Werk
von Mr. Marcel Duchamp
das ich
merkwürdigerweise
ebenfalls wärmstens
empfehle

16.

DER KODEX DES WESTENS

1. Seufze, wenn du »Black Beauty« liest.
2. Die wahre Erprobung eines Mannes ist ein Trick.
3. Wage deine Pflicht zu tun.
4. Drücke die Zungenspitze an den Gaumen hinter den oberen Schneidezähnen wie bei ›t‹ und lasse den Atem unter Schwingungen der Stimmbänder entweichen.
5. Er ging zu den Fenstern derer, die schliefen
und über jedes Herzeleid fing er an wie eine Fee zu schniefen.
6. Stehen bleiben!
7. Mach deinen Rüssel locker.
8. Mach die Augen zu und döse.
9. Je! Je! dieses Schäfers Lust
entflammt mir wonniglich die Brust!
10. Bohre.

17.

weißt du
früher schenkten mir die Leute keine Beachtung
MAJAKOWSKI
im Garten meiner Erinnerungen
& jetzt

welkt
die Blume der Leidenschaft
dahin
weil
meine Dame eine Veitstänzerin ist!
Ihr Körper ist ein Schwamm
er hat keinen Schlamm
Die Hitze heute nacht
wird diesen Schlamm eintrocknen
und er wird zu Staub zerfallen
Ich bin bereits drin
in dem Körper, meine ich
nicht im Staub
doch wenn du im Staub steckst
dann sei so gut und spring in diese
Wanne mit schwarzem Wasser
jetzt gib mir mal diese Wachtel
lehne mich gegen den Bauch einer Frau
(du bist diese Frau)

18.

klopfen an der Tür ihres Hauses
klopf-klopf
die Sonne scheint
der Fluß strömt in einem Fenster
eine Geranie zittert, Autos
dröhnen
über die Leinwand
Dreht euch um und blickt hin
ihr seht nicht
wie sich die Tür öffnet
ihr steht da
ich will sagen
ich sitze hier
und muß mich entscheiden
für eine Welt voll anderer
wie ihr
oder für die dröhnende Einsamkeit dieses Los Angeles
Freeways
Wie kommt man da wieder runter?

19.

Hallo, Bären!

glaubt ihr an Hexerei?

gut!
ich bin nämlich hier
um aus euch Affen zu machen

Die beste Art
aus sich einen Affen zu machen
ist, runterzuspringen
(herumzuwirbeln)
einen Ballen Baumwolle zu pflücken

wenn ihr das nicht versteht
werdet ihr nie
die Geschichte eures
Landes verstehen

1 000 Bände jährlich
quellen aus den Köpfen
toter Affen
und doch
sind wir immer noch zu behämmert
um sie
oder es
zu begreifen

*

Küß mich!

es ist gar nicht unangenehm
von einem Affen geküßt zu werden
wenn man selbst einer ist
Ich bin kein Affe
ich hab keinen auf dem Rücken sitzen
ich bin keines Affen Onkel
bitte umblättern

20.

Nur ein Affe kann sowas lesen
DIE ENZYKLOPÄDIE DER FLIEGEN
über 250 Fliegen
Fotografiert
in natürlichen Farben
Diese 250 Fliegen wurden »gefesselt«
exekutiert

von Hand

Nicht meiner Hand

The Little Sisters

21.

Auf mir sitzen keine Fliegen, New York City
oh

22.

Es gibt jedoch
zwei Arten von Landschaften
die innere
und
die äußere
sowie auch die andere
auf die wir hier aber nicht eingehen wollen

23.

Ein Schlager, den ich immer gemocht habe
heißt
»Hope you Happy Monkey«
das ist ehrlich wahr
er ist von Ruth Krauss

24.

Da bist du
Da geh ich
am Majestic Men's Clothes vorbei
leicht zerfleddert
ist ein hübscher Ausdruck
er hat eine durchschlagende Wirkung
wie die drei Schwänze
die Alice
1933 Joe Gould gab
ACH DU SCHRECK
das ist Alices Vorstellung vom Wunderland

25.

Zufällig ist sie unter anderem auch ein Sex-Experte
wenn du 'n schwachen Magen hast, sag ich dir besser nicht
unter WAS...
»Wie kam Rotchina zur ›O‹-Bombe?«
das weiß keiner
Keiner wird das je erfahren
denn »keiner«
ist eine Tautologie
und mit Tautologien wollen wir
doch besser nichts zu schaffen haben

26.

Dieses Gedicht
hat nichts zu schaffen
immerhin liefert es
eine Art Reader's Digest
für orientalische Sexpraktiken
unter der Decke
Wer hat die Unterhöschen in
Mutters Tee geworfen
ist ein gutes Beispiel für eine
der vielen unbeantworteten Fragen
die das Leben uns stellt
Wo verlor der schöne
britische Geheimagent
sein Nachthemd
ist ein anderes Beispiel
es war kein Majestätisches Nachthemd
noch war es ein Männernachthemd
es sei denn
der Schöne Britische
Geheimagent
war ein weiblicher Darsteller
Vielleicht war das sein Geheimnis
Die Verschleißquote
unter den britischen Geheimagenten
ist immer ziemlich hoch gewesen
Sieh mal, da geht grad einer

27.

ich bin heute hier ein Gentleman
mit einer Menge Freizeit
du bist in meinem Herzen
während
der Vier Jahreszeiten
als da sind:
1. Frühlingszeit
2. Bettzeit
und so weiter

28.

In meiner Haut ist eine Revolution im Gange
ich habe den Vorzug, eine junge Haut zu haben
keine Pickel
deshalb bin ich heute hier
ich möchte mich gern vorstellen
aber
vielleicht ist es besser
wenn ich nicht mogele
Der Sieg fällt immer den Galanten zu
also bleib am Ball, Chef
ich meine »am Drücker

29.

SCHAFFT EUCH
Triff Mich Am Rauch-Ring
(Schafft Eure Hämorrhoiden Aus Vietnam Raus)
Laßt Uns Einander Lieben
(Gleichheit für Homosexuelle)
JA
KAUT EUCH EINEN AB
Kämpft für Lesbierinnen
Zur Erinnerung An Den Besuch
Papst Paul X. We Won't Go
in NYC
1965
Ich bin für Legale
Abtreibung
KEINER IST DREIMAL HINTEREINANDER GUT

30.

Das Leben ist wirklich wundervoll
wenn man verliebt ist
nicht wahr?
Folglich ist es konsequent
verliebt zu sein
und zwar die meiste Zeit
aber nicht die ganze Zeit
Wenn man nämlich
ständig verliebt ist
wird es langweilig
denn das Leben ist langweilig
wenn alles immer gleich bleibt
das ist eine merkwürdige Theorie

31.

Es ist eine Theorie des Merkwürdigen
Ich bin verliebt
in diesem Augenblick. Ich liebe ....
(Name einer anwesenden Person hier reinschreiben)
komm deshalb mal zu mir *(ditto)* ....
Ich liebe nicht Mr. Walter Steck
Er wurde
oder wurde nicht
kürzlich
in den Stadtrat gewählt
übrigens möchte ich zu Protokoll geben daß ich Mr. Walter Steck
kürzlich
um 5 Uhr nachmittags
an Garcia Lorcas Geburtstag
im Rinnstein liegen sah
und zwar auf
seiner
Wahlkampfplakette

33.

O Schiff der Staaten!
Segle dahin, allegorisches Gedicht
über wuschelige Affären

34.

Ausgebreitet
und die ganze Nacht
ins Kraut geschossen
strandete er
auf der Plakette

35.

du stehst da
und kommst auf Gedanken,
die dir nie zuvor gekommen sind
wenn du ins Filmgeschäft kommst
wachst du auf
in einem ovalen
Porträt
ich meine einer Frau
Ein wunderschönes Erinnerungsstück das auf
einer Linie sitzt
es könnte eine Dampfschiff-Linie sein – oder sogar ein Fährboot
du folgst ihm
auf der ganzen Linie

36.

Das Leben ist langweilig, wenn man Tarzan der Affe ist
z. B. Man tritt hinter einem Busch hervor
und sagt
Jawohl, ich bin M'sieur Tarzan

37.

In diesem Augenblick erscheint Dick Gallup
und sagt
»Das Leben ist einfach zu langweilig«

38.

Jacques Louis David heult in seinem Laufställchen
er langweilt sich nicht
Jane hat ihm eine Banane gegeben

39.

Dick liest diese Zeilen
sie langweilen ihn aber ich lache mich schief

40.

David schluchzt bitterlich
im Dschungel

»Halt die Klappe
oder ich bring dich um«
Er mag nicht

41.

Er möchte die weiße
Temperafarbe
mit der ich hier die Wörter
in diesem Comic-Heft
»Tarzan der Affe«
ausstreiche
damit ich die Wörter einsetzen kann

42.

»Die Wörter« ist ein gutes Buch
es ist die Autobiographie von Mr. Jean-Paul Sartre
von seinem Lebensjahr Null bis zehn
Darin
beschreibt er, was für ein kleines Aas
er gewesen ist.
»Ich geh PiPi machen«, sagt Jacques-Louis David
es ergibt sich ein Wortwechsel
und er schläft
unerleichtert
ein

44.

Das Leben ist lang

es ist wahrhaftig ein langes
Kreuzworträtsel her

seit ich zum letzten Mal
hier war
Jenes Frühjahr 1965
war
mein bestes Jahr
es war auch ein gutes Jahr für
Dancers
Buildings and
People in the Street

*

in der gleichen Abteilung
des Gefängnisses
erfand ein Junge
den Mahagony-Käfig
bevor er sich schlafen legte
Das Klima war ein Gedicht
Wolken zerstreuen meine
Absicht
meine große Ruhe

Bei
dezenter Beleuchtung
schalte ich ab
das Radio scheitelt
das Kraushaar
ich lieg auf dem Boden
und sage

45.

»Geh jetzt
und hol mir ein großes Stück Leukoplast«

46.

ich sitze hier und denke, daß diese Worte, die ich
von Mr. James »The Rock« Proust & Sohn abgestaubt habe,
mindestens bis zum Ende eines Abschnitts
in meinem Leben reichen müßten.
Sie reichten.

48.

»Was mir wirklich Spaß macht, sind neue Mädchen zum Ficken«
das ist eine gute Zeile
sie stammt von Dick Gallup
der sie hier mal fallen ließ
die Erklärung sollte dann später
im Hinterzimmer
des Peace Eye Bookshop folgen
mehr weiß ich nicht

49.

Kuh a ist nicht Kuh b
Dick
das hat Graf Korzybski gesagt
dieser polnische Abkauer
so nannte IHN ein Betrunkener
Er meinte allerdings nicht Korzybski
Er hat nie von Ihm gehört
ich weiß nicht, was er meinte
ich war betrunken

Er sprach polnisch
Er konnte Grafen nicht leiden
Das ist ein Fakt

50.

Nach FACT Magazine soll
William Burroughs
unter diesem
polnischen Abkauer
in Chicago studiert haben
Ich habe Graf Korzybski immer bewundert
und tatsächlich habe ich auch William Burroughs immer bewundert
Hallo Bill!
ich habe allerdings gar nichts für das FACT Magazine
übrig
weil es zu teuer ist
und wahrscheinlich noch aus anderen Gründen,
die zu vage sind, um hier genannt zu werden

51.

Wie auch immer, dies hier ist Kunst, nicht Leben
oder aber, auf der anderen Seite,
das ist Leben, nicht Kunst.
Nichtzutreffendes bitte streichen. Auf jeden Fall
sechs vom einen und ein halbes Dutzend vom
»anderen«

52.

Sagt mal

Ist in eurem Haus eine Pseudotsuga
Menziesii?
wenn ja, ist das
kein Grund zur Beunruhigung
es dürfte kaum ein Haus
in Amerika zu finden sein
wo man nicht überall
auf eine gottverdammte Pseudotsuga Menziesii stößt
sie hat ein hübsches Talent

53.

streichen Sie hier etwas durch

54.

Stell dir vor,
du fährst auf einer Super-Highway
mit deinem Freund
Mr. Bob Harris

der nicht nur ein Genie,
sondern auch ein ewiges
Sorgenkind ist
er schnorrt sich bei seinen Freunden durch,
steigt mit jeder Frau ins Bett
kümmert sich nicht um seine Kinder
und trinkt in einer Tour
genau wie du

du wirst oft anhalten müssen,
um dich zu erleichtern,
denn dein Freund
leidet

an einer schrecklichen Krankheit, die bisher
noch nicht erwähnt wurde
aber nicht in diesem Gedicht
noch von irgend jemand
den du je in diesem
Tal der Tränen gekannt hast

55.

wieder auf dem Freeway die Autos gleiten vorbei
über deine Augen Ohren Nase und Kehle und Haare
keine Interviews keine Fotos
keine Autogramme
in diesem Traum
der so realistisch ist,
daß du beinah meine Stimme
in deinem Ohr hörst,
das auf gleicher Höhe mit deinem Rücken ist, mein
Lieber

56.

Fish and Cheep Pet Shoppe
The Pioneer
Block Drug Manhattan
Fox's Corner
Martha's
sind alles Lokale, wo ich nie hingegangen bin,
obwohl ich mir's andauernd vornehme

*

der Maiennebel
dämmert bleich
und alle Wolken
halten an
Schäfchenwolken
voller Löcher
Sie glühen von geborgter
Wärme
genau wie ich

57.

Italien ist auf dem Atlas ein Stiefel
Die Schneeballjahrhunderte rollen
und nehmen nur die winzigen Abdrücke
von Hühnerfüßen mit,
der brennende Busch lockt
das Huhn an

Man kommt, um seinen
Platz an der Sonne einzunehmen, nur
um dann unter der Haut
einer Henne zu schmoren

Diese Passagen stammen aus
den gesammelten Werken eines Mannes
der einst am hellichten Tag
von einem Schmetterling angefallen wurde

58.

Herein!
Hallo Lee
Mr. Lee Crabtree
von den Fugs
ist grade reingekommen

59.

Phrasen
sind das, was wir
aus unseren Streitigkeiten
mit anderen machen

aus den
Streitigkeiten mit uns selbst
machen wir Dichtung
Ja, das ist wahr

60.

In meiner Wohnung hat jede Wolke
einen Silberstreifen
es gibt nur eine Wolke in meiner Wohnung
In den Eingeweiden dieser Wolke sitzt ein Witz
es ist ein Eingeweihten-Witz

61.

auf jedem Spiegel
in meiner Wohnung
ist ein großer Kuß
den Mr. Joe Brainard dorthin gepflanzt hat
*
es ist sehr aufregend
nicht zu schlafen

62.

Wenn Joe Brainard jetzt hier wäre
würde er sich irre freuen
daß er mir diese Küsse gegeben hat
das ist gelogen
clickety-clack
William Saroyan

63.

Womit wir unser Leben zubringen
in New York City
1965:
wir »schaffen die Kohlen ran«

64.

SCHAFFT DIE KOHLEN RAN!
das war Damon Runyans Lieblingsausdruck
Einbruch der Bullen(-hitze)
wie ein Rollkommando
(Eric Partridge
Geschichte des amerikanischen Klimas)
ich nehme an, das bedeutet
daß es Zeit für'n Bruch ist
was,
M'sieur Wolke?

65.

Da wir grad von Picasso reden, er sagte einmal
daß es für ihn

wahre Freundschaft nicht geben kann
ohne die Möglichkeit von
Sex
Das stimmt
Ich habe viele Männer als Freunde
die ich gern ficken würde
Allerdings kann ich das nicht,
denn ich bin kein Homosexueller
glücklicherweise
macht das mein Leben eher kompliziert
als einfach
und umgekehrt

66.

Träume weiter O schamlose Jungfrau
Guillaume Apollinaire
auch du bist dir der Dualität von Natur und
Geist bewußt
und auch du ziehst das Sichtbare
dem Unsichtbaren vor
Ich grüße dich!
(Grüße)

67.

der wahre Guillaume
ist viel interessanter
als viele jener Leute
deren Mißgeschick es ist
nicht so wahr zu sein

68.

die Logik in dieser Geschichte ist
abhandengekommen
kann aber wiedergefunden werden
in der Theorie von Mr. A. N. Whitehead, des Inhalts
daß ein menschliches Wesen
zwei Arten der Wahrnehmung besitzen kann/die
aber eigentlich
gegeneinander arbeiten.

69.

So möchte ich also zum Abschluß sagen
daß so unser Leben hier aussieht
man trinkt Kaffee, man schläft ein bißchen
alles schwebt in der Luft
vor allem wir
– das heißt ich

70.

Jetzt
inmitten all dieser Dinge
ist jemand den ich liebe gestorben
und ich weiß nicht mal
»wie«
ich dachte, sie gehöre zu mir
Wie sie mein Leben ausfüllte, wenn ich mich leer fühlte.
Wie sie es jetzt ausfüllt.

71.

Cribbage-Spiele
mit Dick
füllten diesen Nachmittag
Versteht ihr
das?

72.

Was für eine Aufregung!
den Saint Mark's Place zu überqueren
das Gesicht kalt in der Luft
als
heute abend
dieser vage Jemand auf
seinem Fahrrad winkte und mich
wieder in Fahrt brachte

73.

Was mich am angenehmsten, glaube ich
an einem sonnigen Morgen berührt, ist
allein zu sein
mit allen denen, die ich liebe
und in der Eiseskälte um 6 Uhr früh

über die Kreuzung von 6th Street und First Avenue zu gehen,
von wo ich dann heimkomme
mit zwei französischen Donuts, Pepsi
und New York Times

74.

Freude ist das, was ich mag
Das, und Liebe.

TOM CLARK

geb. 1941 in Chicago. Besuchte die Universität von Michigan und Cambridge, erhielt den BA., lehrte amerikanische Lyrik an der Universität Essex, England. 1966 gab er von Brightlingsea, Essex, die Zeitschrift Once, Twice etc. heraus sowie einzelne Lyrikpublikationen. Seit 1963 ist er *poetry editor* der Zeitschrift The Paris Review. Clark veröffentlichte seine Gedichte vorwiegend in den Zeitschriften der New Yorker Lyrikszene. Er ist verheiratet, lebt in Bolinas, Kalifornien. *»Mein Statement über Lyrik sind die Gedichte, die ich geschrieben habe.«*

Bücher: Airplanes, Once Press, 1966 / The Sandburg, Ferry Press, London 1966 / The Emperor of the Animals, Theaterstück, Cape-Goliard Press, London, 1967 / Bun (mit Ron Padgett), Angel Hair, 1968 / Stones, Harper & Row, 1969.

Superballs & Afternoons aus: Clark, The Sandburg ● Eleven Ways of Looking at a Shitbird aus: The Young American Writers, ed. by Richard Kostelanetz, Funk & Wagnalls, 1967 ● Baseball aus: The Ants Forefoot, No. 2, 1968.

Nachmittage

Es ist schön aufzuwachen und deine Knie
meine Knie zu streicheln
sobald mir die feurige Flüssigkeit ausgegangen ist
haste ich ins Bett zurück

das Gefühl von Pfoten auf meinen Knien
Blütenblätter und Flügel
kleines Haar
warum bist du gegangen

ich sing das in meinem Kopf
allein zu sein ist ein Lied
eine Zigarette im Bett
es ist besser die Zimmerdecke nicht zu berühren
aber wenn Liebe eine Mullbinde anbringt
von der Zimmerdecke bis zu deinem Kopf
bleibt nichts anderes übrig als das zu erkennen.

Superbälle

Du trittst an mich heran und hältst ein Buch
Die Instruktionen die du liest tragen mich zurück vor die Geburt
In die Kindheit und einen Hof wo ich einen Ball springen lasse
Die Stadt ist still, und es gibt nur eine Entspannung
Nämlich den Ball gegen die Mauer zu werfen und darauf
Zu warten ob er zurückkehrt
Eines Tages
Dreht sich die Mauer um
Der Ball springt in die andere Richtung
Über die Barriere in die Zukunft
Wo er Tätigkeiten Namen zeugt
Das kennt man als das menschliche Herz ein Muskel
Eine Frau nimmt es an es betritt ihren Brustkorb
Sie fällt aus einem Zug
Die Frau prallt 500 Meilen zurück in ihre Kindheit
Das Herz fällt aus ihrem Kleid du erhältst es erneut
Dreh es in deiner Hand herum das Markenzeichen
Zeigt den Namen eines bekannten Ballfabrikanten

Elastisch flexibel ja aber dies ist schrecklich
Du sagst
Ihr Körper ist schlaff nicht plastisch
Dein Herz fehlt ihm
Du ersetzt das Herz in deiner Brust und gehst weiter deinen Weg

Baseball

Eines Tages, als ich mit Stan Musial studierte, wies er darauf hin, daß das eine Ende des Schlagstocks dicker sei als das andere. »Dieses Ende ist wichtiger als das andere«, sagte er. Nach zwanzig Jahren lernte ich, den Stock am Griff zu halten. Als kürzlich Willie Mays aus Europa zurückkehrte, brachte er mir einen deutschen Schlagstock moderner Machart mit. Er kann jede Art Ball schlagen. Ein Druck am Schaftende nahe dem Griff setzt das Gewicht frei, so daß er in jede Richtung zurückgenommen oder verlängert werden kann. Ein Spieler kam mit einem Schläger. Dieser Spieler bietet nicht eine, sondern mehrere Möglichkeiten. Das heißt, man kann die Art des Wurfs wählen, die man wünscht. Es gibt keinen Ball.

Elf Arten einen Scheißvogel zu betrachten

1.

In zwanzig besetzten Kabinen
War das einzige sich bewegende Ding
Das Auge des Scheißvogels.

2.

Ich hatte drei Ansichten
Wie der Mann, der gerade drei Scheißvögel gesehen hat.

3.

Der Scheißvogel wirbelte in einem Toilettenbecken.
Es war ein winziges Gewicht weniger in meinen Hosen.

4.

Ein Mann und eine Frau
sind eins. Plumps!
Ein Mann und eine Frau und ein Scheißvogel...

5.

Ich weiß nicht, was vorzuziehen ist,
Das Geräusch meines eigenen Drückens,
Das Flöten des Scheißvogels
Oder das Spritzen.

6.

Eiszapfen füllten die tiefe Toilette
Unter meinem Arsch.
Der Schatten eines Scheißvogels
Durchquerte sie
Und fror schnell am Becken fest.

7.

Ich kenne vornehme Ausdrucksweisen
Und klare, unausweichbare Rhythmen,
Das Lied
Des Scheißvogels.

8.

Als der Scheißvogel aus dem Blickfeld flog,
Hinterließ er im Becken viele Kreise.

9.

Beim Anblick des Scheißvogels
Der in einem grünlichen Licht fliegt
Möchten viele sich verstecken.

10.

Er flog über Connecticut
In einer gläsernen Kutsche
Ohne Waschraum.
Einmal durchdrang ihn Furcht;
Es war das Herankommen
Des Scheißvogels.

11.

Das Wasser wirbelt,
Der Scheißvogel muß jetzt gerade fliegen.

LARRY FAGIN

geb. 1937 in New York. War Student, Angestellter, Mädchen für alles, Jazzpiano-Spieler, Sprachlehrer, Bibliothekar, Lagerist, Aufseher und hat Blinden vorgelesen. Lebte im Ausland, mit und ohne seine Eltern. Gedichte erschienen in Angel Hair, The World, Frice, The Paris Review. Lebte 1968 in San Francisco, seit 1969 wieder in New York. Öffentliche Lesungen. Gibt die Zeitschrift Adventures in Poetry heraus.
Bücher: The Parade of the Caterpillars, Angel Hair Books, 1969.

Statement: Wenn man an sich selbst zu glauben hat, dann muß man die prägnantesten Einsichten, die klarsten Vorstellungen haben. Man hat uneingeschränkt realistisch gegenüber sich selbst und der Welt zu sein, in der man sich befindet.

Hello Again aus: The World, No. 9, 1967 ● New York aus: The World, No. 8, 1967 ● The Joke aus: Fagin, The Parade of the Caterpillars.

Noch einmal guten Tag

für Lewis Warsh

Ich mag deine dünne Nase,
So wie sie sich auf diesem Papier zeigt.
Ich mag auch meine,
Eine intelligente und getreue Kopie.
Der Besuch bei euch, gestern, hat mir gefallen.
Der Ring um die Stadt wird ganz hübsch blau.
Ziemlich plötzlich und unerwartet
Rauchst du sehr viel.
Deine Frau ist großartig.
Sie ist so hübsch.
Ich mag die Art, wie sie Kaffee trinkt.
Wir sollten uns wirklich bald wieder treffen.
Wir sind besser als jeder andere in dieser Stadt.

New York

Der Heizkörper ging los, und die Geranien starben.
Zuletzt hoben sie alle Arme hoch und fielen mit einem Schlag
Auf die Seite herunter, wo sie Schleim vergossen

Und einige Tinte. Irgend jemand. Ich achtete darauf, keinen Muskel zu bewegen...
Ich glaubte, damit einer Hilfeleistung
beizuwohnen. Innerhalb und/oder Außerhalb der Bläue. Keine
Einzige Wolke. Ein riesiges Netz aus Punkten wurde
Verbunden, würde sich geisterhaft erweisen.
Weder Schwan noch Clown, sondern Maschinerie,
Um himmlische Gegenstände runterzuholen oder zu erheben.
Als ich eilig das Rollo runterzog, schrieben die
Himmelsschreiber Yanks 5, Reds 3
Über die Seite und das Pseudo-Gesicht. Dann brannten
Meine Ohren und ich brüllte Beifall, als mir einfiel, welche Mannschaft und welcher Name.

Der Spaß

Meine Frau, das war ein Spaß
erzählte ich einem Mann,
der in der Nacht zuvor
mit ihr geschlafen hatte.

Hätte sie es gehört,
wäre die Mühe
nicht vergebliche
Liebe gewesen.

Eines Nachts im Bett
zündete der Spaß
sich eine Zigarette an
und blies mir

Rauch ins Gesicht,
was keine Schmach ist.
Jetzt sind sie und ihr Schatz
einander ledig,

und er sitzt in einem Sessel
und macht sich über sie lustig
und zeichnet eine obszöne Geste
in die Luft.

LENORE KANDEL

»Geboren unter dem Sternzeichen des Steinbocks. Zur Zeit lebe ich auf Hawaii am Fuße eines Vulkans. Ich habe viel von der Zazen-Meditationsmethode und dem Studium des Tibetanischen Buddhismus gelernt. Ebenso lernte ich viel aus meiner Tätigkeit als Bauchtänzerin, Folk-Sängerin etc. etc.« Sie lebte längere Zeit in San Francisco. Wegen der Veröffentlichung ihres Gedichtbandes The Love Book wurde ein Prozeß gegen sie angestrengt. Gedichte in Evergreen Review, City Lights Journal, El Corno Emplumado. Beiträge zu Anthologien in USA, England, Deutschland.

Bücher: The Love Book, Stolen Paper Editions, 1966 / Word Alchemy, Grove Press, 1967.

Statement: Es ist sehr schmerzhaft, wenn man wirklich in sich hineingeht. Es ist, wie noch einmal geboren zu werden. Mit einigen derselben Schmerzen, die mit der Geburt verbunden sind. Weil man in sich selber hineingehen muß, in seine Geheimnisse und wirklichen Verlangen, die dann aufgedeckt werden müssen. Und man sagt sich, na schön, was soll's, mich interessiert das Herumgraben in diesen Farben nicht, sie sind genau wie die, in die mich meine Mutter steckte. Und dann fängt man an, auf diese Tour zu reisen, und das ist sehr hart, und schließlich kommt man auf sexuelle Phantasien. Eine Menge Männer hängen entsetzlich mit der Homosexualität herum, weil die Gesellschaft nicht sehr mannbestimmt ist. Jobs und Ausführungen von Jobs sind nicht sehr männlich. Und dann gehen sie daran, ihre Männlichkeit zu erproben, was heißt, daß man durch einen Eisberg zu gehen hat. Die Kultur zerkrümelt mehr und mehr. Die Heucheleien werden mehr und mehr durchscheinender. Die jungen Leute sehen auf ihre Eltern – die sich gegenseitig belügen. Sie sind dreißig Jahre miteinander verheiratet, sie gehen aus und ficken mit anderen Leuten und lügen sich darüber gegenseitig an. Sie wissen, daß das nicht gutgeht, aber es gibt zu viele äußere Zwänge. Da ist der Krieg. Da ist die Angst vor dem Tod. Und wenn man das nicht will, muß man in eine andere Richtung gehen. Wenn man nicht die Welt will, in die man reingeschubst ist, muß man eine andere finden. Man kann sich nicht zurücklehnen und sagen, alles wird schon gehen. Keine Bewegung außerhalb kann funktionieren, solange sie nicht bestimmt wird von Leuten, deren Inneres fit ist. Der erste Platz, wo es passieren muß, liegt innen. Man lernt, wo man sich befindet. Man lernt, ob man es hier oder in den Bäumen machen möchte. Man lernt, ob man es mit Männern oder mit Frauen oder mit sich selber machen möchte ... Ich habe mir nie gewünscht, ein Mann zu sein. Ich hab' es immer akzeptiert, eine Frau zu sein. Eine der komischen Sachen, die seit langer Zeit laufen, ist: was ist ein Mann, was ist eine Frau. Wir sind in unserer Kultur in eine komische Sache reingeraten. Was ist das, was ein Mann macht ...? Nun, eine Frau steht immer in Beziehung zum Mann. Ich kenne keine Frau, die begreift, daß sie eine Frau ist, die sich ihren Mann nicht ein bißchen stärker wünscht.

Poem for Perverts aus: Kandel, Word Alchemy.

Gedicht für Perverse

Komm, sei meine Leder-Liebe!
und mit der Hand im Handschuh werden wir unsere eigenen perversen Spiele
hinter verschlossenen Türen und stummen Fenstervorhängen machen

Doch sie ist außergewöhnlich!
Sechzehneinhalb Zentimeter hohe schwarze Lackstiefel sind bis an die zarte Möse fest verschnürt, ein Keuschheitsgürtel aus Leder und Messing, ein Französisches Korsett, das man bis auf vierzig Zentimeter zusammenschnüren kann, schwarze Lederhandschuhe von den Fingerspitzen bis zu den Achseln (so eng, daß es eine Stunde dauerte, um sie aufzuziehen), und das Beste, eine formlose schwarze Lederkappe, die den ganzen Kopf bedeckt und eng anliegend am Hals endet und (außergewöhnlich!) nur verzweifeltes schmerzhaftes Atmen erlaubt und fast keine Bewegung

Sei mein! Sei mein!
Ich werde für deine schmalen Gelenke eiserne Fesseln kaufen!

Der Dicke Mann, völlig nackt bis auf schwarze Lederhandschuhe, gab ein Zeichen und sie entfernten die Kappe und ließen nur die Augen verbunden. Sie zwangen sie vor ihm auf die Knie, und er legte seine behandschuhten Hände auf ihren Kopf und kicherte geil, als er ihn da reinsteckte, wo er es wollte. Sie konnte nichts tun als gehorchen.

Ich werde dir Handschellen und Lederriemen kaufen
und dich zitternd zum Folterstuhl schlagen
ich werde dich um Mitternacht an einer Hundeleine zu
geheimen Parties führen, auf denen Lady Olga DISZIPLIN verlangt,
und selbst ich bin ein Opfer ihrer Launen

Exotische Damen!
Mitglieder des CLUBS EXTRAORDINÄR!
Heldinnen der Schlägerbrigaden
Helden in spitzenbesetzter Unterwäsche, um
UNSAGBAREN ERNIEDRIGUNGEN AUSGESETZT ZU SEIN

Sechsunddreißigjährige Jungfrauen mit langen Zungen und Krallen als Fingernägel
Zärtlicher junger Mann, an Disziplin gewöhnt
und zu Späßen bereit
würde kochen und saubermachen, verlangt nur ein gutes Heim und eine
ARSCHFICK-LIEBENDE FREUNDIN
UNSAGBARE ERNIEDRIGUNGEN!

Komm, sei meine Sklavenkönigin!
Wir werden uns an Freitagnachmittagen treffen und
»Wer will die Peitsche schwingen« und »Such den Gummischwanz« spielen,
du zählst bis zehn und bist dann in irgendeiner von siebzig
prekären Situationen

Garantiert befriedigend!
Die Braut trug schwarzes Leder und hielt ein schönes Bouquet aus Reitpeitschen; der Bräutigam hatte sich ein französisches Magdkostüm angezogen und war ein Geschenk von Madame Tyrant von der bekannten Tyrant Boarding Academy. Die Hochzeitszeremonie wurde von dem Dicken Mann gehalten, der den Schwanzkuß am Ende der Zeremonie von allen Teilnehmern entgegennahm.

Liebe, flüsterte er, Liebe ist meine Peitsche,
und ätzte seinen Saft auf ihren schlanken Rücken

Das Blut rankte herunter wie Rosen!
bis sie vor Entzücken weint, die ebenso auch vor Schmerzen weint

Sieh dir die Fantasie der zivilisierten Menschen an!
Nicht mal das brutalste Scheusal könnte diese delikaten Gemeinheiten erträumen
»Sei gemein zu mir«, flehte er.
»Nein«, sagte sie, »ich will nicht, ich kann nicht.«
»Ah«, seufzte er ekstatisch,
»ich wußte, daß du gemein sein würdest.«

»Leck sie!« verlangte Madame Olga, und die arme Francine
fügte sich, Tränen flossen an ihren zarten Wangen runter

»Leck ihn!« verlangte der Dicke Mann, und die arme Evelyn gehorchte. Sie war an Händen und Knien gefesselt, doch sie hob gehorsam ihren Kopf, ihre blauen Augen flossen über vor Tränen.

»Leck sie!« befahl Nina, die französische Magd, und der arme Harry tat, was sie sagte, nach den grausamen Foltern durch Madame Tyrant war ihm die Unsinnigkeit von Auflehnung klar.

Leck sie! Bewundere den Stiefel am Fuß, die behandschuhte Hand, die Peitsche, den Stock, die Lederriemen, die Handschellen, die Ketten, die Hexenschaukel und das Foltergerät!
Es gibt keinen Ausweg, jede Tür ist ein weiterer Eingang zu neuen Erniedrigungen und epikuräischen Einfällen von Qualen unmöglich weiterzuträumen, die fleischfressende Blüte blühender Neurosen ist zu synthetischem Samen geworden.
Es gibt keine Ausgänge im Sklavenland, es gibt keinen Weg zurück!

Außergewöhnlich! hauchte der Dicke Mann.
Er ordnete delikat seine blasse Masse
und bestieg die blauäugige Leiche.

GERARD MALANGA

(Nach Gerard Malanga) Gerard Malanga begann zum erstenmal mit sechzehn Jahren Gedichte zu schreiben als Schüler des Lyrikers Daisy Aldan auf der High School of Industrial Art (jetzt High School of Art and Design). Er besuchte für kurze Zeit die Universität von Cincinnati. Danach besuchte er mit einem Stipendium der New American Library als Student der 1961 New York City Writers Conference das Wagner College und nahm hier an Robert Lowells Poetry Workshop teil. Er bekam dort den Gotham Book Mart Avant-Garde Poetry Preis. Danach erhielt er eine Zuwendung von 1 500 Dollar, die anonym dem Wagner College gestiftet wurde und die vom Stifter speziell aufgrund seiner literarischen Fähigkeiten gespendet worden war. Er erhielt ein weiteres Stipendium, das ihn zur Teilnahme an Kenneth Kochs Workshop an der New School for Social Research befähigte. Hier gewann er den Dylan Thomas Memorial Poetry Preis, dessen Verleihung Marianne Moore besorgte. 1962 wurde er von der John Hay Library der Brown University beauftragt, die Originalmanuskripte und Briefwechsel der »Beat«-Lyriker für die Harris Collection zu sammeln. Seine eigenen persönlichen Briefwechsel der letzten acht Jahre wurden von der Universität von Texas ediert und archiviert, und eine Urkundensammlung der Mehrheit seiner Gedichte kann im Manuskript-Archiv der Universität von Syracuse gefunden werden.

Gerard Malanga, geboren am 20. März 1943 um 18.40 Uhr, die Fische über dem Horn des Widders, mit aufkommender Waage und einem Mond in der Jungfrau, wird als der am meisten verlegte, heute in Amerika schreibende Lyriker genannt. Seine Gedichte, Interviews, Artikel und Buchbesprechungen erschienen in eigentlich jeder wichtigen Zeitschrift einschließlich The New Yorker, The Paris Review, Partisan Review, Poetry, Kulchur, Film Culture, Silo (Bennington), Arts in Society, Wild Dog, Angel Hair, C – A Journal of Poetry, Art & Literature, The Lugano Review, Nuovi Argomenti (Roma) usw.

Drei seiner Bücher erschienen 1967: 3 Poems For Benedetta Barzini, Prelude to International Velvet Debutante und Screen Tests / A Diary (in Zusammenarbeit mit Andy Warhol), und ein viertes Buch, The Last Benedetta Poems wird 1969 von Black Sparrow Press in Los Angeles herausgebracht. Seit Juni 1963 war er Andy Warhols rechte Hand bei der Herstellung der Bilder und Filme und machte eigene Filme, die alle im Juni 1968 in einer one-man show in der New York Film-makers' Cinematheque aufgeführt wurden. Zur Zeit arbeitet er an einem Interview mit dem Dichter Charles Olson für The Paris Review und hat mit einer Serie von Filmporträts von mehreren Dichtern begonnen, deren erster John Wieners ist.

Statement: In einem Brief, datiert vom 26. Okt. 1968, schrieb mir der Dichter Clayton Eshelman seine Gedanken über mich und meine Gedichte: »Ich glaube Dir, wenn Du sagst, daß alles, was Du weißt, in Deinen Gedichten ist. Und doch, was Du schreibst, interessiert mich einfach nicht sehr; es bewegt mich nicht. Was in meiner Erinnerung zurückbleibt, sind zumeist Deine persönlichen Erlebnisse und nicht *Sprache* oder, besser, *bewußte Erfahrungen.*«

Aus diesen Gründen bleiben viele Leute, viele Dichter wie Clayton Eshelman mit dem deprimierenden Gefühl zurück, unfähig zu sein, sich mit den Personen in meinen Gedichten zu identifizieren, und weil sie mit mir sowohl als Schriftsteller wie auch als Person, mit meinen Vorstellungen und Überzeugungen nicht vertraut sind. Folglich bin ich in einer Welt, die für viele fremd ist.

Die folgenden Angaben über meine Vorstellungen und Überzeugungen hinsichtlich

Lyrik sind Auszüge aus meinen Gedichten, denn, wie Clayton Eshelman bemerkte, alles, was ich weiß, *ist* in meiner Lyrik.
es gibt keine unpersönlichen verbformen, die im zusammenhang mit menschlichen handlungen gebraucht werden können..., für die welt der lyrik ist es notwendig, das zu wissen..., dichter, die ihren bewußtseinsstand verändern wollen, brauchen eine schule..., dichter, die glauben, daß sie etwas allein tun können, werden nicht imstande sein, von dieser schule gebrauch zu machen..., eine lyrik-schule impliziert solche sozialen und politischen bedingungen..., phantasie ist nicht meine vorstellung von dem, was es ist, ein dichter zu sein..., gedächtnis ist abhängig vom bewußtsein..., jeden tag kämpfe ich gegen die phantasie..., mit einem pervertierten und inkonstanten bewußtsein kann man kein großer dichter sein, sofern nicht die gesellschaft, in der er lebt und über die er schreibt, auch pervertiert ist..., heute sehe ich die new yorker dichter, im gegensatz zu mir, sich in den methoden verlieren, die sie sich für die lyrik ausgedacht haben..., der wind wird sie in diesem jahrhundert niemals berühren..., ein gedicht schreiben heißt kämpfen, um dein selbst mit der welt zu identifizieren..., ich verabscheue die phantasie
diese grundlegenden lehren und überlegungen sind von mir formuliert worden und beziehen ihre energieimpulse von den grundlegenden lehren peter demianovich ouspenskys
ich bin fortwährend mit der erforschung neuer, vorgerückter positionen beschäftigt, die »projektive« oder »feld«-kompositionen mit einbeziehen und die ausgefüllt sind mit personen und persönlichen erfahrungskomplexen der menschen meiner unmittelbaren umwelt, der lebenden sowie der toten, und aus diesen gründen fühle ich mich den poetischen leistungen charles olsons verwandt, ich glaube fest an eine lyrik, die vollkommen frei von irgendwelchen direkten literaturimmanenten einflüssen ist, und mißtraue deshalb solchen leicht zu imitierenden dichtern wie walt whitman, dylan thomas, frank o'hara, kenneth koch, john ashberry und anderen, die ich als erneuerer und befreier hochachte, aber zur gleichen zeit sehe ich ihren schlechten Einfluß auf junge dichter, die sich selbst nicht für sich und für andere entdeckt haben und deshalb nicht imstande waren, ihre fähigkeiten weiterzuentwickeln die amerikanischen dichter meiner wahl, deren einfluß ich für das werk jedes dichters als notwendig und gut bezeichnen würde, sind ezra pound, william carlos williams, robert lowell und charles olson.

Second Fame & The White Shirt aus: Malanga, 3 Poems for Benedetta Barzini ● Cold aus: The Paris Review, No. 42, 1968 ● In Memory Of The Poet Frank O'Hara 1926–1966 aus: The World, No. 12, 1968.

Zweiter Ruhm

Das Schreien mußte aufhören
Und in den Träumen weitermachen, die wir
Beim Aufwachen verloren und das Haar glänzt
Den ganzen Tag im Sonnenlicht.

»Ich denke über Benedetta nach« ist der Titel dieses
Gedichts, obwohl das Gefühl von Leder auf Haut exquisit ist
Und die engen blauen Jeans mit Nässe
Vollgesogen im Gras gefunden werden. Aber er kriegt dich
Nicht aus seinen Gedanken mit dem Gesichts-
Ausdruck, der dir das zeigt.

Also fürchten wir, daß der Wind das Geheimnis
Im Unkraut aufdeckt. Ist es diese Fahr-
Bahn oder war es später?

Nichts wird kommen, doch nichts wird mit leeren
Händen fortgehen, während das junge Mädchen mit den dunklen
Haaren
Kniehoch im Wasser steht
Und einen weißen Badeanzug trägt
Mit einem weißen Blazer aus Organdy
Der an einer Seite offen ist.

Kälte

Das junge Mädchen ist unfähig, das Muster
Ihres gewohnten Denkens zu verändern,
Die Körperhaltung, mit der sie auf ein Gefühl
Der Traurigkeit reagiert, den Strom ihrer
Gedanken, während sie etwas sieht,
Den Gesichtsausdruck und so weiter;
Sie vergißt sich selbst, um sich ihrer Schmerzen
Im Nacken zu erinnern, um sich ihrer Probleme zu erinnern.
Ich habe das schon einmal bemerkt, als ich mich an mich in
Derselben Situation erinnerte, bis sie
Zum ersten Mal in mein Leben trat
Und sich erinnerte, hinaus in das offene Blick-
Feld gegangen zu sein mit Augen voll Tränen und Rauch,
Der langsam aus ihrem Mund kam.

Das weiße Hemd

Aber was ist los mit diesen Zahn-
Schmerzen, daß ich keine Zeit finde
Die Geschichte meiner lebenslänglichen
Strafe zu erzählen, weil es nicht zu
Machen geht? Und warum lächelt sie, als er
An die weißen Bäume dachte,
Die plötzlich fallen
In dem Film über das stille Traum-
Boot, den ich in meiner Kindheit gehabt hatte?

Der Freund kommt nicht mehr
Mit der Blume in seiner linken Hand.
Ich dachte daran, die
»Rauf« Rolltreppe runter
Zu gehen. Jetzt fühlt sie sich
Gut. Am Nachmittag
Spielen junge Mädchen müßiggängerisch mit ihren Brüsten
Vor dem Spiegel im Bade-
Zimmer, und ich schäme mich nicht.

Ich hätte vielleicht genug
Zeit gehabt, die Menschenmenge
In ihrer Bewunderung für Maschinen-
Gewehre zu verstehen, die überraschend neu
Uns diese menschlichen Beziehungen
Wiederzugewinnen helfen, verloren
In dem Alptraum der lebenden
Geschöpfe, die bereitstehen,
Und wir wissen nichts.

Ich bin seit heute morgen mit Unterbrechungen meines
Tempos unterwegs. Das junge Fotomodell wartet auf den
Freund, der ihr die Wahrheit
Sagen wird, wenn sie
In der Art dieser Musik-
Partitur tanzt, die jeden erregt,
Und sie finden jeden ernsthaften Grund
Unmöglich, die Zwillinge zu
Verstehen, die neben mir gehen.

Auf dieser Fahrbahn sahen wir nichts hinter uns.
Sie trug ein dünnes lavendelfarbenes Abendkleid.
Die Limousine bewegt sich rasch durch die Landschaft
Zum Gutshof hin,
Und dennoch, Schlaf ist ein Grund, nicht mit der Ansicht
zu warten, daß der nächste Tages-
Anbruch irgendwie anders sein würde:
Die Bikinis dieselben, die Wasser-
Cocktails, die unseren Durst löschen.

Ich sah ihre Brüste nackt,
Die Taille und die Knie-
Scheibe aus dem Müßiggang sich erheben, die Erregung
Weit von dem Strand-
Haus im Traum entfernt, der das Bewußtsein wiedererlangt
Bei der leichten Berührung der Wolken-
Brüche überall um uns und unseren Freunden, die
Mit solch unbestimmter Sorgfalt –
In Form und Gestalt der Zärtlichkeit existieren.

Die Allmacht des Körpers ist nicht ausgeglichen,
Aber sie schreitet durch das hohe Gras
Mit einer Anmut, die nicht
Vervielfältigt werden kann auf den grünen Abhängen,
Der braunen Straße
In unserer Nähe in einer anderen Art von Lebens-
Bedingungen, die nicht ausreichend
Zeit geben, die Bewegung
Zweier Körper, die sich im Wasser drehen, zu erklären.

Die Fotos reichen nicht aus;
Erstens, weil sie nur ein Eindruck der tatsächlichen
Wahrnehmung des Augenblicks sind, nicht dort zu sein, um
Das Auflösen der Haare im Wind zu fühlen,
So daß es möglich wird,
Ohne eine Andeutung
Der Wahrheit weiterzugehen, die sonst unmöglich
Zu berücksichtigen ist, so daß es an jedem Nachmittag
Dem jungen Paar möglich ist, sich dort auf der Sanddüne im hohen Gras
Zu entspannen und bevorstehende Pläne zu besprechen.

Ich weiß nicht viel über die bildliche
Darstellung von Blumen. Das ist ebenso eine Kette
Von Gedanken, eine Möglichkeit damit anzufangen,
Dinge zum ersten Mal zu sehen,
Die dir zu akzeptieren schwerfallen,
Weil du schweigsam bist, und du gehst
Nach vorn, weil du lebst
Und mit Freunden mitläufst,
Die dort umkehren würden, wenn sie könnten.

All die schön aussehenden Leute
Haben den Wunsch, bei jedem
Spiel zu gewinnen; nackte Körper
Hinter Felsen auf der Strandmeile,
Bekanntschaften, die in Nacktheit enden;
Engelgleich, anmutig, sexy, während sie still
Stehen, mit ihrem Rücken dem Sonnen-
Licht abgewandt, das im See-
Sturm untergeht, Öl auf dem Haar, dem Hals und dem Bauch.

Doch sogar jetzt erinnere ich mich an
Das weiße Hemd,
Der Ärmel haftet an ihrem nassen Körper-
Umriß und riecht nach dem Salz
Des Windes, der uns streichelt,
Und sie wachen in einem großen Haus mit vielen geöffneten
Fenstern. Wir waschen uns gegenseitig die Füße.
Diejenigen, die am Strand gefickt haben, kennen
Die kurze Geschichte, die wahr ist.

Zur Erinnerung an den Dichter Frank O'Hara 1926–1966

Es ist Mezza Notte e Mezzo in Turin
zwei Tage nachdem ich von einem
»Trip« runterkam
wie ein Geflüster der Dämmerung herunterkommt, manchmal
scheint es zu flüstern
»Bring mich nach Haus«,
was vor einem Augenblick noch

meine Nerven strapazierte
Es ist einfach nur ärgerlich,
ohne Freunde oder eine Erste-Hilfe-Ausrüstung oder irgendein Schmerzmittel zu sein, und ich hole mir eine Marken-Flasche
Tintura Jodio aus der nächsten Farmacia,
weil ich eine
Entzündung von dem Kugelschreiber bekommen werde, der mein rechtes Bein durch meine
Hosentasche hindurch punktierte
gerade vor einer Minute
und gehe die feuchte, kopfsteingepflasterte Straße hoch
und denke ein wenig über Frank O'Hara nach, aber nicht zu viel
und über das schmerzhafte Thema des Schmerzes
der letzten Tage seines Lebens;
er hätte sich in Turin und seine hohe Selbstmordquote verliebt.

Ich gehe eine Tortellini alla Bolognese essen
und eine Cotollette Petroniano
in einem Restaurant, dessen Name und Adresse ich vergessen habe,
und kaufe die neuesten amerikanischen Ausgaben von *Vogue* und
Harper's Bazaar
um zu sehen,
was all diese schönaussehenden Menschen in New York heutzutage so
machen

Ich würde mir lieber aus dem
Weg gehen, um Unvollkommenheiten zu schaffen, die
die Merkmale der Natur haben
Aber es geschieht nichts
beim International Set, was nichts
außergewöhnlich Neues ist, ausgenommen die zweimonatlichen Fuß-
noten
zu schön sein und schön bleiben,
»Für den großen Tag« und »Schöne Zähne«
(wo ist eigentlich die Anmut geblieben!)
Oh! und da ist ein seltenes Foto auf Seite 21 von Benedetta
Barzini, sie wirft für ein einziges Mal in ihrem Leben ein Lächeln
und trägt indischen Schmuck von Van Cleef & Arpels
auf ihrer Estee-Lauder-das-ganze-Jahr-sonnen-brauner Haut
(ist das nicht high camp!)
und Artikel über

Penelope Tree, Donna Merella Agnelli, die plumpen
Einfälle eines Tom Stoppard, Frank O'Hara
(wer wird dieses toten Mannes Stimme sein, während er noch lebt?)
und Harold Pinter.
Ist das nicht eine Kandidatenliste!

Ich gehe zum Piper Club weil ich muß
und Mario Schifano ist dabei sich zu
»schaffen«
hinter den Bildwerfern, so wie er es
das ganze unruhige und ermüdende Leben lang
muß, das wir wie Neonreklame im Nebel lieben,
die eine Erfrischungspause anzeigt.
Bald werden gemeinsame Maßnahmen und Anstrengungen und Zusammenschlüsse
die Entwicklung des Augenblicks sein,
erzwungen durch
das Auge der Öffentlichkeit
oder eines Partners,
und selbst Geld, Liebe und Träume werden vorkommen,
weil alles im zwanzigsten Jahrhundert
unter der Sonne oder einem Regenfall vorkommt;
aber in diesem Augenblick ist in Turin die Sonne außer Sicht.

Es ist gleich 13 Uhr, und während ich über mein Leben
nachdenke, das so schwer in den Weltraum rauszuschweben vermag
oder in den Nebel unter einer niedrigen
Decke, werde ich an all die Filme erinnert,
zu denen mich mein Vater als Kind mitnahm
im Augenblick des Nebels,
nach denen ich dann nachts aufwachte
im Nebel eines Alptraums, in Schweiß,
oder ich fuhr durch Nebel in einer Seifenkiste
ohne Radiomusik. Ein privater Witz.
Auch werde ich daran erinnert, daß
der nächste tabacchi jetzt geschlossen ist,
und so kaufe ich
eine Packung Peter Stuyvesant Filter, die ich nicht mag,
weil der Zigarettenautomat keine
Rothman's King Size Filter Tips führt.

Im Grand Hotel Roma führe ich
ein Telefongespräch mit Francesca in Rom 13.30 Uhr,
»mein Herz dein Herz«
rasen durch die Fernsprechkabel.
Sie gibt mir ein zuversichtliches und leicht vornehmes Gefühl,
obwohl ich mir nicht helfen kann, mich heute müde zu fühlen,
aber nicht zu müde, um nicht an sie zu denken, ihr Kopf
kalt und die seltsame Realität unserer Leben, die
sich von entgegengesetzten Teilen der Weltkarte her überschnitten
haben. Dann gegen Morgen
wird der Regen aufgehört haben und der Nebel
wird sich gelichtet haben und ich werde etwas mehr an sie denken,
ohne aufgehört zu haben.

JOHN GIORNO

(Nach John Giorno) Giorno, John (1809–1865), 16. Präsident der Vereinigten Staaten von Amerika, wurde am 12. Feb. 1809 in einer abgelegenen Hütte, drei Meilen von Hodgenville, Kentucky, entfernt, geboren. Im Alter von drei Jahren wurde er auf eine Farm im benachbarten Tal Knob Creek gebracht. Seine frühesten Erinnerungen betrafen dieses Heim und im besonderen eine Sturzflut, die einmal die Kornfelder und die Kürbispflanzen überschwemmte, bei deren Anlage er seinem Vater geholfen hatte. Der Vater, Thomas Giorno, stammte von einem Weberlehrling ab, der von England nach Massachusetts im Jahre 1637 ausgewandert war. Obwohl weniger erfolgreich als einige seiner Vorfahren, war Thomas ein robuster Pionier. Am 12. Juni 1806 heiratete er Nancy Hanks. Die Genealogie der Familie Hanks ist schwierig zu verfolgen, doch scheint es, als sei Nancys Geburt illegitim. Sie wurde beschrieben als eine Frau mit *hängenden Schultern, flachbrüstig, depressiv* und tief religiös. Thomas und Nancy Giorno hatten drei Kinder: Sarah, John und Thomas (im Säuglingsalter gestorben). – Gedichte erschienen in The Paris Review, The World, Angel Hair, C, Mother, 0–9, Do-It, Adventures in Poetry. Giorno schlief für den Film Schlaf von Andy Warhol. Öffentliche Lesungen mit programmierten *light shows*, Tonbandaufnahmen etc. Mit dem Architektenverband New York realisierte John Giorno Dial-A-Poem (Ruf ein Gedicht an).

Bücher: Poems, Mother-Press, 1967 / *Schallplatte:* Raspberry & Pornographic Poem, The Intravenus Mind Record, 1967. Erste deutsche Ausgabe: Cunt, März-Verlag, 1969

Flavour Grabber aus dem Manuskript.

Aromasucher

Geben Sie acht
beim Aromasuch-
spiel.

Der Bulle
fing an,
mir schmutzige
Namen zu geben
und schlug mir
ins Gesicht.

Bei einem Experiment,
das ich gerade
durchführe,
nehme ich
zwei Bänder,

die denselben
oder nicht denselben
Inhalt
haben können.

Wie viele
L & M
Zigaretten
werden in den
nächsten 50 Sekunden
gefunden werden?

Ich konnte sehen,
daß er einen
Steifen hatte
und einen Großen,
der fast
bis zum oberen
Rand seiner
hohen Stiefel
reichte.

Bereitet Jungen
der 8–12 Klassen
für die führenden
Colleges vor,
das Leben der Erwachsenen.

Geben Sie acht,
da geht
ein Aromasucher.

Dann zogen sie sich
beide aus,
und der Bulle
schob
seinen riesigen Schwanz
in mein Arschloch,
sogar ohne
drauf zu spucken.

Zuerst fängt
Band 1
an zu laufen,
vorwärts
vom Anfang,
und Band 2
starte ich
am Ende
und blende zurück,
spiele es aber *nicht*
rückwärts ab.

Da ist noch ein
Aromasucher.

Als ich vor
Schmerzen schrie,
pißte
der Mechaniker
uns
beide an.

Fördert
Initiative,
Führungsqualität,
Höflichkeit,
Ausgeglichenheit,
Charakterbildung.

Wenn Sie
Aroma
suchen,
suchen Sie
eine L & M.
Gutes, rundes Aroma,
niemals scharf,
niemals flach.

Er schoß
eine Ladung
in meinen Arsch,

die sich wie
ein Liter anfühlte.

Das Bild
in der Mitte
stellt
Buddha dar,
der einen wahnsinnigen
Elefanten wegstößt.

Sie verstehen,
einfach nur
das Letzte
des Bandes
zuerst abspielen,
so daß die beiden Bänder
simultan
rückwärts und
vorwärts laufen,
aneinander
vorbei.

Kaum hatte
er ihn
rausgezogen,
als der Mechaniker
seine 30 Zentimeter
in meine glühende
Rosette
rammte, bis ganz
an die Eier.

Hervorragende
Ausstattung der
einzelnen Fakultäten.
Weithin anerkannt.

Gutes, rundes Aroma,
das Sie bei einer anderen
Filterzigarette
einfach nicht finden werden.

Ein Schwert
in goldener Scheide,
besetzt
mit Korallenaugen.

Er fickte mich
grausam,
und wenn
ich vor Schmerzen
schrie,
schob mir
der Bulle
die dreckigen Unterhosen
des Mechanikers
in den Mund.

Alle Sportarten.
Offiziersausbildung,
Artillerie,
Kavallerie,
Infanterie,
Musikkorps.

Suchen Sie,
Sie werden
eine L & M finden.

Nachdem der Mechaniker
gekommen war,
zog er
so schnell raus,
daß es sich anfühlte,
als ob meine Eingeweide
mit herauskommen
würden.

Dann, wenn
Band 1
ans Ende
kommt,
lassen Sie es zurück laufen,

und wenn Band 2
an den Anfang
kommt,
lassen Sie es vorwärts laufen.

600 Hektar
am See.
Stipendien.
Prospekt.

Werden Sie ein Aromasucher.

RON PADGETT

geb. 1942 in Tulsa, Oklahoma. Traf dort Ted Berrigan, Dick Gallup und Joe Brainard, zog 1960 nach New York, 1964 Universitätsabschluß, Parisaufenthalt 1965 bis 1966, lebt in New York. Gedichtveröffentlichungen in allen bekannten neueren Literaturmagazinen wie C, Mother, The World, Angel Hair, The Paris Review, Poetry, öffentliche Lesungen, Kurse über Schreiben, Übersetzungen aus dem Französischen, Lyrik- und Prosakollaborationen mit Ted Berrigan, Dick Gallup, Tom Veitch, Jim Dine, Peter Schjeldahl, Tom Clark etc.

Bücher: In Advance of the Broken Arm, C-Press, 1965 / Bean Spasm (mit Ted Berrigan), Kulchur, 1967 / Bun (mit Tom Clark), Angel Hair Books, 1968 / Star Gut, Science-Fiction-Roman (mit Tom Veitch), unveröffentlicht / Great Balls Of Fire, Holt-Rinehart & Winston, 1969 / The Adventures of Mr. and Mrs. Jim and Ron (mit Jim Dine), Cape-Goliard, London / übersetzte Apollinaire, Le Poète Assasiné, Holt-Rinehart & Winston 1968 / Pierre Cabanne, Entretiens avec Marcel Duchamp, Viking, 1969 / Herausgeber (mit David Shapiro) der Anthologie NY-Poets, Random House, 1969.

Lettuce aus dem Manuskript ● Wonderful Things aus: Angel Hair, No. 4, 1967 ● Passage Charles Dallery aus: The World, No. 8, 1967 ● After The Broken Arm & The Life of M. aus: Padgett, In Advance of the Broken Arm.

Salat

Wenn tatsächlich der Hund
Der Todfeind des Murmeltiers ist
Dann wünsche ich bei Gott
Ich wäre als Hund geboren

Damit ich das Murmeltier abschrecken könnte
Dessen unersättlicher Appetit
Auf Salat und grüne Erbsen und Gurken und Kohl
Nahezu unseren Garten verheert hat

Es ist nicht so, daß ich dem armen Murmeltier einen Happen mißgönne
Doch dieser Salat!
So zart so fein so köstlich
Wie kann der Geschmack sich entwickeln, wie kann der Geschmack eines
Murmeltiers irgendwie die zerbrechliche Schönheit eines Salatblatts
würdigen?

(Ich meine nicht gefrorenen Salat oder den fetten krausen Salat; sondern was als Boston-Salat bekannt ist oder auch »Feld- oder Buttersalat«)

Kann man sich die Vorstellung des Murmeltiers von Salat vorstellen?
Sie ist grotesk! Sie ist entsetzlich!

Aber eine mehr menschliche Vorstellung vom Salat
Sagen wir Feldsalat
Gemischt mit Roquetten oder Kresse oder Rugola
Mit tarragonischem Wein und Olivenöl
Das alles sorgfältig vermengt und still ruhend
In einer zierlichen blauen und weißen chinesischen Salatschüssel...

Das, kurz vor dem Ende eines köstlichen, befriedigenden Abendessens,
Ist etwas, das ein Murmeltier niemals begreifen wird

Das, schließlich, ist es, warum ich dem Murmeltier das Mausen
Unseres Salats nachts übelnehme
Und warum ich mir wünsche, Gott hätte mich zu einem Hund gemacht.

Das Leben des M.

»Die wahre Erprobung des Mannes ist ein Trick. Also küß mich!
O komm bitte zu mir zurück! Dann geh fort...
Ich mag dich nur für eine lange Zeit.
Und dann: »Der Gaucho kommt!«

Der alte Raum, versteckt in dir
Oder ein komplizierter Gegenstand an einem Teich
Waren nicht gerade »gestapelt«,
Aber etwas großes kurzes Männliches fing dauernd an zu gehen

Es ist nichts in dieser Schachtel drin
Oder das Eine darin, doch was ist da?
Braune alte Rechenkunst, eine Stoppuhr,
Ein Handgelenk und etwas H.......n.
Leg sie wieder rein. Sie sind für dich richtig.

Nein! Sie sind es nicht! Weil sie immer noch lieben
Obwohl der Zeh alles war
Aber außerhalb der Rekordernten der Gerüche.
Nebenbei, der Gaucho ist beinahe schon hier.

Charles Dallery Passage

Ich stehe im Schatten eines Baumes
Während unter einem jäh bewölkten Himmel
Alles mit seinem Leuchten aufhört
Um etwas anderes zu tun
Ganz genauso wie ich empfinde
Wenn du durch das Zimmer auf mich zugehst
Oder von mir weg
So lange wie ich weiß, daß du an mich denkst
Das ist wie an einer offenen Tür vorbeizugehen
Hineinzusehen
Und gar nichts zu erblicken
Und weiter zu eilen um die Zeitung aufzuschlagen
Wo du über den abscheulichen Mordfall liest
Der dort vor ein paar Stunden begangen wurde
Was jetzt hier in den Wolken
Geschieht die langsam dem Land das Licht entziehen
Das ist eine der großartigsten Sachen die ich je gesehen habe

Nach dem gebrochenen Arm

Von Punkt A bläst ein Wind nach Punkt B
der hier ist, wo der Kieselstein nur ein Berg ist.
Wenn wahrhaftig Himmel und Erde dort draußen sind
Warum rudert dieser Mann mit seinen Armen herum,
Gestikuliert nach dem Wort »Blitz«, auf die Wolken geschrieben,
Die seine Füße umgeben und verhüllen?

Wenn du das richtige Wort in New York City sagst
Wird in New York City nichts passieren;
Aber draußen in dem unglaublich trockenen Schrecken des Westens

Wird ein schönes Mädchen mit Namen Sibylle
Durch das offene Fenster atemlos hereinplatzen
Und sich niederlassen auf ein imaginäres Glas irgendwas.
Doch jetzt ist ihr Name nicht länger Sibylle – es ist Herman,
Der nach Punkt B verlangt.

Befördere auf der Stelle diese Notiz an unseren Helden.

Hübsche Sachen

Anne, die tot ist   und die ich auf eine ziemlich eselhafte Art liebte
ich denke oft an dich

buveur de l'opium chaste et doux

Ja ich denke an dich
mit sehr wenig im Kopf

als ob ich ein hilfloser Trottel geworden sei

Der tölpelhaft tschilpende Vögel beobachtet

Die die Luft bewohnen

Und oft auf unseren Radiowellen reiten

Also in der letzten Zeit habe ich ohne Kleidung geschlafen
Der Boden   was sehr früh ist   hinsichtlich des Bodens
Ist aus Vögeln gemacht und sie fliegen und ich bin
Vollkommen durcheinander und ist es nicht großartig, großartig zu sein!!

Im Ernst, ich habe diese Geistes(Schmuh!)krankheit

die mich dazu bringt Dinge zu tun
weiter und weg

Direkt zur Kante
Eines manikürten Fingernagels

Wo es tief und dunkel ist   und grün   und still
Wo ich gehen kann wo ich will
Und mich hinsetzen und
                    Meine Stirn gegen den Sonnenuntergang schlagen

Wo er die Uniform auszieht
Und wir sehen, er ist Gott

Gott hau ab

Und er rennt weg tschilpend und in die Hand glucksend

Und das ist eine hübsche Sache

                    ... eine Tuba, die eine Wiese voll Glockenblumen ist,

ist eine hübsche Sache

                    und das ist es was ich machen möchte

Dir hübsche Sachen erzählen

FRANK O'HARA

geb. 1926 in Baltimore, Maryland, aufgewachsen in New England, bis zu seinem frühen Tod Kurator am Museum of Modern Art, 1966 durch einen Autounfall ums Leben gekommen. Theaterstücke, Essays, Kunstkritiken, Lyrik. Erhielt 1951 den Hopwood Award for Poetry. Beeinflußte entscheidend die neue amerikanische Lyrik.

Bücher: A City Winter and other poems, Tibor de Nagy Gallery Editiones, 1952 / Meditations in an Emergency, Grove Press, 1957 / Second Avenue, Totem Press, 1960 / Lunch Poems, City Lights, 1964 / Love Poems, Tibor de Nagy Gallery Editiones, 1965 / erste deutsche Ausgabe: Lunch Poems und andere Gedichte, Kiepenheuer & Witsch, 1969.

Biotherm aus: A Controversy of Poets, ed. by P. Leary and R. Kelly, Doubleday-Anchor Books, 1965.

FRANK O'HARA: Biotherm
für Bill Berkson

Die beste Sache auf der Welt   aber ich mache das lieber schnell ab
lieber morgen verschwunden sein
                                        lieber letzte Nacht verschwunden sein
                                lieber nächsten Donnerstag verschwunden sein
lieber
                            immer sein   oder was soll's, der Himmel
            die endlosen Wolken ziehen dahin, wir lenken sie am Halstuch, rot

du wirst dem Botschafter vorgestellt   »anderthalb Jahre versucht, ihn zu treffen«
    er trägt rot, ein rotes Band läuft seine Brust herunter, er
        hat 7 goldne Orden an seine Wunde geheftet
er schläft viel, denkt viel, fickt viel, unergründlich und judä-isch
    ich liebe ihn, du würdest ihn auch lieben   wenn du nach draußen sehen könntest

                            wumms-musicale (sei tu m'ami) ahhahahahaha
                            dubbi di duuba   deswegen also   vermute ich
    daß Leontyne Price Minister Goldberg bat, bei der Metropera zu intervenieren
es ist nicht so gefährlich, wie du glaubst
                            NICHTSDESTOWENIGER (vielen Dank, Aristoteles)

    Ich weiß, daß du an den Ungereimtheiten meines Verhaltens interessiert bist, John
so wie Bill bist du an der blauen Farbe interessiert JA Oskar Maxine Khnute
vielleicht solltest du ganz besonders interessiert sein   PAFF

                                    fortgesetzte Schwingungen
Ziehgaretten ZIEH I BIS IV   Sterne des Tigris-Euphrat-Beckens
    dirigieren das Entfernteste wie Kickapoo Freudensaft Halvah Canton-Käse
in Fingerhüten
                    die aus Profit paradierten, aber doch eben eine Parade küß mich,
                                                            Busby Berkeley, küß mich

du hast den Krieg beendet, indem du einfach in deiner Irene-Dunne-Vorhaut
»Practically Yours« gesungen hast
mit June Vincent, Lionello Venturi und Casper Citron
im Universal-International-Verleih, produziert von Mennen Williams
Regie Florine Stettenheimer
Aufnahmeleitung Drittes Reich
nachdem wir den Strand von Endzoay »geschafft« hatten, tranken wir die Liebfrauenmilch aus
und stießen auf dem Plata in die Pampas vor
du hast die Smaragde liegenlassen, du gottverdammter Narr, du hast
kein Schlüsselbein, du hast keinen Teller, keine Ohren
Maurice Prendergast
Tilly Losch
»als ihn 'n Anfall packte, ging er« – Colette
Nebenbei, der Schnee schneite, unser Fehler, die Fahrkarten zu lösen
vielleicht hast du am Ende eines sehr seltsamen Spiels
doch gewonnen ? (?) ! (?)
und das ist wichtig (jah) zu gewinnen (jah)

hingekniet sagte der Alte Mariner, wo Scheiße auch
ist das besagte Motel, Mister, ich bin nicht wegen Muscheln hierhergekommen
ich möchte Swimming-Pool-Moorpackungen, das ganze Drum und Dran Kohlensaurekiosklimonade, Schluck auf,
schön, eine junge Schwester unter mir, sauber und nach einem Esel pfeifend, um sich auszustoßen
»OKAY« (lächeln) »SCHON UNTERWEGS«
»Schließlich ist das«, sagte Margarete Dumont, »die *originale* GROSSE CHANCE«
(Furz) »Leck's auf«, sagte der Alte M und spuckte auf seine hohen Absätze,
die er gerade angezogen hatte, um mit seinem Nabel an ihr Knie heranzukommen

aber sogar das dehnte sich ein Stückchen
hinaus in die Wüste, wo
kein Blitz zündete, nichts blitzte
hoppla! und kein Nagellack quak
quak, quak, Lieutn.
kein Fleisch zu schmecken, kein Blitz zu schnappen
keine Flut zu fliehen, keine Flotte zu dlänken von del eisich Bläut
»par exemple!«

aus der Dunkelheit erscheint ein Monster voll bärenhafter Gerüche, die es ausdünstet
wie ein Samowar die Nachrichten aus dem Komintern in einem Roman von Howard Fast
ausrülpst
ABER
der Kuckuck fällt immer wieder vom Ast, also ist alles okay
niemand sorgt sich um Fehler Katastrophen Unglücksfälle, so lange sie »natürlich« sind
sonne sonne bene bene Oberscheiße es ist wichtig, im Geschäft Gefühl zu haben und

Intensität in der Liebe, denn was hast du, wenn du keine »Eier« hast, was machte schließlich
die Franzosen groß, wenn nicht: jeu de eier, pas de eier und,
für Mörder von Algeriern, regle de eier   darf ich fragen
»hast du's gern?«

Ich glaube nicht, daß ich irgendwas gewinnen möchte, ich glaube, ich möchte unverziert sterben

die lieblichen Wellen
rollen dahin in ihrer purpurnen
Art, und ein kleines Mädchen fängt
an zu weinen, und ich kenne
sie, aber ich kann ihr nicht helfen, denn
gerade hat sie ihren ersten Bimmel gefunden
was kann man da tun, was

sieht das etwas zu garboesk aus? also Garbo, ein merkwürdiger Fall. O Gott,

der sie alle am Leben hält
es gibt mehr Wellen mit Bimmel drin als
wohlbekannte Villen in dem berühmten »Haus«
aber sie werden wieder anfangen, nicht wahr
also, ich sowieso oder als 12
»continuez, même stupide garçon«
»Der dödliche Schlag, er sätzt ein Ent
den versteuchten Seufzi in meinem Herti«
und am Eingang ist kein
akzeptabler Gang außer Ständer-
pilze für Paranoia comme à l'heure de midi moins quatre
et pour

JOUR DE FETE j'ai composé mon »Glorification« homàge au poète américain
lyrique et profond, Wallace Stevens
aber einer
eurer amerikanischen Touristen erzählte mir, er sei ein Bankier
quels délices
ich würde Ihnen gerne erzählen, was ich von Bankiers halte, doch ...
W. C. Fields ausgenommen

was willst du sonst von einer Bank außer Liebe   aua
aber Wallace Stevens gibt mir keine Liebe, nein, wirklich nicht
Ich glaube, délices ist ziemlicher Mist, und das sagt einer, dem Scheiße viel lieber ist
und die Bank rollte weiter
und Stevens trollte sich weiter
ein gewöhnlicher Abend allein
mit vielen Leuten

»die Blume, die du mal nach mir geworfen hast
rappelte mich hoch, schlug mir an den Kopf avec
war ein wirklicher Segen, laß mich nachdenken
während ich hier mit den Läusen liege
bist du ein Traum

UND

»Maß Schmaß wissen schwußten
wenn uns nicht das Material herumrasselte
schöne Rosen konserviert in Biotherm
und trotzdem stört uns das Y, wenn wir
den Fötzchen-Trott tanzten
habe nie gern gesungen, aber das ist es, was
Kindsein bedeutet BÄNG

le bateleur! wie schön
ich bin so so so so so so so so so so glücklich
so glücklich, daß ich dich glücklich mache
wie in so einer alten Kla-a-a-amotte wow
was meine ich sonst, was du sonst brauchst (ich)
dann machtest
du mich anderweitig glücklich, ich
starrte in die *Samstagnacht* und flaggte
ein rosa Hemd mit Löchern aus Cinzano-Soda-Grinsen
ach, es ist einfach zu schön mit d. Z. I.

He! Hilfe! Komm zurück! du hast dir dein Omelett auf die Hosen gekleckert!
oh, verdammt, ich glaube, das ist das Ende einer unserer Verabredungen

»vass hass der mensch geplupt
daß auf dem Schlachtfeld ist versenkt ein stattliches Grunzen
und die träge Flut, sie spielt noch immer auf dem Berg
nur wegen dieser dieser dieser dieser Schlunzen«
das ist ein Geheimnis, das von
einem Verrückten in einem Salonwagen verraten wurde
und Kichern bedeutet
* Richard Widmark *
* Gene Tierney *
* Googie Withers *
ich hasse den Hut, den du nicht trägst, ich liebe es, deinen schmalen Kopf zu sehen

dort in den dunklen Straßen Londons
dort gab es alle Sorten von Mördern
Glücksspielern und griechischen Freistilringern
»Ich hätte das ganze Londoner Ringkampfgeschäft in die Hände bekommen können«
PENG
unten an der schmierigen Themsehütte
über die man rauf und runter stolperte

(PROKOFIEFFIANA)

Eines Tages posierst du in deinem schachbrettartig gemusterten Badeanzug
der Bär ißt nur Honig was für ein seltsames Leben

ist das beste an mir unmöglich was heißt das
das gleichmäßig fremde Lächeln ist, wie wenn man den Mond aufgehen sieht
»glaub immer daran«
du wirst das nicht wollen, von mir

wo du warst, das existiert nicht mehr
deswegen wollen wir es uns anschauen, um nah bei dir zu sein, wie konnte es fortgehen
ich würde nie von dir fortgehen
wenn ich nicht müßte
du wirst es auch müssen
die sowjetische Gesellschaft lehrte uns: das
ist die Notwendigkeit, »realistisch« zu sein, Liebe ist ein Fußball
aber ich höre nur die Klaviere
wenn Besessenheit zur Frustration wird
verlischt der Nordstern, wird er?
ist da jemand da
der Seismograph der Fordham-Universität sagt, ja er wird
also wird er nicht

wir sind allein, niemand spricht, das tut gut
wir haben unseren üblichen Wettbewerb in Klaustrophobie
das bedeutet nicht viel
es ohne einander zu machen, ist viel verrückter
okay, es ist nicht die untergehende Sonne, es ist der aufgehende Mond ich sehe es auch so

(ZURÜCK ZU SATIE)

als der *Vitalità nell arte*-Katalog mit der Post kam, lachte ich
ich glaubte, es sei *Perspectives USA*, aber das war ein Irrtum, es
war vitality nellie arty ha ha das ist ein Witz
ich brauchte gar nichts zu sehen, ich guckte nur immer auf die Bilder
verdammt gute Show!
kenn ich das nicht schon
nimm die Brille ab
du zerbrichst mir mein Gestell
Bildhauerinnen tragen Kleider

Sieh da! das Caracas-Transport-Mittagessen mit George Al Leslie um halb sechs, ich bin um fünf dort
ich hoffe, du auch, ich sterbe hier vor Einsamkeit
mit meinen roten blauen grünen und gelben Bleistiften und den Radiergummis
mit dem Spiegel hinter mir und dem Schreibtisch vor mir
wie eine Anti-Cocteau-Bewegung
»mit wem warst du zu Tisch?« »mit dir« »hoppla« wie GEHT es dir

und dann ging ich neulich durch einen Zug
mit meinem Koffer, und ich hörte jemand sagen: »weil wir grad von Schwulen reden«
ist das Leben nicht schwierig genug ohne das,
und warum schleppe ich immer etwas mit mir herum
na ja, die Person sah sowieso beschissen aus
besser schwul als Fürze im Kopf
oder wie Väter oft zu meinen Freunden sagten
»lieber tot als dämlich« »wenn ich glaubte, daß du warm wärest, würde ich dich umbringen«
du tätest recht daran, Vati, Väterchen, verdarb jede Polsterlerche (Brit. 19. Jh.)

nun, alles kann nicht vollkommen sein
du sagst es

Ich bin ganz entschieden nicht der Meinung, daß Lobelia ein passender Name wäre
für die Tochter von Carey und Norman, wenn sie eine Tochter haben
und wenn sie einen Sohn haben, ist Silverrod für die meisten nicht tragbar
steck das in deine Pfeife zurück, Patsy, und mache Pot daraus, Schätzchen
du warst dort, ich war hier, du warst hier, ich war dort, wo bist du, du fehlst mir
(das war ein Beispiel für die »Sonnet« – »Form«) (das ist noch eins)
als du gingst, blieb ich, und dann ging ich, und wir verirrten uns beide, und dann starb ich

o Gott, welche Freude
du bist hier
schluchz und auf der
letzten Gipfel-
konferenz aßen
sie Stangen-
bohnen, Butter
schmatz schlürf
reich mir den Dreck
und ne Coke, Kumpel
o vielen Dank

unten, am Schalter des Rathauses, dachte ich an dich in deinem Ohne-Hut
Musik erinnert mich oft an nichts, genau wie Reformieren

15. September (auf dem Rücken, unrasiert, verkatert, passiv, mit sanfter Stimme) ich war sehr glücklich
am Altar 4, ich liebe dich so, es war am Altar 4, »ein glücklicher Tag«
ich wußte, es würde ein
Ja zu allem sein
ich glaube, du findest den Pot in der Ecke,
wo ihn die Krells gelassen haben,
reib ihn ein wenig, dann kommt Musik heraus
die Musik der Ängste,
ich refomierte, wir reformierten einander
weil wir grad da waren,
das ist etwas, was unsere Freunde nicht verstehen

wenn du deine Fessel lockerst,
wird mein Herz herausspringen
wie eine Tanagra-Skulptur
aus dem Krater der korsischen »Lippe«
und durch die Lüfte segelnd
denke ich an Kit Carson
und an jedes Lächeln, das genau wie deins war,
aber wir kannten uns noch nicht
wann begibst du dich auf »unsere« Reise
warum bist du melancholisch,
wenn ich dich ärgere, zweifelst du nicht mehr
wenn ich dich glücklich mache, zweifelst du nicht mehr
was hast du gegen Zweifel
meistens ist es so, daß dein Gesicht
wie der Himmel hinter Sherry Netherland ist
blau anstatt aus Luft, hautnah statt entrückt, weich anstatt gehetzt
du bist so intim wie eine »Tasse« Wodka
und wenn das Gestern kommt und uns ärgert, dann sagst du immer NEIN
ich glaube dir zuerst nicht, aber du sagst nein nein nein nein
aber sehr bald lächle ich und mache wieder genau das, was mir
gefällt,
das ist sehr wichtig
du packst den shit wieder in den Ausguß
und dann findest du tatsächlich den Stöpsel

datiere den 15. September auf den xten Aug zurück
ich meine, du bist an deinem Geburtstag wundervoll
ich meine, du bist wundervoll
an allen deinen Ersatzgeburtstagen
ich bin ziemlich irritiert, daß du überhaupt
geboren bist
wo hast du diesen Stöpsel hingelegt
du bist der größte Dummkopf, auf den ich jemals meine Augen geworfen habe
zu diesem Urteil kamen sie, glaube ich, auch über den Magi

erst pellst du die Kartoffeln,
dann marinierst du die Gepellten
in Campari, während du die ganze Zeit
den Mephistowalzer auf deinem Grammophon spielst
und wickelst sie in Traubenblätter
und überbackst sie mit Brei aua,
diese gottverdammten Ofendelikatessen
von denen der Graben nach dem Dinner voll ist
welch ein Himmel
draußen zwischen den Götterbäumen
ein Gefängnis aus dem 17. Jahrhundert, ein aardvark
eine Fotografie von Mussolini und
ein persönlicher Brief von Isak Dinesen,
der nach dem Essen geschrieben worden ist

die Welt der Sensationen! 7 Lebendige Künste! Wochenchronik! oooch
wenn du nach dem Mittagessen schlafend dort auf dem Boden liegst,
was kann ich andres tun, als dich anbeten,
ich sitze auf der Spitze des Mauna Loa, sehe denke fühle
die Brise, die sanft durch den Berg weht, vertraut mir
ich beschütze sie vor Masse und Maß

es ist kühl
ich bin high
und glücklich
es dreht sich
auf der Erde
und verwickelt mich
in der Luft

die himmlische Drapierung grüßt ein gewöhnliches Ereignis
der Mond geht auf, ich stelle mir den Mond immer aufgehend vor
ich stelle mir immer dich vor
deine Moral, deine klar geformten Lippen
am Strand standen wir auf unseren Köpfen
ich hielt deine Beine, es war Sommer und heiß
die Bloody Marys verkleckerten uns die Badehosen
aber die Krokodile zogen sie nicht runter
es war ein zauberhaftes Leben voll von
innuendo und wünschenswerten Feindseligkeiten
ich wünschte, wir wären wieder dort zwischen
den irritierenden Gräsern und den Schalenkrebsen
dieses gischtige Glotzen in Richtung Schwanensee Allegra Kent
diese Zehn Schritte von Patricia Wilde
unizone Streichhölzer eifriger Kitt Alhambra
Busladungen voll russischer Würde und Sehnsucht
wenn wir uns begegnen, lächeln wir in einer fremden Sprache

du weißt nicht mal die Hälfte davon
hab ich auch nie behauptet
deine Sterblichkeit
das ist mir sehr ernst

ENDSPIEL WARTEN AUF GODOT WATT GLÜCKLICHE TAGE was heißt,
daß ich dich liebe

was hat der Hut auf dem Tisch verloren in meinem Zimmer, wo ich schlafe
»Dank für das Dunkle und die Schultern«
»oh danke«

gut, ich treffe dich an der Wetterstation um 5,
wir nehmen einen Hubschrauber in das »Auge« des Sturmes,
wir werden im Zentrum der Dinge endlich glücklich sein,
jetzt erhebt sich der Wind, nichts passiert und verschwindet
L'EUROPA LETTERATURA CINEMATOGRAFICA ARTISTICA

dein Rücken die Straße   Festigkeit   Gebrechlichkeit Erosion
warum mußte dieser jüdische Hurrikan kommen
und unser Yom Kippur ruinieren

Favoriten: Vichyssoise, Kapern, Halstücher, Schokoladennußeis, die Möglichkeit zusammenzubrechen
die Winslow-Bar, 5 Uhr 30 und 12 Uhr 30, Ledersweater, Thunfisch
Cinzano mit Soda, Marjorie Rambeau in *Inspiration*
wasmeinstduundwiemeinstdudas

(MENU)
Déjeuner Bill Berkson
30. August 1961

Hors-d'œuvre abstrait-expressionistes, américain-styles, bord-durs, etc.
Soupe Samedi Soir à la Erdbeer-Blonde
Poisson Pas de Dix au style Patricia
Histoire de contrefilet, sauce Angelicus Fobb
La réunion des fins de thon a la boue
Chapon ouvert brûle à l'Hoban, sauce Fidelio Fobb
Poèmes 1960–61 en salade
Fromage de la Tour Dimanche 17 septembre
Fruits de Jardins shakspériens
Biscuits de l'*Inspiration* de Clarence Brown

Vin blanc supérieur de Bunkie Hearst
Vin rouge mélancholique de Boule de neige
Champagne d'Art éditeur diapré
Café ivesanien »Plongez au fond du lac glacé«
Vodka – campari et Fernsehen

als die Wolken aufrissen, machte das New York City Ballett auf, Casey Stengel war da
mit Blanche Yurka, »Bomes« Mifflin, Vera-Ellen und Alice Pearce, Stuts
»Bearcat« Lonklin und Louella »Prudential« Parsons in einer anderen »Loge«, Elsa
»ich-glaube-nicht-daß-Sie-ein-Rothschild-sind« Maxwell wollte nicht mit ihnen sprechen,
weil sie nicht zu der Party »gehörte«, und trotz allgemeiner Vulgarität sah Diana
Adams wieder genau wie der Mond aus, so wie sie in den Werken von
Alfred de Musset und mir erscheint
wer bin ich? ich bin das Parkett dieses verzinkten Palastes

nach der Mahlzeit das Ernten (hick) die Zukunft ist immer schwülstig (bah)
niemand ist anglikanisch, jeder ist verängstigt

»nun ist aber die Vergangenheit etwas andres, die Vergangenheit ist wie eine Zukunft, die durchscheint,
man kann sich an alles ganz genau erinnern und auf seine Ehrlichkeit stolz sein, man kann

alles, was passiert ist, abstreiten und sich glücklich in Erinnerungen ergehen, man kann
hier und dort etwas ändern, um Werte anzuheben, man kann sich wahrlich fehl-
erinnern und beide
Möglichkeiten gelten lassen, oder man kann alles völlig vergessen, an der Vergangen-
heit ist schon was dran«

aber die Zukunft mißlingt immer
werde ich mich zum Beispiel wirklich
in Providence, Rhode Island, oder Paestum, Lucania, niederlassen
ich bezweifle es »du bist eine Rose, trotzdem?« (?)

eine lange Geschichte der Bevölkerungen, obwohl
der Satz mit »Palmen!« beginnt und schnell vergessen ist
in der Höhle unter dem Dunkel gab es Bücher
die von den fremdartigen Riten der Zeit handelten
die Zeit wurde Die Vergangenheit genannt, und die Bücher waren auf Deutsch,
das Gelehrte für Sanskrit oder Urdu hielten
(viel Gelächter), das sich später tatsächlich als
Sanskrit und Urdu herausstellte (Ende des Gelächters, Anfang der Schlägerei),
und gleichzeitig ging das Dunkle weiter und weiter,
wurde nie blauer oder grüner oder purpurner, ging
nur weiter, und das war Zivilisation und ist es noch,
niemand konnte den Streit sehen, aber sie konnten hören, worum
es ging, und so war und blieb es eben
und es wurde hingenommen, daß die Klänge mit der Zeit anfingen
sich anders anzuhören (Vertrautheit), und das war dann Englisch

nun, diese Vergangenheit tragen wir immer mit uns, oder?
ich spreche von der Farbe des Geldes
das 10-Cent-Stück so rot und die 100-Dollar-Note so orchideenhaft
die kränkliche Fuchsie des 1-Dollar, das optimistische
Orange der 5-Dollar, der nutzlose Penny wie ein Same
die großartige gelbe Zinnie eines 10-Dollars,
besonders bei einer ganzen Rolle davon, das luftige Blau der
50-Dollar, wie hübsch ist ein Haus, wenn es voll davon ist,
wo ist der Ozean
das ist nun kein Traktat gegen Wucher, hier geht es nur darum, wie man zwei und
zwei addiert
und fünf erhält (danke, Mae)

tatsächlich möchte ich mehr über deine Familie hören
ja, du kriegst das Bier

in Wahrheit denke ich daran, wie sehr ich Lena Horne liebe
ich hatte nie die Absicht, ohne dich nach New Hampshire zu gehen
du weißt, daß es in Rarotonga eine interessante Gottheit gibt, die so ähnlich wie du
aussieht

»Ich bin eine Frau, die verliebt ist«, sagte er,
der Tag begann mit klarem blauem Himmel und endete im Papageiengarten

der Tag begann und endete, als ich dich im Papageiengarten fand
Lena Horne war in einem Taxi verschwunden, und wir waren mehr oder weniger allein zusammen
natürlich war es gar nicht Lena Horne, es war Simone Signoret, wir waren trotzdem glücklich

»Als ob ein klarer See, der sich mit sich selber befaßt,
seine Reinheit mit einem dreckigen Schimmern bewölkte«

»Meine Schlachtrosse stampfen alle an der Schwelle des Morgens«

Lieblingsbeschäftigungen: mit dir auf Parties gehen, auf Parties mit dir in Ecken stehen
mit dir in düsteren Kneipen sein, dich lächelnd auf Parties knuffen, wenn
du »down« bist, mit dir wie der Südpazifik hereinbrechen
mit dir durch den russischen Salat krabben, mit dir allein von der Party
weggehen und irgendwo ein Stück Wolke essen
Auweh! 504 Nägel in *The Cross Clinic*
es ist interessanter, eine Prinzessin mit
einem Polizisten tanzen zu sehen, als wenn nur zwei Polizisten
zusammen durch die Diagonalperspektive tanzen

im Flohzirkus war ein Geschäftemacher
am Ende der Straße ein Gammler, das blaue Jahr
begann mit einem enormen Ausverkauf an Einsamkeit
und jeder kam mit irgendeinem kleinen Etwas zurück
einer hatte ein Baby, einer einen Zahn, einer einen Tripper
und einer das Beste von allem, ein Freund kaufte eine Apotheke
es gab eine Menge von Gliedern, die herumlagen, also
machte natürlich einer ein Ballett auf, oke
der kaum mögliche Schnee siebte sich zu einem festen Kristall aus,
manchmal glaube ich, du bist ein Neffe von Mozart: »Sprich
mit mir, Harry Winston, erzähl mir alles darüber!«

»von August bis Oktober
tropft die Sonne vom Schild,
frage Virgo wegen des Essens um Mitternacht
verloren(gegangen) zu sein draußen an der Cafeteria«

ich ging nach Albanien, um Kaffee zu trinken und kehrte zum Zahltag zurück
»ich glaube, jemand sollte mit einem guten Radiergummi deinen Geist behandeln«
mittlerweile führt Joe Liebe und Haß in die Opiumhöhlen von La Brea zurück

hörst du das Rasseln?
das sind keine Murmeln in meinem Kopf, das sind Ketten an meinen Fußgelenken

warum sagst du, du seist eine Flasche und fütterst mich
der Himmel ist blauer geworden, und es wird kalt
gestern abend sah ich Garfinkels Lastwagen mit chirurgischen Geräten

und ich wußte, daß ich gleich zu »Hause« war, wenn auch benommen und
gedankenvoll
wie hast du mich zum Nachdenken gebracht,
nachdem wir den Gammler ins Krankenhaus geschafft hatten
und nachdem du ins Taxi gestiegen warst
fühlte ich mich selber verloren

(IMMER)

niemals diese Augenblicke im Carlyle ohne Krawatte missen

endlos wie eine Stecknadel und kaum sichtbar du
erstickt, was immer man für Empfindung hielt und
laß alle Wolken herein unter die gelben Heizungen
Konferenz irgendwo über St. Louis
ruf mich früher an, weil ich vielleicht etwas anderes vorhabe
außer essen ah
sich endlos vor der Christoph-Columbus-Taverne entwirren
eine ganze Serie war geboren da, wo ich hingehe, ist
zum Mittagessen das Quo Vadis
draußen im geschwätzigen Wind und Glas c'est l'azur

vielleicht
marinierter Entensattel mit Fußsoße und ein Becher Wodka,
der an meinem fiebrigen Hirn zupft
vielleicht
laß ich dich endlich sausen oder lehne mich im Theater an dich

O Plankton!
»mes poèmes lyriques, à partir de 1897, peuvent se lire comme un journal intime«

ja, immer, obwohl du es zuerst gesagt hast
du, der Treibsand und Sand und Gras ist

ich lasse das ego-besessene Meer
frei auf dich zuwogen
dort ist ein Licht, das keiner
von uns verdunkeln kann
es ist ganz weiß gescheuert
und bewahrt Schiffe davor, vor den Felsen in Arsch zu gehen
auf den unendlichen Wogen der Haut, muffig und zerquetscht
und hell und verschluckt

ANNE WALDMAN

geb. 1945 in New York, dort aufgewachsen, lebt an der Lower East Side. Sie studierte am Bennington College, war später Schauspielschülerin bei Lee Strasberg und Herbert Berghof; leitet das Poetry Projekt an der St. Mark's Church, gibt eines der einflußreichsten Lyrikmagazine heraus: The World. Mitherausgeberin der Zeitschrift Angel Hair und der Angel Hair Books (Anschrift: 33 St. Mark's Place, New York City 10003). Verheiratet mit Lewis Warsh. Veröffentlichungen in allen relevanten Lyrikzeitschriften.

Bücher: On The Wing, Boke Press, 1968.

How To Write aus: The Paris Review, No. 45, 1968 ● Going in aus: Waldman, On The Wing ● Gun Power aus dem Manuskript.

Wie darüber schreiben

Vielleicht mache ich mir selbst etwas vor über
das Leben, das ich führe

Manchmal fühle ich, daß ich sterbe
wie eine Menge Dinge, die ich um mich herum sehe

Dann stelle ich den Fernseher an und begreife,
daß alles sich noch immer bewegen muß

Musik zum Beispiel, und ich renne nach draußen,
gleich um die Ecke in ein Konzert

Es ist so leicht

Man kann alles erreichen, von dort, wo ich
zufällig im Augenblick wohne

Dinge wie Rock-Konzerte, nicht zu viele Bäume auf der 2nd Avenue

Einmal, im Bus von der Sixth Avenue,
kriegte ich das plötzliche Gefühl,
ich hätte bereits gelebt

Daß ich ein Mann war, in irgendeiner anderen Zeit,
auf Reisen

Sie würden das seltsam finden, wenn Sie eine Frau wären

Wäre ich heute ein Mann, würde ich mich dem Wehrdienst entziehen,
aber ich glaube, ich würde ebenso Lyrik schreiben wollen

Was ganz einfach heißt, lebendig zu sein, wach, alles zu erleben

Selbst das, was mich krank macht und mich den Tod wünschen läßt
Ich will ihn nicht wirklich

Manchmal möchte ich bloß kein Bewußtsein haben,
denn wenn du auf normale Weise bewußt bist,
mußt du über dich selbst eine Menge nachdenken

Stumpfsinnige Gedanken wie Was mache ich eigentlich?

Im Vorort in einer großen Menge möchte ich mich hinsetzen und weinen,
weil alles so einfach und kompliziert ist,
alles zur gleichen Zeit

Jeder hat dieses Gefühl

Selbst die Leute in der Innenstadt

Es ist sehr grundlegend für die Art, wie wir sind,
weshalb ich auch »wir« sagen kann

Eine Menge Drogen können dich ändern, wenn du willst,
denn auch du bist daraus gemacht, woraus Drogen gemacht sind

Tatsächlich bist du nichts als ein Haufen Drogen,
wenn du es genau betrachtest

Ich will es nicht weiter ausführen,
du wirst sehen, was ich meine, sobald du kapierst

Das soll nicht eingebildet klingen,
Ich bin offen für alles, was auch immer eintrifft

Das ist das Gefühl, das ich habe, bevor ich ein Flugzeug nehme

Denn hinterher ist ohnehin alles das gleiche

Alle in einen Raum, und hier bin ich wieder,
noch lebendig, dieselben Sorgen im Kopf

Das Wichtigste ist Mach dir keine Sorgen!
Du tust, was du tun mußt, was du kannst

Du hörst von deinen Freunden,
sie lassen dich wissen, was in Kalifornien passiert, in Iowa,
Vermont und anderen Orten rings um den Globus

Sie holen dich heraus aus deinem kleinen Zimmer,
genauso wie Zeitungen oder die Nachrichten
oder der Mann, mit dem du lebst

Und bringen dich in ein sehr viel größeres Zimmer,
eins, in dem du dich in ständiger Bewegung befindest, vierundzwanzig Stunden lang

Hineingehen

Für den Rest des Tages gehen wir ins Wasser,
so daß die jetzt so heiße Sonne wirklich ein falscher Anfang ist,
wenn ich sie heute in einer Woche auf jenen Postkarten erwähne,
mit dem Wunsch, die Füße zu erleichtern, während wir von der Stadt zum Museum laufen,
und mit dazwischengeschobenem Schwimmen erreichen wir zuletzt die Innenstadt, die zur Karte wird,

die man kauft, während Wasser die Falze trennt, die man falsch gefaltet hat,
ungeduldig, den Weg zu erfahren, reiße ich mich zusammen, und studiere mich selbst in Europa:

Sieh aufs Wasser, wie es da von der Ecke spritzt!

Ich kann es nicht lassen, mir Sommerkleider anzuschauen
oder nach Negern, sagen wir, in der Schweiz zu suchen und mich zu fragen

was wohl jeder zu Hause in New York denkt, eine Revolution
in meinem Kopf, ich träume, jeder ist schwarz, und hier sind wir,
essen eine prezzo fizzo und sind verrückt hinter den Uffizien.

Es ist alles so wunderschön erschöpfend mit dem Wein in meinen
Beinen,
und du zerrst mich durch jene Straßen mit sexuellen Absonder-
lichkeiten,
ich glaube nicht mehr an die Röcke, die ich trage, und jeder betet
irgendwo jeden Tag, ich möchte in die Kirchen gehen, sie lassen mich
nicht,
so wie du mich keine Fingernägel kauen läßt, wo ist da der Spaß?

Aber wie ungewöhnlich und neu auch alles ist, worauf meine Augen
fallen,
so sehe ich nicht ein, in Venedig um 6 Uhr morgens aufzustehen,
wohl aber du, der an Stokely Carmichael in London denkt, und an die
Worte,
die er über »Geschichte« sagte, weißt du? und so machen wir es

Wie Tyrannen wünsche ich alles perfekt, und es ist nicht
so übel, hier zu sein, zu leben, völlig naß und du dabei.

Macht der Gewehre

Um Amerika wirklich die Meinung zu sagen
brauchst du eine massive Schreibmaschine
Kraft & Stärke
& übermenschliche Energie, die dir Rückhalt geben
Du bist bereits erschöpft und planst deine Flucht
(in dieses Gedicht)
Ohne Worte bist du ganz schön weit gekommen
dahin, ein evolutionärer Trend zu sein
wo Menschen ihre Worte wie Waffen fallen lassen
und richtige Waffen aufheben
und in der Stille herumsitzen wie Süchtige
Etwas, das du mit einer Schreibmaschine nicht mehr in Schach halten
kannst in New York 1968!
Was mache ich hier dann?
ERKLÄRT KRIEG
AUFRICHTIGE WEISSE SIND WACHSAM

sind interessante Worte, glaube ich
die ein gewisses Gewicht haben, ähnlich wie
GROSSE FESSEL
wenn William Burroughs von der Kultur des Westens spricht
oder
RAUSCHGIFT
Ansonsten lese ich gern Anekdoten aus dem Leben der großen schwarzen Führer
die mich erheben
und nach unten tragen
auf die Straße und zurück
Zu viel passiert da draußen
Ich denke nicht daran, einfach aus irgendeinem Grund zu krepieren, verstehst du
LEBEN ODER TOD
ALLES ODER NICHTS
ENTSCHEIDE JETZT
Die Zeit ist gekommen, man selbst zu sein
aber du bist besser OK, sonst PENG!
Du wirst diesen Sommer nicht überleben
(& verpaßt was, falls es so ist

JOHN PERREAULT

geb. 1937 in New York, Kunstkritiker für The Village Voice, Mitherausgeber der Kunstzeitschrift Art News, gab die hektographierte Zeitschrift Elephant heraus, öffentliche Lesungen, die intermedialen events gleichen, Essays in TriQuarterly, Art News, Art International, Arts; Gedichtveröffentlichungen in Locus Solus, Art & Literature, Mother, The Paris Review. Mehrere Lyrikpreise: The Dylan Thomas Memorial Poetry Prize, 1960 / The National Foundation on the Arts Award, 1967 / zwei Preise der Poet's Foundation, 1963 und 1967.

Bücher: Camouflage, Lines Press, 1966 / Luck, Kulchur Press, 1969.

Statement: Diese Tür, Lyrik, schwingt in beide Richtungen. Nach innen und nach außen. Wie eine Handgranate oder ein Granatapfel. Aber von beiden Seiten des Flusses ist der Blick derselbe. Es ist nur der Sprachgebrauch, der sich unterscheidet. Ich mag den Gebrauch unmöglicher Sprachfiguren, der Überraschung, des Hinauszögerns, der Musik, des Humors, der Geräuschsysteme und vor allem Kompositionsmethoden – kurz gesagt: das »falsche« Wort an der »richtigen« Stelle.

The Americans & Emily Dickinson aus dem Manuskript.

Emily Dickinson

Ich traf dich im Oktober, den Finger in der Nase,
und du konntest kein Englisch.
Wie reizend.
Ich traf dich an der Landstraße, den Daumen in Fahrtrichtung,
und du wußtest nicht, wohin ich wollte.

Das Unmenschliche daran, das Ausgelassene
Die schreckliche Pose,
der Garten voll nasser Rosen,
und deine geräuschvolle Hingabe
    an die Launen meines riesigen Neffen.

Bitte ruf die Polizei! Ich bin beraubt worden
von meinem Verstand.
Die Tage nehmen zu und mein Geld nimmt ab.

Was mußt du auch unbedingt noch so laut singen?
Du triffst ja nicht mal den Ton.
Also mußt du denn unbedingt
Arien singen aus La Forza del Destino

Mir persönlich kamst du immer schon komisch vor,
du und dein seltsamer Aufzug
– dein Gehabe, das dir nicht
im mindesten steht
und übrigens ganz aus der Mode ist.

Auf meiner Fensterbank steht eine Büste von
Jack the Ripper,
oder ist es Emily Dickinson, entjungfert?

Die Amerikaner

Zeit für die Badewanne! Wir waschen uns von oben bis unten
mit grünen und gelben Schwämmen
und Larry, amtlicher Flaschenkork,
sieht uns vom Fenster über die Straße her zu.

»Wir tanzen Polka im Mondlicht am Ganges!«
singt Howard im schönsten Falsett,
»Wir tanzen nackt im Step durch die Alpen!«

Larry springt in seinen amerikanischen Wagen
und fährt los nach Berlin.

»Ein Schaumbad nehmen, das ist wie Schwimmen
in einer warmen Gardenienschneewehe«, sagt Emily,
die sich die Haare färbt.
(Sie ist es müde, immer brünett zu sein.)

»Huh!« sagt Ronnie,
»Spinatalpträume!«

Wir lassen die Straßenbeleuchtung anschalten
und machen uns auf in unseren Seidenkimonos, barfüßig,
zu einem langen Spaziergang am Stadtrand.

Aber Sonja weint in ihr Saftglas
Tränen der Schwangerschaft für Harry,
der eine Fliege geschnappt hat.

»Bezahl mich mit Drachen oder Booten«,
schreibt sie von ihrem Rad.

Sonja stiehlt ein paar Blumen
aus einem Friedhof,
boykottiert Sam
und schmeißt, als die Glocken beginnen,
eine Orange an die Tapete.

Gelangweilt und müde hinke ich die Straße entlang.
Der Himmel. Der Bus. Die Brücke.

»Ergib dich«, sagt Philip,
»Ergib dich der Berührung meines Ellbogens.«

PETER SCHJELDAHL

geb. 1942 in Fargo, North Dakota, aufgewachsen in Minnesota, gründete während seiner Studienzeit am Carleton College das einflußreiche Literaturmagazin Mother, das er bis 1967 herausgab und in dem vornehmlich die jüngeren Autoren der New Yorker Szene erschienen sind. Arbeitete als Zeitungsreporter, von 1964 bis 1965 Parisaufenthalt, Kunstkritiken für New York Times, Art News und The Village Voice, Redakteur der Zeitschrift Avantgarde. Gedichtveröffentlichungen in The World, Angel Hair, Mother etc. Lebt an der Lower East Side in New York.

Bücher: White Country, Corinth Books, 1968.

Statement: Die amerikanische Lyrik befand sich nie zuvor in besserem Zustand als im Augenblick. Daß Amerika sich nie zuvor in einem schlechteren Zustand befand, ist keine Entsprechung. Die Art der Klarheit, die heute zum Überleben als Gesamtperson gebraucht wird, hat direkten Bezug zu der Art persönlicher Klarheit, die tatsächliche Lyrik von bloßen Versen unterscheidet. Die jüngste Geschichte hat die Bürde des Durchschnittsbürgers ebenso unerträglich werden lassen wie die der Schriftsteller, auch wenn man den letzteren noch schnell ein paar Brocken Hilfe und Unterstützung gewährt.

Lyrik ist wichtig. Als ein Richtungsweiser menschlicher Möglichkeiten, die in einem Zeitalter vorhanden sind, ist nichts so flüchtig und beständig. Wenn sie gut ist, zeigt uns Lyrik, was an uns falsch und richtig ist auf eine Art, die persönlich von Nutzen ist. Am wenigsten rühmt sie uns. Sie macht unser Leben ein wenig interessanter, stolzer und lebenswerter.

Die Form, die ein Gedicht annimmt, ist eine Funktion von 1. dem, was der Lyriker zur Hand hat, und 2. wie er das, was er zur Hand hat, benutzt. Im ersten Falle ist der Lyriker passiv und horcht in seinen simplen zivilisierten tierischen Verstand hinein, um zwischen dem, was tatsächlich »zur Hand« ist, und dem, was nicht da ist, zu unterscheiden. (Die Lyriker, die versagt haben, sind heute diejenigen, die entweder zu gequält oder zu rotzig sind, um wirklich diese Unterscheidung zu leisten.) Im zweiten Fall ist der Lyriker aktiv und führt die auf der Hand liegenden Sachen aus mit der Absicht, ihre notwendige Zusammensetzung deutlich zu machen – das heißt eine annähernd definitive unterhaltende Ordnung zu erreichen. Ich glaube nicht, daß dies die Art und Weise ist, wie der Lyriker schreibt. Es ist nur der Prozeß, mit dem seine Gedichte geschrieben werden. Aus diesem Grund:

Ein Lyriker arbeitet nicht in einem luftleeren Raum, er arbeitet für ein Publikum. Seine Befriedigung liegt im Sichverständlichmachen gegenüber dem Publikum, was er mit jeder Taktik zu erreichen versucht, ob sie nun tatsächlich eine Taktik ist oder nur einfach eine Zweckmäßigkeit darstellt. Sich dem Publikum verständlich gemacht zu haben, gibt ihm ein gutes Gefühl, so daß er weiß, daß seine Taktik erfolgreich gewesen ist und er ein Gedicht gemacht hat. Sobald er dieses gute Gefühl hat, hält er inne und beginnt den Vorgang noch einmal von vorn. An diesem Punkt fängt das Gedicht an, dem Publikum zu gehören. Es wird ein schlechteres oder besseres Gedicht daraus machen, was davon abhängt, ob es ein gutes oder schlechtes Publikum ist. Wie auch immer, je besser das Gedicht ist, mit dem man anfängt (je zwingendere Zusammenhänge es aufgezeigt hat), desto mehr ist es in der Lage, das Publikum anzusprechen und zu inspirieren, es noch besser zu machen oder wenigstens es nicht allzu schlecht zu machen. So kommt der Lyriker dahin zu verstehen, daß es sein

Geschäft ebenso wie seine Freude ist, das Beste zustande zu bringen, was er vermag.

New York scheint seit den letzten 15 Jahren oder so die bestmögliche Umgebung für amerikanische Lyriker darzustellen, die wirklich gute, wirklich zeitgenössische Gedichte schreiben möchten. Ich nehme an deshalb, weil in dieser Zeit New York wie kein anderer Ort der Welt die größte Anzahl an Vorausblicken und Perspektiven für das gegenwärtige Alltagsleben und die gegenwärtige Kultur enthält. New York ist zu einer großen Bibliothek des Lebens und einem übervollen Times Square der Kultur und Kunst geworden, um ein wenig zu übertreiben und alles etwas lustiger erscheinen zu lassen, als es natürlich in Wirklichkeit ist. Auf jeden Fall, das Gefühl, daß es ein allgemeines unerschöpfliches Reservoir an schöpferischer Energie gibt, plus der selbstverständlich vorhandenen Überzeugung, daß – was immer man tut – irgend jemand in der Nähe ist, der versteht, ist ungemein stärkend und inspirierend und stellt für mich den besten Teil des Experiments dar, ein amerikanischer Lyriker in New York City zu sein.

Here I am & Smiles aus: Schjeldahl, White Country ● Les Levines Birthday (Disposable) Poem aus: The World, No. 9, 1967.

Lächeln

Ich lächle heute abend nicht eigentlich
Über irgend etwas, bloß eine einfache erklärende
Art von Lächeln, vielleicht mit einem Zug von »Entschuldigung«
So wie jemand lächelt, der sagen will »Geh doch,
Ich meine lieb mich!« und »Aus mir wirst du nie klug, stimmt's?«
Aber du siehst mich jetzt nicht einmal an
Also wie könnte es das sein?

Die Antwort ist natürlich, daß es alles sein könnte
Und wahrscheinlich auch ist, es ist so kalt draußen
Ich hab einiges eingekauft heute, z. B. zwei verschiedene Marken
Schabenspray, aus keinem andern Bedürfnis als dem
Der Dankbarkeit, weil die Läden so warm
Und aufenthaltsam sind. Und natürlich war nirgendwo jemand zu Hause
Sondern möglicherweise ziellos da draußen wie ich, oder vielleicht
Miteinander im Bett, wie ich mir gern vorstelle

Frauen und Männer lächeln verschieden, weißt du
Eine Frau lächelt, um dir zu bedeuten, was sie schon weiß, oder daß sie
Am Verrücktwerden ist, und ein Mann, um dir zu bedeuten, wie er sich fühlt

Oder sich fühlen möchte, also gewöhnlich »blendend«
Aber nicht wirklich, ich meine, keiner ist *so* ambitiös   Oder doch?

So halten wir dran fest, im Sommer wie im Winter Distanz zu halten
Nur damit es um so subtiler und aufregender wird
Im Gegensatz zu bloß nützlich, so wie
Das Lächeln eines Polizisten ein Andenken ist
Und das eines »Ausländers« auffallend und fremd
Dein Lächeln ist warm und unbequem
Wie ein Sweater ohne ein Loch für den Kopf zum Herauskommen

Mir würde diese Kälte nicht so viel ausmachen, wenn mein Atem
Nicht immer auf meinem Schnurrbart gefrieren würde
Während ich dampfend, feucht vor Leben, die Eighth Street entlangging
Und Grimassen schnitt beim Aufbrechen des Siegels

Hier bin ich

Hier fühle ich mich nicht besonders
»Inspiriert«, aber irgendwie »neugeboren«
Wie wir alle uns fühlen müssen, heutzutage, um es durchzuhalten
Und mit »es« meine ich das, was wir tun
Ich bin nicht sicher, was *ich* tue, aber ich kann spüren, wie es
Ständig getan wird dort (hier) draußen (drinnen)
Wie ein Brief sorgsam an jemand (mich) geschrieben wird
Und dann in einem Feuer verbrennt wie dem
Vom vorigen Monat im Postamt von Morgan Annex
Und da hast du's – das Leben!

Daß ich mich gut fühle, ist, daß ich heute
Mehrere Verpflichtungen einfach überrollt habe, indem ich ihnen nachkam
Es geht eben nichts über die Tat, wirklich

Meine Freunde und ich pflegen mich der Blasiertheit zu beschuldigen
Womöglich übertreiben wir die Sache ein bißchen
Vielleicht bedeutet das bloß: ich hab' 'ne ganze Masse Zeug hier
Kann aber nicht immer den Dreh zum Weitergeben an dich finden
Ich bin lieber unerträglich als leer

Es ist hübsch, auf eine etwas vertrocknete Weise zu denken
Man sei ein Gewicht, das die Welt zu tragen hat:
Gratuliere

Welt! zu deiner Umsicht und Ausdauer
Möge unsere Partnerschaft dauern
Und nicht völlig alltäglich sein!

Wie findest du das?

(Wegwerfbares) Geburtstagsgedicht für Les Levine

1.
Heute ist der 6. Oktober 1967 in New York, ein angenehmer Tag:
Dunstig natürlich, aber kühl und »herbstlich« und hier
Sind wir alle in der Bowery 119, in einer Gegend die ebenso übel
Wie interessant ist, schräg gegenüber der fabelhaften Bowery-Sparkasse
Von Stanford White (glaub ich) entworfen, die manchmal
Bei Nacht wie eine Torte beleuchtet ist
Und die wir alle auf dem Weg hierher sahen   natürlich
Sind diese Dinge nicht ewig – sie sind einfach New York
So wie wir Les Levines Geburtstagsparty sind
zerbrechlich, aber freundlich

2.
Heute ist Les Levines Geburtstag
Und ich bin froh   bist du froh?   (»Natürlich!«)
Keiner weiß, ob Les Levine froh ist oder nicht
Daß er heut wieder älter geworden ist und (noch) berühmter (deshalb
Bringen wir Geschenke und eine Torte:
Um ihn zu trösten, wenn er nicht froh ist und ihn überglücklich
Zu machen, wenn er's ist!)
Jedenfalls sind Geburtstage nicht
Zum Wegwerfen; sie häufen sich an, sie sammeln uns
Sie sind wichtig so wie Geschichte wichtig ist
Etwa DIE GESCHICHTE DES IRISCHEN VOLKES, die
Uns nach vielen Jahrhunderten Vorbereitung Les Levine beschert hat
Der auch nicht zum Wegwerfen ist, sondern andauernd interessant
Und ehrenwert   Natürlich hat jeder von uns seine eigenen Gründe
Les Levine zu ehren – etwa »Geburtstage«, geboren jeden Tag
In jedem Herzen, oder so etwas ähnliches

Als ich Les Levine kennenlernte, hielt ich ihn für einen großen Künstler
Heute, nach über einem Jahr, halte ich Les Levine
Für einen großen Künstler –   man sieht also, so etwas
Wie »Fortschritt« gibt es nicht, es gibt nur die ewigen Dinge, wie
Denken und Größe und Kunst, dazu vergängliche Dinge
Wie Les Levine, die all die ewigen Dinge zusammenbringen
Und das Leben für eine Minute größer und anziehender machen

Und heute ist Les Levine älter: ist er auch weiser?
Wer weiß?   (keiner weiß es)   aber vermutlich nicht sehr viel
Und das ist vermutlich gut so   wir verlangen nicht, daß
Unsere großen Künstler weise sind, solange sie nur
Groß sind, einfach groß – das genügt

LEWIS WARSH

geb. 1944 in New York, lebte in Old Forge, Boulder und San Francisco, heute wieder in New York. Studierte am City College von New York. Nach Abschluß des Studiums gründete er die Lyrikzeitschrift Angel Hair. Verheiratet mit Anne Waldman. Gedichte erschienen in Angel Hair, Poetry, The Paris Review, Art & Literature, Wild Dog, Coyote Journal, The World sowie in verschiedenen Anthologien, u. a. in The Young American Poets, ed. by P. Carroll.

Bücher: The Suicide Rates, Toad Press, 1967 / Highjacking, Boke Press, 1968 / Moving Through Air, Angel Hair Books, 1968.

French Window & 8 A. M. aus: The Ants Forefoot, No. 2, 1968 ● Warm & Tender Love aus: Warsh, Highjacking.

Französisches Fenster

für Tom Clark

Du wirst morgen nicht in unserm Laden in Bronx
erscheinen, denn bis dahin treffe ich dich
woanders und habe dich nach Haus gebracht. Geh
niemals vom einfachen Formular ab, um
das glatte Genuschel zu kürzen, beim
ersten Gedanken eines Handlangers, dich anzupissen,
denn das ist geräumig und überdauert den Tag.
In Richtung Frieden ein geruhsamer Ausflug
im Krankenwagen führt zur Entwöhnung,
die der armseligen Hoffnung
zweifelhaften Wartens hoffnungslos
gebeichtet wird. Nach dem Kaffee
geht das in Bau befindliche Röhrensystem los
wie die getreuen Schwerter des bewundernden
Monarchen, um anmutig
wegzusäbeln, was du über die Dinge
wußtest. Jetzt sind die Straßen
sauber und Ärger erregt die Möglichkeiten, daß
jeder Neuankömmling unser Leben verbessert,
anstatt über jedermanns Glaubenssystem zu wohnen,
das uns berühmt macht. Aus diesem Grund ist
Kaffee gegenüber der Architektur berühmt,
auf die irgend jemand pißt, auch wenn es nur ein Hund ist
in einer Fabrik, der eines Tages eine leiten wird.

8 Uhr morgens

Aufstehen und in die Kleidung,
Hemd rund um den Körper reingestopft,
Stellst du fest: nichts ist das wert

Dann fällt ein Geldstück in den Schlitz
Deiner Tasche, vor dem Start,
Und das Flugzeug deines Körpers unter
Dem Hemd gleitet zurück.

Sanfte & zärtliche Liebe

Du hast etwas Kaffee mit nach Hause gebracht, Medaglia D'Oro. Es ist die Sorte, die wir gewöhnlich trinken, wenn wir die Rons oder die Georges besuchen. Ein langer Spaziergang. Hinterher schwitze ich innerlich, und meinem Körper widerstreben Kaffeegerüche und andere Gerüche, die meinem Körper entweichen, sobald ich anfange zu sprechen. Du versuchtest (du hast nachgedacht), die Büchse mit dem neuen Büchsenöffner zu öffnen, den ich für 49 Cent im Discountladen zwischen St. Marks & 7th Street gekauft habe. Gerüche von Katzenfutter unter dem hölzernen Bord. Auf der Couch das Kätzchen zusammengerollt wie ein Schneeball, es klettert dahin, wo ich im Schaukelstuhl sitze: weiß, bald werde ich etwas italienischen Kaffee trinken, ohne daß ich ihn wirklich gern mag. Habe ihn immer gemocht, wenn Katie oder Pat ihn serviert haben, frage mich, was falsch sein könnte. Zu viele Schwierigkeiten beim Öffnen der Büchse bereiteten mir Kopfzerbrechen, beobachtete, wie sich Kaffeemehl über das Regal verstreute. Ich habe mir schon immer gedacht, daß Kaffee wie dieser nur aus der Entfernung gut riecht, einer Entfernung wie das Haus eines Menschen vom anderen: da läge man niemals falsch. In einer kalten Nacht mag ein kalter Mensch eine Tasse heißen Kaffee gern. Komme von einem langen Winterspaziergang zurück, finde Kaffee am Sieden, den Stecker angeschlossen. Ich sage: »Ich hätte gern eine Tasse Kaffee.« »Schwarz?« »Mit ein bißchen Milch bitte.« Du läßt alles fallen, läufst nach drinnen, Kaffee aufzugießen, nimmst eine Tasse aus dem Regal, Milch aus dem Eisschrank, fängst an einzuschenken. Die Milch läßt etwas Kaffee über den Rand der Tasse fließen, über die Platte des Tisches, auf den Fußboden.

EDWARD FIELD

geb. 1924 in New York. Nach Besuch der High School wurde er zur Armee eingezogen. Flog an die 27 Kampfeinsätze gegen Deutschland. Nach dem Krieg studierte er einige Jahre an der Universität New York und ging dann für anderthalb Jahre nach Europa. Für seinen ersten Gedichtband erhielt er 1962 den Lamont Poetry Award. Lesungen in Universitäten. Schrieb den Text für den Dokumentarfilm To Be Alive, der auf der New Yorker Weltausstellung gezeigt wurde. Gedichte in Evergreen Review, The Nation, The New York Review of Books. Field lebt in New York.

Bücher: Stand Up, Friends, With Me, Grove Press, 1962 / Variety Photoplays, Grove Press, 1967.

The Life of Joan Crawford aus: Field, Variety Photoplays.

Das Leben Joan Crawfords

Sie war ein Arbeiterkind aus einer kleinen Stadt,
doch die Stadt war nicht so klein, daß
sie nicht eine Eisenbahnlinie gehabt hätte,
die die richtige Seite von der falschen trennte.
Auf der richtigen Seite lag der Berg,
wo die Reichen in großen Häusern lebten,
und auf der falschen Seite das Tal, wo die Proletarier
ihr schmieriges und unbelohntes Leben verbrachten.
(Denn in jenen Tagen waren die amerikanischen Städte eine lebende Demonstration Marxistischer Theorie.)

Joan lebte natürlich im Tal,
in einer dieser Hütten mit zerfallenen Veranden,
die Fabrik sorgte für die Arbeiter und Streitereien.
Ihr Vater, Tim Crawford, war ein stadtbekannter Säufer,
der von Unterstützungen und Zufallsjobs lebte,
schon seitdem die Gruben geschlossen wurden und Joan noch ein Baby war.
Zwanzig Jahre hatte er darauf gewartet, daß sie wieder geöffnet wurden.
Joan hat nie erfahren, was mit ihrer Mutter geschah:
Joans Geburt, das Verschwinden oder der Tod ihrer Mutter, das Schließen der Gruben,
das alles geschah zu einer Zeit voller Gewalttätigkeit, die niemand diskutieren wollte.
Bereits die bloße Erwähnung trieb ihren Vater zu einem Saufabend,
nicht daß er überhaupt mal nüchtern war.

Sie seufzte und ging zur Arbeit im 50-Pfennig-Laden
und trug ihr abgeändertes Kleid mit einem kleinen waschbaren Kragen und Manschetten.
Sogar mit ihrem Arbeiterakzent, der billigen Tasche und den Schuhen
war sie eine Schönheit.
Männer kamen mit ihren chicen Anzügen und großen Zigarren vorbei,

nannten sie »Schätzchen« und baten um eine Verabredung,
doch sie wußte, daß ein armes Mädchen bei ihnen keine Chancen haben würde.
Sie gehörte nicht zu den Naiven,
die glauben, daß ein Typ sie liebt, wenn er einen Ständer kriegt.
Also ging sie mit keinem der Jungen aus dem Tal,
denn mit denen wäre die Zukunft schwarz vor Kindern
und ein Ruin ihrer Figur, bevor sie dreißig wäre –
und kein Spaß mehr nach den Flitterwochen
außer der Schlägerei Freitag nachts,
wenn er nach Hause kommen würde, stinkend, und den Gehaltsscheck versoffen hatte
und sie grün und blau schlagen würde,
wenn sie ihm den Packen überfälliger Rechnungen entgegen warf,
und sie anschließend auf dem Eßzimmertisch böse ficken würde.
Auch so ein Spaß.
Das war das Leben im Tal, aber sie hatte überhaupt keins.
Sie hatte eine Stelle in der Fabrik abgelehnt,
in der die Bezahlung besser war, das Leben aber zu einer Falle wurde,
und wählte den damenhafteren Job im 50-Pfennig-Laden,
wo die Leute Fräulein zu ihr sagten und sie sich vornehm in Positur schmeißen konnte
hinter der Tangee-Kosmetik-Auslage und dem Kurzwarentisch.
Denn Joan hatte das Zeug zu einer Lady, falls sie mal an Geld rankäme, um sich etwas zu kaufen
und einen Sprachlehrer zu nehmen, um ihren entsetzlichen Akzent zu korrigieren.

Aber das Schicksal meinte es schließlich gut mit Joan:
der Frühling kam und der gutaussehende John Wainrich
(aus der besten Familie der Stadt – ihnen gehörte alles,
der 50-Pfennig-Laden die geschlossenen Minen, und die Fabrik)
eines Tages kam John Wainrich vorbei, um die Kassenzettel zu holen oder etwas anderes
und fand ein Millionen-Dollar-Baby in seinem eigenen 50-Pfennig-Laden,
und Joan verliebte sich restlos in ihn
und fuhr mit ihm raus, in seinem großen Auto,
und wie es so ist, im Mondschein ließ sie es mit sich machen.
Sie traf ihn heimlich,
wenn er vom Country Club wegkonnte
oder von der milchweißen Debutantin, mit der er verlobt war,
und sie fuhren raus zu Gasthäusern,
in denen er von seinen reichen Freunden nicht gesehen werden konnte,
Joan hatte Stolz,
doch was bedeutet einer Frau Stolz, wenn sie verliebt ist.
Was daraus wurde, ein paar Monate später,
war, daß sie schwanger wurde,
und gerade als sie ihm die gute Nachricht mitteilen wollte,
sagte er ihr, daß er heiraten werde
und aufhören müßte, sie zu sehen, bis nach der Hochzeit,
daß es nur eine Vernunftsheirat sei
und ihr Verhältnis nicht ändern würde.
Konnte sie es ihm da sagen, sie wäre lieber gestorben.

Meine große Liebe, murmelte sie sarkastisch,
er hat nicht mal Pariser benutzt.
Und sie ging in die Stadt,
wo sie einen Job als Empfangsdame in einem Büro bekam.
Ihr Chef, Mr. Harris, war ein älterer, aber würdevoller Mann
mit einer Frau zu Hause in der Park Avenue, das Opfer von Neurosen
und Reichtum –
mit all dem Geld konnte sie weder Gesundheit noch
Glück kaufen.
Joan hörte sich die Sorgen des Mr. Harris an,
wenn sie ihm morgens seine Alka-Seltzer brachte.
Und als sie zur Sekretärin aufstieg, gingen sie zusammen
essen,
und sie gab ihm Tips in Geschäftsangelegenheiten,
das kluge Kind, das sie nun mal war.

In der Gesellschaft von Mr. Harris sah sie die Welt und lernte schnell.
Sie verlor ihr Kleinstadtaussehen und lernte, wie man sich anzieht,
trug Hut und Handschuhe, donnerte ihr Haar auf
und trank Vermouth-Cocktails.
Und während sie die interessanten Sprachgewohnheiten des Tales beibehielt,
wurde ihre Grammatik besser, und ihre Stimme verlor die nasale Monotonie.
Joan war in jeder Beziehung hinreißend,
von den ehrlichen Augen und geraden Schultern
bis zu den schmalen Hüften eines Tango-Tänzers.
In der Babyabteilung war noch nichts zu sehen.
Nachts besah sich Joan kritisch im Spiegel:
Noch keine Schwellung, aber das Baby war bestimmt drin,
und sie wurde zornig, wenn sie an den Vater dachte –
ihre große Liebe, aaah.
»Egal, junger Freund, schließlich haben wir uns gegenseitig.
Doch es ist wohl besser, wenn ich Vorbereitungen treffe.
Ein Arbeitermädchen kann so etwas nicht der Fürsorge überlassen.«
Dann machte ihr Chef ihr einen Heiratsantrag: Er würde sich scheiden lassen und sie heiraten.
»O Mr. Harris, ich glaube, Sie sind reich, doch ich kann nicht.
Doch Sie können mir einen wirklich großen Gefallen tun«,
und sie erzählte ihm, wie sie sich hingegeben hatte, alles aus Liebe,
und wie sich später herausstellte, daß ihr Liebhaber ein Scheusal war.
Mr. Harris mietete ihr eine kleine Wohnung, bis das Baby kam.
Er stellte keine Forderungen und verlangte auch sonst nichts von ihr,
noch nicht: Es war so 'ne Art Schuldschein,
der später eingelöst werden sollte, wenn sie gelernt hatte, ihn aus Dankbarkeit zu lieben.
Doch ihr Verflossener, John Wainrich, kam
mit seinem neuen Ehering in die Stadt und machte sie ausfindig;
und er verstand die Situation falsch, überhäufte sie mit
Schimpfwörtern,
schwor aber, sie gehöre ihm, und er würde sie niemals aufgeben.

Joan liebte ihn immer noch, hatte jedoch die Kraft,
in ein billiges Hotel zu fliehen.
Sie bekam Arbeit als Tanzlokal-Hostess, 10 Cents pro Tanz,
im sechsten Monat mit einem tapferen Lächeln,
wenn ihr die Kunden auf die Füße traten.
Sie hielten sie für einen guten Kameraden und eine bereitwillige Zuhörerin,
wenn sie ihr von ihren Sorgen erzählten,
während sie sich beim Slow-Fox an ihr einen abrieben.
Einer ihrer Kunden, beeindruckt von ihrem Tanzstil,
überredete sie, wegen des Geldpreises mit ihm an einem Marathon-Tanz teilzunehmen –
sie brauchte das Geld für den kleinen Kerl –
doch die Anstrengung war zu viel für sie – –,
ein Marathon-Tanz im siebten Monat!
Sie wachte in einem Krankenhausbett auf,
ohne Make-up und mit einem weißen Tuch über der Stirn wie
eine Nonne,
um sofort das zerfurchte Gesicht ihres Vaters über sich zu sehen,
der Mund trunksüchtig wie immer, doch in seinem Herzen
entschlossen, dem Alkohol zu entsagen, falls Gott ihr Leben schonen würde:
»Komm mit mir nach Hause, Joanie, ich werde für dich sorgen.«
»Baby auch, Papa?«
»Haben sie es dir nicht gesagt, Joanie? Das Baby ...«
»O nein ...«
Und die Tränen der Trauer noch in ihren Augen
ging sie zurück ins Tal und führte ihrem Vater den
Haushalt.

Sie bekam, kurz nachdem sie nach Hause zurückgekehrt war, zweimal Besuch:
zuerst kam Johns blasse Braut vorbei, hochschwanger,
Vernachlässigung trieb sie dazu, ihre Rivalin ausfindig zu machen.
Als sie Joan sah, so natürlich und gutherzig
anstelle einer Schlampe oder Haustyrannin,
brach sie in Tränen aus und gab zu, sie wisse, daß John sie
nicht liebe,
doch hoffe, er würde sich ändern, sobald das Baby geboren sei, sein Erbe.
Die Verbitterung in Joans Herz wurde zu Mitleid
waren sie nicht beide Frauen, die gelitten hatten! –
also verzieh sie ihr, und sie weinten zusammen:
Joan konnte nie widerstehen, ein Freund zu sein.

Der andere Besuch war der vom alten Mr. Wainrich, Johns Vater.
(Noch nie hatte man im Tal so viele lange Autos durchfahren
sehen.)
Der alte Kapitalist hatte ein Bekenntnis zu machen:
»Als ich dich am Fenster sah, als du die Geranien gegossen hast,
hätte ich schwören können, daß du deine Mutter seist.«
»Sie kannten meine Mutter, Mr. Wainrich?« fragte Joan erstaunt.
»Ja. Bette war nicht so wie die anderen Frauen im Tal,

Sie war eine Davis, verstehst du. Ihre
Eltern sind Plantagen-Besitzer in Georgia gewesen,
und obwohl sie hier im Tal endeten,
vergaß sie nie, daß sie etwas Besseres war.«
»Wollen Sie mir erzählen, daß Sie meine Mutter geliebt haben?« seufzte Joan.
»Ja, ich liebte sie, doch der Erbe eines Industrieempires
kann sich nicht aussuchen, wen er heiraten möchte,
deshalb wählte meine Familie eine angemessene Braut für mich.
Zu jener Zeit kümmerte ich mich um unsere Kohlenminen hier,
in denen Tim Crawford arbeitete.
Er war der größte und zäheste Mann im Tal
und war deshalb selbstverständlich der Sprecher der anderen Jungs.
Er hatte deine Mutter seit Jahren geliebt,
doch sie wußte, was es für eine Frau heißt, einen Bergmann zu heiraten
und mit dem ständigen Schrecken vor Grubenunglücken zu leben,
und sie haßte seine rauhe Sprache und rohen Manieren: sie
war eine Dame.
Und abgesehen davon liebte sie mich.
Doch als ich ihr endlich von meiner Verlobung erzählte,
(ich erklärte ihr, daß es lediglich eine Vernunftsheirat sei
und unser Verhältnis sich nicht ändern würde),
heiratete sie Tim, nur um mir zu trotzen.
Doch es war ihr nicht genug: genau an meinem Hochzeitstag
überredete sie Tim Crawford, die Männer zum Streik aufzurufen,
und, trotz der vielen Gewalttätigkeiten, die um den Berg herum wüteten,
hatte ich die größte Hochzeit, die jemals in dieser Gegend gemacht wurde.
Ich war Kohle, und meine Braut war Stahl: was für eine Verbindung!
Der Präsident kam und Reporter aus Chicago,
und deine Mutter, bereits hoch schwanger, führte eine Streikgruppe an.
Der Streik dauerte Monate, und du wurdest mittendrin geboren.
Doch wir konnten ohne einander nicht leben, deine Mutter und ich.
Wir wußten, daß wir Sünder waren, doch wir schafften es, uns heimlich zu treffen,
obwohl der Streik die Stadt in ein Schlachtfeld verwandelt hatte
und wir einander feindlichen Armeen angehörten.
Schließlich entschlossen wir uns zusammen abzuhauen, doch gerade zu der Zeit
traf eine Ladung Streikbrecher ein, die ich importiert hatte, um sie in den Minen arbeiten zu lassen,
und es kam zu einer blutigen Schlacht zwischen ihnen und den Bergleuten,
natürlich angeführt von Tim Crawford.
Die Bergleute hatten Dynamit und Bleirohre,
doch wir hatten die Nationalgarde in voller Kampfstärke.
Deine Mutter und ich, gerade dabei durchzubrennen, saßen gefangen mittendrin
und flüchteten in eine verlassene Grube;
und ich weiß nicht, welche Seite es war, doch eine Stange Dynamit
wurde in den Schacht runtergeworfen, und deine Mutter
wurde von Tonnen fallenden Gesteins begraben.«
(Joan weinte und versteckte ihr Gesicht in ihren Händen.)
»Es war zwecklos, irgend etwas zu tun, also ließ ich sie dort.

Warum sollte ich darüber sprechen, wenn es keiner wußte?
Sie wurde von dem Streik, den sie angezettelt hatte, zerstört.
Die Gruben wurden natürlich endgültig geschlossen,
ich konnte die Erinnerung nicht ertragen.
Sie hätten sowieso geschlossen werden müssen,
wir verloren nur Geld mit ihnen.«
»Und deshalb wußte Papa nie, was mit Mutter passiert war,
zog mich ganz alleine auf und fing an zu trinken ...«
»Ja, und ich ging zurück zu meiner Frau, und unser kleiner John wurde geboren,
und ich versuchte zu vergessen ...«
»Versprechen Sie mir etwas, Mr. Wainrich«, sagte Joan,
»um der Seele meiner Mutter willen,
daß Sie die Gruben wieder öffnen und Papa seinen alten Job zurückgeben.«
In den folgenden Tagen gab es viele Dinge, über die Joan nachdachte.

Eines Tages bekam sie einen Anruf, in das große Haus zu kommen,
und bei ihrer Ankunft fand sie Johns Frau sterbend vor,
die ein Kind geboren hatte und nach ihr fragte.
Die blasse Braut lag und hielt ihr Kind, den Wainrich-Erben,
doch als sie Joan sah, setzte sie sich mit letzter Kraft auf und sagte,
»Ich gebe ihn dir«, und fiel tot zurück.
Joan wurde ohnmächtig, und als sie erwachte,
es schien ihr lange Zeit nachher, nach der Beerdigung und der Trauerfeier,
hielt John Wainrich sie in seinen Armen und sagte immer wieder und wieder:
»Ich gehöre jetzt dir, sie hat mich dir gegeben.«
»Sie meinte doch das Kind«, weinte Joan.
»Wir gehören beide dir, mein Liebling.«

Also fand Joan die Erfüllung ihres Lebens doch noch.
Sie hatten immer gesagt, sie würde es dort schaffen, umgeben von Dienern,
eine Dame, die sich anmutig unter den Gästen bewegt.
Und welch ein Unterschied jetzt:
Die Bergleute in Smokings stehen mit den Reichen um die Punschbowle,
der farbige Butler trägt durch lautes Grunzen zum allgemeinen Spaß bei,
ein neues Zeitalter, die klassenlose Gesellschaft,
möglich geworden durch die kleinste und schickste Frau in den USA:
Meine Damen und Herren: Miss Joan Crawford.

DOUGLAS BLAZEK

geb. 1941 im polnischen West Side-Bezirk von Chicago, wo er den größten Teil seiner Kindheit und Jugend verbrachte. Verschiedene Berufe, Reisen, Collegebesuch, verheiratet, zwei Kinder, Nervenzusammenbruch, schlechte Gesundheit. 1967 zog er nach San Francisco, wo er die Open Skull Press leitet. Gab die Zeitschrift Olé heraus, 8 Nummern. Einleitungen zu Büchern von The Willie, Don Cauble, Brown Miller. Herausgeber der Olé-Anthologie. Gedichtbeiträge in zahlreichen Anthologien, Zeitschriften und Zeitungen, so in Wormwood Review, Nexus, Floating Bear, Chelsea, El Corno Emplumado, Entrails, The Last Times, San Francisco Earthquake, The East Village Other, Open City etc.

Bücher: All Gods Must Learn To Kill, 1968 / Life in a Common Gun, 1968 / Sting & Die, 1968.

Statement: Ich schreibe, um mich zu entwickeln, um tiefer in das alltägliche Leben und seine einzelnen Bestandteile eindringen zu können, um intensiver alles, was mit den Gedanken berührt werden kann, ausprobieren zu können – ich schreibe aus der Notwendigkeit zu überleben – mein Schreiben ist eine Herausforderung an mich selbst, jede Sache von allen ihren möglichen Seiten zu untersuchen, um die Dimensionen von *allem* und seine größten Möglichkeiten auszumessen – ich schreibe, um alles Mögliche zu befragen, die Wörter sind das Vehikel eines Dialoges: Kommunikation ist eine Art Rückkoppelung fragmentarischer Antworten, winziger Gewißheiten und weiterer Fragen. Ich schreibe, weil Dasein gelebt wird; *das ist meine Art, auf das Leben zu reagieren, es zu kontrollieren, und der Versuch, es zu verbessern.* Ich glaube nicht an Kunst um der Kunst willen, Kunst um jeden Preis – Literatur sollte Leute affizieren und verändern, sie menschlicher machen *(A »good« poem is written / with NO CONTROL / the way a »good« woman is loved / &, afterwards, throw away the word »good«).*

The Morning Grapnel Exorcism aus: Blazek, All Gods Must Learn To Kill ● 2 : 59 a. m. in civilization aus: Entrails, No. 3, 1967.

Morgendlicher Exorzismus mit Enterhaken

Die Sonne ging wild auf
& spielte helle, hitzige Elektrola-Melodien
in den Eustachischen Röhren meines Schlafs.

Ich rutschte aus dem Bett wie
ein menstruierender Elefant.

Ging hinüber ins Badezimmer
bereit für den Richtspruch
der Geschworenen:
kaltes Wasser, Seife, Zähneputzen.

Massives Sonnenlicht riß
durch meinen Mund wie ein gelber großer Bohrer.

Ich wurde überrannt, der
Tag hatte mich in seinem Griff –
ich konnte nur noch
ein sauberes, weißes Hemd anziehen &
ins Schlafzimmer zurückgehen.

Bevor ich meine Unterhosen hochzog
griff ich mir meinen Schwanz wie ein
maskierter Folterknecht – das Ding
wölbte sich wild & dunkel vor –

Na, Menschenskind, war doch noch alles in Ordnung!

2 Uhr 59, nachts in der Zivilisation

Schlaflosigkeit ist die schlimmste Art des Wartens
lieber schlafen
lieber arbeiten
lieber irgend etwas
nur nicht dieses endlose Starren
auf die grünen Wände des Nachtasyls
genauso wie die Bullen den Verstand durchsuchen
bei jedem Gesicht, das sie sehen –
diese grün gekalkten Wände
Puderwände
talcum-grün
alles mit Kalk besprüht
alle Gedanken verschlissen
und grün verschmutzt
es gibt keine Toleranz mehr!
das ist, was jeder tut –
sie können nicht mehr den Unterschied
zwischen den Dingen erkennen
alles ist grüner Kalk
& nur das Warten
umwickelt unsere schreienden Körper
mit Ohrenwärmern.

CHARLES BUKOWSKI

geb. 1920 in Andernach, kam im Alter von 2 Jahren nach Amerika, abgebrochenes Journalismusstudium, zahlreiche Jobs als Tankstellenwärter, Hafenarbeiter etc., jetzt Postangestellter in Los Angeles, Alkoholiker, längere Krankenhausaufenthalte, verwettet sein Einkommen auf den Pferderennstrecken in der Umgebung von Los Angeles. Mit 35 Jahren begann er Lyrik und Prosa zu schreiben. Sein inzwischen unüberschaubar gewordenes Werk erschien in amerikanischen und europäischen Zeitschriften, in hektographierten Publikationen sowie in offiziellen Zeitschriften wie u. a. Evergreen Review. Wöchentliche Kolumne in der Zeitung Open City unter dem Titel Notes of a Dirty Old Man.

Bücher: Vlower, Fist and Bestial Wail, Hearse Press, 1961 / Longshot Poems for Broke Players, 7 Poets Press, 1962 / It Catches My Heart in Its Hands, Loujon Press, 1963 / Crucifix in a Deathhand, Lyle Stuart Inc., 1965 / Confessions of a Man Insane Enough to live with Beasts, Mimeo Press, 1965 / The Genius of the Crowd, 7 Flower Press, 1966 / At Terror Street And Agony Way, Black Sparrow Press, 1968 / Auswahl in Penguin Modern Poets, No. 13, London 1969.

Statement: Mein Werk ist voller Schotter, der klein zerhackt aus meinem zerbrochenen Mund bröselt. Man hat zu viel Scheiße aus mir herausgeschlagen. Ich versuche eine Feuerzeile zu lallen, und sobald ich's aus meinem Gehirn und meinen Muskeln aufs Papier bringe, sieht es schon wie 'ne Gebrauchtwagen-Anzeige aus. Mein Vokabular schrumpft auf 30 oder 40 Wörter zusammen, und ich kann nichts dagegen tun. Ich muß mit meinem eigenen Murmeln operieren. All die Jahre, die ich in Schlachthöfen, Fabriken, Tankstellen usw. gearbeitet habe, all diese Jahre machen es mir unmöglich, ein wohlgesetztes Wort um seiner selbst willen zu akzeptieren. Für mich muß da mehr drin sein. Andernfalls bin ich bloß ein weiterer Selbstmord in einem billigen Zimmer oder in der Gosse oder im Meer oder in der Gaswolke. Ich betrachte mein Werk nicht als Heiligtum oder eine Notwendigkeit für irgend jemand außer mir selbst. Der Grund, warum ich das Zeug aus dem Haus lasse? Um herauszufinden, ob ich vollkommen irre bin oder nicht, glaube ich jedenfalls, bin mir aber da nicht ganz sicher. Könnte auch ein Schuß Ego mit im Spiel sein, Charles Bukowski auf 'nem Stück Papier, so daß ich das Gefühl haben kann, wenn ich in der Säuferpenne umkippe oder meine Eingeweide herausgeschnitten kriege oder meine Seele oder sonstwas, daß ich wenigstens einen Bruchteil, einen Fingerhut voll gerettet habe.

Notations from a muddled indolence, John Dillinger and Le Chasseur Maudit & Living aus: Bukowski, At Terror Street ● The Faces are gnawing at my Walls but have not yet come in aus: Entrails, No. 4 ● Bogart in the world of the death aus: The Willie, No. 2, 1968.

Aufzeichnungen aus einer verworrenen Trägheit

Eine Frau geht vorbei, und ich sehe sie an und weiß, daß ihre Existenz
von Gedanken an Würmer leergesaugt ist

daß ihr nicht klar ist, daß erfolgreiche Männer Bestien sein können
daß sie nicht weiß, daß ich in eine Apathie von Konventionen
versunken bin

ich beobachte sie, wenn ich in der beschissenen Küche sitze an einem
beschissenen Nachmittag
sie geht und träumt von Orangen und
Cadillacs

in Gedanken werfe ich sie auf eine
Palme
physisch vergewaltige ich sie
seelisch spucke ich ihr ins
Auge

ich begreife, daß sie wirklich nicht mehr ist als – sagen wir
ein paar von einem kleinen Jungen auf einem öffentlichen Scheißhaus
hingeschriebene Wörter

diese unzähligen und verblüffenden
Vorstellungen
dieses beschissene
Leben

ihre Haut ist weiß und welkt
sie trägt einen roten
Slip

das ist es, was
Kriege entstehen läßt
berühmte Gemälde
Selbstmorde
Harfen
Geologie und
Einsiedler.

Bogart in der Welt der Toten

(Humptey Dumptey saß auf einer Mauer und
spielte mit seinen kleinen runden
Eiern)

– – – Humphrey Bogart, der Zigaretten raucht,
die Krebs-Zigaretten,
und – ganz Harter Bursche – im Hauseingang steht,
die Frauen werfen sich an
ihn
ihn, der wie ein Gott ist, der nie
scheißt oder sich in der Nase
popelt

(Humptey Dumptey saß auf einer Mauer und
spielte mit seinen kleinen runden
Bogarts)

ahah ah
das Leben ist ein tropfender Wasserhahn, den du nicht mehr hören
kannst
und aus Bequemlichkeit nicht abdrehst und
nicht begreifst, weil du
zu irre bist – – – wie all die Nächte, in denen die Damen aufschreien
und weggehen

Humptey Dumptey peitscht sein Fleisch
Bogart geigt seinen Rennwagen die Höllenstraßen von Paris runter,
Zigarette im Mundwinkel, versteht sich, überfährt eine junge Dame in
Strumpfhosen, natürlich eine Proust-Leserin, und kratzt (natürlich)
ein Kaugummi unterm Armaturenbrett vor,

also
OK.
Bogart steigt aus dem Wagen
er hat dreckige Fingernägel und trägt ein 49-Dollar-Hemd
geht die Treppe zur Fotzen-Wohnung rauf
macht die Tür auf, ohne anzuklopfen
verbrennt sich die Finger an der Zigarette
ENDLICH!

und dann sieht er
sie

sie ist da mit einem zugange
sie ist OBEN DRAUF

sie schwitzt und schwabbelt wie verrückt, schaumig, krümmt sich,
BRICHT SICH EINEN AB
und, natürlich
kennt er den Mann unter ihr –
es ist sein VATER

Herr Erbarm Dich sein Vater Der Vater
Vater wußte immer 'ne gute Möse:
er machte sie selber
Bogart geht raus unter Wetterleuchten
und Grabsteinwarnungen
runter zur Bar, wo ihn
Humptey Dumptey bedient
der ganz eingefallen ist und Ringe unter den Augen hat vom vielen Onanieren

Bogart sagt was, Hump sagt was, sie schütten sich gegenseitig
die Drinks ins Gesicht
küssen einander, umarmen sich
'n Doppelten mit Soda
'n Doppel-Selbstmord
zweimal Vorhang

sie behielt ihren blauen Stumpfgürtel an über der Strumpfhose als zusätzlichen Reiz
und riß ein Loch in die Strumpfhose als ... Eingang
sie trug Strumpfhosen wie die, die Bogey auf dem Boulevard überfahren hatte
––– die Proust-Leserin,
aber die da oben drauf las nicht Proust

die Sorte tut das
höchst selten

euch gefällt dieses
Gedicht nicht?

in Paris würden sie's verstehn
in New York würden sie nur lachen
in Wien haben sie einen Zwerg mit einer 21 Fuß langen Wurst beerdigt
––– suchte Zugang zu Gebrechen konvergierender Umkehrung

und Verwandlung:
907 Chips, goldschimmernd, & egal
's ist lahm und abgestanden 's ist lahm und abgestanden
Bogart, mein Junge
schon so lange
tot
die Hetzer
seien verflucht.

John Dillinger und Le Chasseur Maudit

Es ist bedauerlich und nicht gerade stilecht, aber das ist mir egal:
Girls erinnern mich an Haare im Ausguß, Girls erinnern mich an Eingeweide und Blasen und Darmverschlingung; es ist auch schade, daß
das Glockenspiel des Eisverkäufers, Babies, Motorradzylinder, Plagiostome, Palmen und Schritte im Flur ... mich so kaltlassen wie das
kalte Schweigen eines Grabsteins; wahrscheinlich ist das einzig
Beruhigende die Gewißheit, daß es noch andere verzweifelte Männer gab:
Dillinger, Rimbaud, Villon, Babyface Nelson, Seneca, Van Gogh,
oder Frauen: Ringkämpferinnen, Krankenschwestern, Bedienungen,
Nutten, Dichterinnen ... immerhin
ich nehme an, daß Eiswürfel aus der Schale brechen etwas bedeuten kann
oder eine Maus, die an einer leeren Bierflasche schnuppert –
zwei leere Räume, die ineinander hineinsehen
oder die nächtliche See, bestückt mit schmierigen Schiffen,
die in dein empfindliches Hirngewebe eindringen mit ihren Lichtern
ihren salzigen Lichtern
die dich streifen und wieder
für die konkretere Liebe irgendeines Indien verlassen;
oder lange Strecken am Steuer zurücklegen, ohne jeden Grund,
schlaftrunken, bei offenem Fenster, durch das der Fahrtwind
an deinem Hemd zerrt und es wie einen verängstigten Vogel flattern läßt,
und ständig die Ampeln, ständig auf Rot,
Nachtfeuer und Mißerfolge, Niederlagen ...
Skorpione, Fetzen, Beschwernisse:
x-Jobs, x-Frauen, x-Visagen, x-Leben,
Beethoven in seinem Grab, tot wie eine Rübe;

rote Schubkarren, ja, vielleicht,
oder ein Brief aus der Hölle mit Grüßen vom Teufel
oder 2 gute Puncher, die sich gegenseitig die Knochen ramponieren
in einem billigen Stadion voll schreiendem Rauch,
aber meistens ist mir das alles egal, ich sitze hier,
die Zähne verfaulen mir im Mund,
sitze hier und lese Herrick und Spenser und
Marvell und Hopkins und heute Emily Brontë;
und ich höre Dvořáks MITTAGSZAUBER
oder LE CHASSEUR MAUDIT von Franck,
aber im Grund ist es mir egal, und es mag schade sein:
seit neuestem kriege ich Briefe von einem jungen Dichter
(sehr jung, wie es scheint), in denen er mir ständig versichert,
daß ich eines Tages ganz bestimmt als einer der großen
Dichter der Weltliteratur gelten werde. *Dichter!*
harmlose krumme Touren: heute ging ich in der Sonnenhitze durch
die Straßen dieser Stadt: sah nichts, lernte nichts, war
nichts, und auf dem Rückweg kam ich
an einer alten Frau vorbei, die irr und schrecklich lächelte;
sie war bereits tot; und überall, erinnere ich mich, waren Drähte:
Telefondrähte, elektrische Leitungen, Leitungen für elektrische Gesichter,
die in der Falle saßen, wie Goldfische im Glas, und lächelten,
und die Vögel waren verschwunden, keiner von ihnen interessierte sich
für Drähte oder elektrifiziertes Lächeln,
und ich ließ die Tür hinter mir ins Schloß fallen (na endlich),
aber draußen blieb alles beim alten:
ein Auto hupte, jemand lachte, eine Klosettspülung gurgelte,
und merkwürdig, da
dachte ich an all die Pferde mit ihren Nummern,
die unter den Schreien der Menge vorbeigerauscht sind,
vorbei wie Sokrates, wie Lorca,
wie Chatterton...
ich möchte mir lieber vorstellen, daß unser Tod nicht viel ausmachen
wird,
bloß eine Frage der raschen Beseitigung, kein größeres Problem
als die Müllabfuhr,
und obwohl ich die Briefe des jungen Dichters aufgehoben habe,
glaube ich ihnen nicht;
nur manchmal schaue ich sie an,
wie die krebskranken Palmen
und das Sterben der Sonne.

Die Gesichter nagen an meinen Wänden, sind aber noch nicht ganz durch . . .

Die gelben Wände haben Gesichter, in Blocks unterteilt, und aus
Eiswürfel-Fenstern sieht man
die Welt vorbeigleiten – – –
schemenhafte Andeutungen von Welt
in Form von Kleidern und Gesichtern
über dem Zement
die hier anhalten, dort sich bewegen,
Leute, Köpfe, Arme, Augen, Ärsche,
Killer, Schläger, noch ein Irrer, noch ein Bankier
ein Tierquäler,
sie gehen vorüber,
meine gelben Wände haben mich zwischen sich
und die Wände halten mir eine Zeitlang den Tod und die Leute fern,
nur eine Zeitlang.
Ich brauche Geld für die Miete, ich schmuggle mir hier mein Essen rein,
manchmal kommt eine alte Frau und saugt meinen Kopf,
manchmal seh ich einen Schmetterling durch die Scheiben
oder wenn der Briefträger vorbeikommt
linse ich hinter der Jalousie vor und spiele mit dem Gedanken
ihn umzulegen,
und solang ich noch mit Wein eingedeckt bin und die Wände nicht
einstürzen, falle ich besoffen um,
hab mir das ganze rechte Bein aufgerissen, als
ich über eine Hantel flog, die ich seit zehn Jahren nicht mehr gestemmt habe
ich war nackt wie'n rasierter Affe, weiß wie Zahnpasta, allein und
hörte Wagner
rauchte Zigarren, drehte mir Zigaretten,
das rote Zeug brannte mir in den Eingeweiden, kochte und kühlte wieder ab,
Asche und Wanzen,
ich stolperte und fiel in den offenen Kamin, der seit 20 Jahren nicht
mehr in Betrieb ist und kam wieder hoch, schwarz wie Jolson, wenn er
MAMMIE singt, das ganze Bein runtergefetzt, rot rot rot
ich lachte in meinen gelben Wänden,
eine Ein-Mann-Show,
und ein halbes Glas Scotch
dem Bier nachgekippt,

mein Gesundheitszustand ist so mies, daß ihm alles
scheißegal ist,
und am Morgen
klebte das Bettuch an meinem aufgeplatzten Bein
und ich riß es ab und ging ins Bad
und stieg in eine Wanne heißes Wasser, und die Wände da drin
waren weiß,
und ich vergluckerte da drin
und dachte, na, das kann nicht jeder, und ich bin nicht mal im
Irrenhaus und in Wirklichkeit will ja niemand was von mir,
und dann schäumte ich meinen Schwanz mit Seife ein,
ließ in meinem Hirn-Kino eine Vergewaltigung abrollen und
holte mir einen runter.

Leben

Ich meine, ich schlief gerade
ich wachte mit einer Fliege auf meinem Ellbogen auf und
ich nannte die Fliege »Benny«
dann tötete ich ihn
und stand dann auf und sah in den
Briefkasten
und da war irgend so eine Art Bekanntmachung der
Regierung,
aber da niemand mit einem Bajonett hinter
den Büschen stand,
ging ich ins Bett zurück und sah gegen die Decke
und dachte, ich mag das wirklich,
ich werde einfach weitere zehn Minuten
liegenbleiben,
und ich lag weitere zehn Minuten da
und ich dachte,
das hat keinen Sinn, ich habe so viele Sachen zu
erledigen, doch ich werde hier eine weitere
halbe Stunde liegenbleiben,
und ich streckte mich aus
streckte mich aus
und ich beobachtete die Sonne durch die kleinen Blätter eines Baumes
draußen, und ich hatte dabei keine besonderen Gedanken,
ich hatte keine unsterblichen Gedanken,
und das war das Beste

daran.
Und es wurde ein bißchen heiß
und ich warf die Decken weg und schlief wieder –
doch dieser verfluchte Traum:
ich war wieder im Zug
auf derselben 5-Stunden-Rundfahrt zu den Rennbahnen
und saß am Fenster,
fuhr an demselben traurigen Ozean vorbei, China da draußen gab
Merkwürdiges hinten in meinem
Kopf von sich, und dann saß irgend jemand neben mir
und redete über *Pferde,*
geschraubte Sprüche, die mich zerrissen wie der
Tod, und dann war ich wieder
da: die Pferde rannten wie irgend etwas, das auf dem
Bildschirm gezeigt wird, und die Jockeys sehr weiß im Gesicht
und es war egal, wer schließlich
gewann, und jeder wußte
das. Die Rückfahrt im Traum war genauso wie die Rückfahrt
in Wirklichkeit:
schwarze Tonnen Gewichte der Nacht rundherum,
dieselben Berge, verschämt, daß sie
da waren, noch einmal die See, noch einmal
der Zug, der wie ein Schwanz durch ein Nadelöhr
vorstieß,
und ich mußte aufstehen und auf die Toilette gehen
und ich haßte es, aufzustehen und auf die Toilette zu gehen,
weil irgendwer Papier hineingeworfen hatte, irgendein Versager
hatte wieder Papier in die Toilette geworfen, die sich nicht
abziehen lassen würde, und als ich wieder rauskam,
hatte jeder nichts anderes zu tun, als mir ins Gesicht
zu sehen,
und ich bin es müde,
daß sie, wenn sie mir ins Gesicht sehen,
wissen, daß ich sie
hasse,
und dann hassen sie mich
und möchten mich
umbringen,
aber tun's nicht.
Ich wachte auf, aber da niemand
über meinem Bett war,

um mir zu sagen, daß ich
unrecht hatte,
schlief ich ein wenig
weiter.
Als ich diesmal aufwachte,
war es fast
Abend. Leute kamen von der Arbeit zurück.
Ich stand auf und setzte mich auf einen Stuhl und beobachtete,
wie sie zurückkamen. Sie sahen nicht gerade gut aus.
Sogar die jungen Mädchen sahen nicht so gut aus wie beim
Weggehen.
Und die Männer kamen zurück: Rufmörder, Killer, Diebe, Hehler,
die ganze Meute, und ihre Gesichter sahen schrecklicher aus als jede
ausgeklügelte Karnevalsmaske.
Ich entdeckte eine blaue Spinne in der Ecke und tötete sie mit einem
Besen.

Ich sah mir die Leute eine Weile länger an, und dann wurde ich müde
und hörte auf hinzusehen und machte mir zwei Spiegeleier und setzte
mich hin und trank Tee und aß dazu Brot.

Ich fühlte mich gut.

Dann nahm ich ein Bad und kroch ins Bett
zurück.

KOLLABORATIONEN

Tom Clark & Ron Padgett schrieben gemeinsam *Bun* (Brötchen), erschienen in der Serie Angel Hair Books, New York, 1968 ● Ted Berrigan & Ron Padgett *Kodak, for Barbara Stanwyck* (Kodak, für Barbara Stanwyck), das dem Band Bean Spasms von Berrigan/Padgett, Kulchur Press, New York, 1967 entnommen ist ● Ron Padgett & Ted Berrigan *Usura* (Usura), aus Blue Pig, No. 7, o. Jg., Sand Project Press, Paris ● Peter Schjeldahl & Ron Padgett *Drops* (Tropfen), das in The World, A New York City Literary Magazine, No. 12, 1968 veröffentlicht wurde.

TOM CLARK & RON PADGETT

Brötchen

Hallo. Darf ich in deinem bewußtlosen Traum leben?

Möchtest du meine Lebensgeschichte hören?

Laß dich nieder
auf Händen und Knien
und Zehen

und *Starry Night*
und kriech mit mir durchs Gras
Bitte das Vogelzwitschern
dahin fallen lassen, wo es
der Maiwind wieder zurück
in deinen Verstand blasen kann

Moment mal Unkraut ist doch so gesund
anstatt es auszureißen
sollten wir es zu irgend etwas aufziehen
das gut schmeckt

Gott

brüllt mich an
Er machte seine erste Schallplatte
im März 1929

Ich halte ein Landschafts-Sandwich hoch
Es heißt *Déjeuner sur l'herbe*
Wenn es an dir liegt

Daß ich den Fluß erfrischend finde kühl

Dann deswegen weil du der Fluß bist

hoppla

vergaß den Mond

da oben

am Himmel

wie eine riesige Statue von Don Mossi

Andere Statuen von dir mir

Gehen vorbei
Eine Statue des Weihnachtsmanns geht an Weihnachten vorbei

Und das ist gut so

Matisse

Im Gegensatz zu dir

Leben wir in einer Rübe

Zitternd

läßt ein Typ sein Schulterhalfter
in den Biergarten fallen

in dem ein Büschel Bierpflanzen steht

das sprießt
und Beethoven malt das ganze in einer einzigen chromatischen Note

Werden wir in zwanzig Jahren
Auf diese Seiten herabschauen
und ejakulieren?

Schmu!

Gott verschwinde hier

Und er haut ab, tschilpt und gackert in seine Handtasche
Was sich hier abspielt
beruht darauf, daß das Hirngewebe
vorübergehend
eine Nudel ist

Deine Gedanken sind schön

Wahrscheinlich wäre es für dich interessant

Ein Kartoffel-Chip aus Blech zu essen

Ich möchte deinen Gedanken gern ein Haus kaufen mit weißen
Vorhängen

Ich habe immer rosa gemocht

Ich drücke einen Knopf Fragonard

Ich werde aufstehen, bevor du aufwachst

Penis-Chintz

Windeln auswechseln

Mond!

Wenn jemand dein Gesicht ansieht
wie es durch den Weltraum flieht
dem kommt nur eine Frage in den Sinn
Blickt man je auf deinen Hintern hin?

das Gehirn eines Esels
wolkig gefährlich

Die Warze, die dein Hinterteil ist
Tötet einen Zuschauer
Der sie zu bewundern versucht
Warum müssen wir in der ständigen Angst schreiben, daß
uns knurrende Monster in die Schamteile beißen werden?

Wir leben in andauernd warmer und zärtlicher Liebe und Pein

Wayne, du ißt du food
Et moi, je mange d'merde
On dit que je suis un mange-merde
Mein Haar ist lang und dicht
Quand on dit »Korea« J'ai froid
dans ce pays
je suis Mort, le janitor
tout es OK

Aber
Wenn ich sage »Ich liebe dich«
führt Gott
ein Selbstgespräch
in einer für Polizisten leicht faßlichen Sprache

TED BERRIGAN & RON PADGETT

Kodak *für Barbara Stanwyck*

Was sie selbstverständlich tat.
Man stieg »boop-boop-a-duu«
In die samtene Badewanne, und sie war nicht über jeden
Verdacht erhaben. In jenen Tagen brachten wir uns gegenseitig um.
Auf der großen phantastischen Mietgeldparty schoben wir eine Nummer.
Das genaue Gegenteil war falsch. Seit Stunden
Lagst du fertiggemacht in den Hecken, deine Ausrüstung
Durcheinander. Unsere bunten Kopftücher bewegten sich zwischen den Hügeln
In »Die Dienstanweisung für Seabees«. Meine Begeisterung strömte in dich hinein.
Du batest um irgend etwas »Hygienisches«. Also
Gab ich dir die Ausrüstung einer Negerin. Du warst geschlagen, so
Kamen wir zuletzt zusammen. Ich liebte jede einzelne Minute.
Der Mond stieg höher. Eine Zeitlang nachtwandelten
Wir herum, dann lachten wir uns wiehernd tot.
Das waren die Tage unserer Jahre. Wir nannten sie
»Lügen«.
  Frank nahm in jenem Jahr viel ein. Er ist ein
Kommender Mann. Mächtig kluger Junge, dieser Frank. Da wir von Frank sprechen,
Meinst du nicht auch, daß wir jetzt gehen sollten? Ja, wegen Mammi.
Okay, gehen wir. Alles Gute. Bis bald. Auf Wiedersehen.
Sie gingen ins Schlafzimmer, »um ein paar Bücher zu lesen« oder sonstwas.
Bezeichneten es als »Selbstentwicklung«. Unter der Tür war es dunkel,
Genau wie jenes andere Mal. Jenes Mal, Frank wurde später geboren.
Mmmm-Hmmm. Dachte ich mir. Noch Kaffee? Glaub schoon, dankä.
Sie sagten JENES Wort, weißt du. Hu-Huh. Ich wußte es.
Ja, Liebes, jetzt verlaß ich dich, Wiedersehn. Muß aufräumen ... Mit einem Blinzeln.
Alles fing an zu klicken ... er ... sie ... das samtene Bad ... »Sperma«.
Später steckten wir ihn in die »Maschine«..
Er kam heraus und sah wie eine warme Mahlzeit aus.
Dann gab ich alles zu, ja, wirklich alles,
Und es kam genau richtig an. Der Rücksitz war gerammelt voll,
Das »kirchliche« Picknick würde sicherlich ein großer Erfolg werden.
Dann begann es wieder zu nieseln ... jeder flüchtete zu den Hügeln,
Hinter den bunten Kopftüchern, auf ihren Eseln, die »I-ah!« machten.
Es war dunkel unter den Eseln. *Das* hatte ich früher
Nie bemerkt. Nimm es weg, hah!
Als jeder erfuhr, daß Betty ... na ja ...
Auf jeden Fall nichts für die Schulzeitung!
Hanna blieb dabei, die Sachen in der Nähe des Wasserkrans zu reinigen.
Wiedersehn, Frank! Wiedersehn, Bert! Wiedersehn, Margie!
Wir lernten das aus *Robert's Rules of Order,*
In der Nähe des Marktplatzes, wo es »komisch« roch.
Erwähne ich »Matte«, kommt mir der Gedanke an »mariniert«,
Das Wort, das dich beim Orthographiewettbewerb in der Fünften durchfallen ließ.
Ich stolperte über »Atlantischer Ozean«. Dann »zogen wir die Schau ab«.
Er erzählte mir darüber so eine verrückte Geschichte. So

Als ob er mich oder irgendwas für dumm verkaufen wollte. Er glaubt, er sei toll.
Die ganze Angelegenheit und wer wen mit was reinlegt, das werden wir sehen!
Ich entschloß mich, all *dem* ein Ende zu machen, also las ich ihr die Zeilen vor:
»Wenn du in mir den Sturm der Liebe schaust,
Erwäge auch, daß dir sehr wohl die Wahrheit ward gekündet,
Dir kann ich nimmer widerstehen, o Jüngling meiner Treu!« Ja,
Das riß sie von den Beinen! Danach zogen wir uns nackt aus und nahmen gemeinsame
Bäder. Wir spielten oft Schiffe und U-Boot. Verdammt! Das gefiel mir gut.
Darf ich wieder rübergehen, Mamma? Ja, Mamma, darf ich, ja? Mamma? Darf ich?
Wirkt auf mich wie ein hübscher Versuch, sich reinzuwaschen.
In jenem Jahr gab es Schnee in Mengen, und
Wir wurden begraben. Vater schuftete sich völlig ab
Bei seiner Schneearbeit. Kurzer Urlaub, schnaubte er,
Als ihn der Krankenwagen hastig davonfuhr. Wir sorgten uns, aber du weißt ja ...
Ich meine, wir hatten unseren Spaß und all das!
Du singst wie Helen Kane, Helen Morgan, Helen
Forrest, Helen Zubiago und Lola Cola ha ha ha!
Doch noch erwischt!
Amerika kannte man als eine große zusammenschmelzende Trennung.
Waxey Gordon managte den Ostteil, und ich blieb am
Bolschewismus hängen und las laufend jene verrückten Bücher von Sol
Fumaroff und Emma Goldman. Du hast Henry
Miller gelesen. Später lasen wir beide Charles Dickens und gingen
Zusammen ins Bett. *Little Dorrit* war unser besonderer Liebling.
Stell dir vor, wir sind jetzt einundsechzig Jahre verheiratet und
Keinen einzigen Tag ausgelassen. Man sollte uns 'n Orden geben,
Oder sonstwas. Oh, pst, Mutter. Oh, schsch, Vater.
Sie schlängelten sich in die Vergessenheit, glücklich miteinander.
Wir nennen das Tod.
»Das genaue Gegenteil ist wahr«, sagte Jacques der Perverse,
Oder einfach »Die Peitsche«. »Ich war da, als es geschah. Mann.
War das schrecklich. Die Veranda sah aus wie Spülwasser.«
Sie schauderte, als wir das in unsere Kladden eintrugen,
Aber spätere Begegnungen mit Schweißfüßen stumpften unsere Empfindsamkeit ab.
Vielleicht war es deswegen, warum Mutter uns verbot,
»The Invasion of the Crotch People« zu besuchen.
Mit Sonny Tufts in der Hauptrolle. Sonny Tufts habe ich immer gemocht.
Tatsächlich schrieb ich oft »Sonny Tufts« auf meine Hausarbeiten.
Aber dann brachten sie uns dazu, von jenen haarigen Sachen Gebrauch zu machen.
Meine Sympathien waren verändert. Ich fing an, einen Kamm zu benutzen.
Brachte mich selbst in eine »Situation«, fing an, meine »Berichte« zu treffen,
Und war im allgemeinen hübsch erfolgreich. Dann schien
Das, was ich immer gefürchtet hatte, zu passieren und
Passierte tatsächlich. Weißt du, wäre ich dort auch nur
Eine Minute später gewesen, dann hätte ich es unmöglich so angetroffen,
Wie ich es tat. Jetzt ist es zu spät. Mein Register machte es nur
Schlimmer. Deshalb schicke ich dir diese Fotografie
Von mir und dir und verschiedenen unserer alten Freunde, von denen
Du dich an einige erinnern magst und an einige nicht.

RON PADGETT & TED BERRIGAN

Usura   i. e. lat.: Abnutzung«

Mehr fröhliche Feste, boys und girls!
Haß haßt uns an Geburtstagen, reizt uns
Zu betrügerischen Ritualen, um gegen diesen bösartigen Sog nach unten
anzukämpfen
Der in den fiebernden Städten sich hinter Sex, Einsamkeit
Heiligtümern, Gewißheit und meiner Zurückhaltung verbirgt.
Es muß etwas im Bummsen sein, was wir verstehen können
Und etwas mit Festlichkeit zu tun hat.
Du kommst in mein Leben, wie ein Mädchen in das Leben
Eines Mädchens kommt (mißverstanden und naß).
Vielen Dank für das schöne Wortspiel
Sagte der dankbare Bettler. Dann puhlte er einen Popel aus seiner Nase
Und bot ihn dem fiebernden Jüngling an.
Du bist so sehnsüchtig wie ein Kehrblech voll Gefühle
Die in den Gezeiten deiner eigenen sündigen Wäsche
Zusammengefegt worden sind. Du machst mich sauber und dann gehen
wir
Pleite, später werden wir niedergeschlagen. Don Juan: Widmung:
Heller Stern.
Mein Kopf ist auf meinem Tisch, der unter meiner Nase ist
Und sie denkt über dich nach, die rechte Hand, die zärtlich
Deine Augen auskratzt. Doch Männlichkeit besaß ich schon
Früh, noch bevor ich als Mann geboren wurde, in Form eines Samens
Der zur Besiegelung eines Gelegenheitskaufs gepflanzt wurde. Später,
als die Ernte einkam
Bezahlten wir die Hypothek mit Gesprächen
Und einigen Broten ab, denen Kaffee
Am braun-beigen Tisch folgte. Wir nannten es Zuneigung
Oder »Das Recht« und das Ritual wandte seine Köpfe
In eine andere Dimension, zuerst in die einer Familie, die bald
Verboten wurde und später in Freundschaft endete.
Zu diesem Zeitpunkt nahm sich etwas Totes deiner an, das ich war
Ich meine Frei. Dabei werden wir zu Fliegen.
Bitte, tu das nicht, Dickie! Eine Hand
Schlug sich selbst auf die Hand. Gib mir meinen Kopf zurück

Und das Bein, sagten die Zwillinge zueinander. Mensch,
Hätte ich bloß nicht so viel gegessen! Wie soll man
Da weiter machen und in der dritten Person, er, der dich
Geifernd und stöhnend im tiefen Unterholz verfolgte.
Mehr als einmal in der Nacht wurden wir unsanft
Aus unseren Blätter-Betten von den Schreien aufgescheucht, die aus unserem
Mund kamen. Die Schuhe für draußen paßten, obwohl
Wir sie austraten. Es war unser erster Abend, an dem wir zusammen ausgingen
Wir trugen mexikanische Cowboyjacken. Wir trugen Gleichgültigkeit.
Wir trugen Tom und Joe. Wir sagten Manfred, der gelbbraun aussah,
Lebwohl. Er kicherte den kalten Strand entlang,
Hatte Pillen genommen, der Junge. Aus Spaß hältst du
Dich selber auf. Dann der Atombombenabwurf! Jet McClane.
Sputnik McClane. Raketen-Baby. Laß uns Siamesische Fangspiele machen.
Laß uns ein wenig französische Lyrik von Baudelaire bis zur Gegenwart lesen.
Laß uns mit dem Rücken uns wehren. Teile der Flak fielen von unseren Ohren
Von der Somp-Nacht, von dem Knopf, auf dem »Aus« steht. Laß, laß
Laß es gut sein. Dann richteten wir es her (etwas »großartiger«).
Wir nannten sie »Yvonne die Schreckliche«, weil
Sie immer so belesen war. Sie hält ihren Pferdeschwanz
In den Wind, und das nennen wir »Inspiration«.
Auch Ron wird hierdurch inspiriert. Er streckt sich aus
Und lächelt als Vorbereitung auf sein Schläfchen. Dann kommt
Sein ritueller Traum. Riesige Völkerstämme riechender Ureinwohner
Strömen durch das Tal seines Schädels und suchen
Den Goldring. Unter dem Baum, im hohen Gras
Sitzt der vergoldete Ring und erwartet die fruchtbare Hand.
Ein paar Mädchen sind auch da, die irgend etwas
Mit allem zu tun haben. Es ist schrecklich. Es gibt nichts
Zu tun, also stimmen wir in das Singen ein, und alles wird zu
Rituellen Küssen im Eßzimmer. Als nächstes haben wir einen Volkstanz
Und unsere Hände sind tätowiert mit Pferdchen, dann Elefanten
In diesem Augenblick endet der Traum und die Tränen beginnen.
Die Riten sind weggespült, den trägen Fluß der Begierde hinab
Als die neu geschaffene Dame in das Blickfeld springt.
Heute wird sie 21. Das erlaubt ihr, ihre Rechte auszuprobieren

Das Recht zu riechen, das Recht, mittags unter einem Baum begraben
zu werden
Das Recht zu sterben und in den schrecklichen Fantasien
Der Männer wiedergeboren zu werden. (Doch das ging schon seit vielen
Jahren so.)
Sie mochte Rituale, Liebe, Gott und Hurerei. Ihr
Kühnster Wunsch waren Sandwiches und süßes Nichtstun
Unter den nackten schwarzen Männern des Zug-Stammes,
Diesen stinkenden Ureinwohnern, die ihr abends neben dem
Badezimmer etwas vorsingen, dem Raum, in dem sich ihre Zukunft
entschied.
Sie kennt den Knilch. Der Knilch sitzt in seinen Shorts allein da,
Ein Symbol des Pathos. Er hat nicht den Verstand, aus
Dem Regenbogen hereinzukommen. Er sympathisiert mit »dem Hau-
fen« O Dinge!
Aber sieh jetzt, woher sie kommen, die Nullen, wie sie sich herabstürzen
um den unglücklichen Knilch zu bestrafen, seinen Riemen zu durch-
löchern mit ... O!
Unaussprechbar! Jammer. Aus und vorbei, sagte Roger.
Jetzt, da wir über die Anhäufung der Jahre zurückblicken,
An den Matschkästen der Highways entlang, müssen wir uns
Für einen finnischen Moment verbeugen. Wir nennen das »Porträt
eines Marienkäferchens«.
Wir, wir sind Kückelchen. Du hast dort zu viel gebrütet.
Es machte dich fertig. Gefällt dir meine Zeile, doch du denkst, sie ist
nicht
Spontan. Ist sie nicht. Sie ist da. Das unterstreicht die Komplexität
Unseres Verhältnisses, in dem du eine Rolle zu spielen hast genauso
wie ich.
Also kommen wir am Theater der Improvisation, bekannt als »Leben«,
an.
Du wirst viel aufgeführt, um von alten Zeiten zu sprechen, und ich
folge dir
Auf dem Programm zusammen mit »The Platypus Story«, die von
meinem Kopf allein
Für deine 21. Phantasie zusammengebraut ist. Dann gehst du nach
Hause ins Bett
Und wir gehen ins Kino und stören uns nicht daran, daß es schon zu
spät ist.

PETER SCHJELDAHL
&
RON PADGETT

Tropfen

Heute nacht sind ein paar tausend Londoner Berührungen in der Luft
Berühre sie
Es regnet leicht
und berührt meine Augenbrauen mit kleinen Gedanken
Daran, wie die Tropfen kalten Winterregens
Aus der monströsen Masse eines dunklen Himmels auf meine Schuhe schlagen
Unter dem ich bin – es ist fast deprimierend
Von der Schönheit angefallen zu werden, nur an Haß und Tod zu denken
Und daran, wie sie ihre Persönlichkeit zerstören
Damit die Geschichte daherkommen und Sie mit einem obszönen Schluck hinunterschlingen kann!
Verflucht!
London! sind deine Lichter heute nacht an?
Der Hyde Park ist völlig verregnet
Natürlich (ist doch klar!) um unserer weichen Haut einen winzigen Stoß
gleich ein Volt
Vom stärkenden Schönheitsmittel der Liebe zu geben
Das ist das Blitzlicht, das wir in die Augen des Todes halten
Wenn er vorbeirollt, seine Verabredungen einhält
Um 2 Uhr der Premierminister, irgendeine
Alte Fischfrau um 2 Uhr 30
Dann eine kurze Siesta auf dem Schlammgrund der Themse
Darüber geht wieder das Narrenschiff an und aus
Und weicher Regen fällt, o Themse, auf deine stinkende Oberfläche
auf der ich schwimme und treibe, Regen, dort wo mein Gesicht war, Wach auf!
Trinke etwas heißen Frühstückskaffee hier am Fenster
Welches – o nein! – über die schreckliche Themse schaut!
Doch laßt uns ruhig bleiben und warten, damit die Liebe kommen und uns hier finden kann
In der Luft, durch das blut-, schweiß- und tränenbespritzte Fenster.

ANHANG

Lewis Warsh: New Yorker Tagebuch aus Adventures in Poetry, No. 2, 1968 ● *Michael McClure:* Verteidigung der Jane Mansfield aus Film Culture, No. 32, 1964 ● *Gerard Malanga:* Die Jagd auf Armeegesundheitsrasierklingen aus Aspen, No. 3, 1966.

LEWIS WARSH

New Yorker Tagebuch

31. Oktober 1967
Der Wecker klingelt: es ist 2 Uhr mittags. Ich stehe auf, ziehe mich an und gehe nach unten die *Post* kaufen. Rufe den Laden für Schreibmaschinenreparaturen an und erfahre, daß es 25 Dollar kosten wird, meine Schreibmaschine reparieren zu lassen. Lese ein paar Kapitel aus *A Confederate General From Big Sur*. Anne kehrt zurück. Ich gehe raus und bringe ein paar Pakete zum Postamt in der 14th Street. Dann gehe ich um die Ecke zur Bibliothek. Ich besorge mir eine neue Leihkarte, aber da sind keine Bücher, die ich mitnehmen möchte. Bringe weitere Pakete zum Postamt auf der 4th Avenue. Kehre nach Hause zurück; draußen ist es fast dunkel. Anne kommt nach Hause. Peter kommt vorbei. Wir reden über Peter Viereck, der in St. Marks lesen wird. Anne macht Abendessen. Peter verschwindet. Gegen 7 Uhr erscheint Ted. Er und Anne gehen zur Kirche. Ich überarbeite einen Teil eines alten Gedichts auf Annes Schreibmaschine. Gegen 9 Uhr gehe ich in die Kirche zu der Lesung, die um 8.30 Uhr anfing. An der Kirchentür treffe ich Shelly. Sie will auf eine große Halloween-Party im Village Theatre gehen. Die Lesung hat noch nicht angefangen. Viele Leute sind nicht da: Anne und Ted und Larry und Peter. Nach dem ersten Stück haue ich ab. Es ist Halloween. Kinder laufen auf der Straße herum und bitten die Leute um ein Geldstück. Vor *Gems Bar* treffe ich Katie und Debbie und ihre Kinder. An der Ecke stehen drei Bullen. Wir gehen alle nach oben. Ich gebe den Kindern die ganzen Halloween-Bonbons, die Anne am Tage mitgebracht hat. Ich gebe Katie auch den »Großen Lew«, den Roboter, den Larry auf der C-Avenue gekauft hat. Gerade als sie dabei sind, aufzubrechen, erscheint Larry. Ebenso Shelly. Larry hat gerade ein Apartment auf der 86th Street gefunden. Sandy ruft an. Sie kommt mit David und Kate rüber. Katie, Debbie und die Kinder gehen. Sandy erscheint. Shelly verschwindet, um zur Halloween-Party im Village Theatre zurückzugehen. Jim ruft an. Anne und Ted erscheinen, kommen von der Lesung nach Hause. David schläft auf der Couch in meinen Armen ein. Shelly kommt zurück. Die Party ist offenbar langweilig. Jim erscheint. Er muß Annes Schreibmaschine benutzen, um Gedichte abzuschreiben. Wren kommt. Ted, Sandy und die Kinder gehen. Anne brät mir einen Hamburger. Shelly geht. Wren geht. Jim tippt noch immer. Ron und Pat erscheinen. Larry hat sich irgendwohin aufgelöst. Ron und Pat gehen. Jim und ich steigen nach unten in *Gems Bar,* um Eis zu holen. Jim kauft die neue Nummer des *Downbeat*. Anne macht uns Eis-Sodas. Lee und ein Freund namens Jeff erscheinen. Jim fängt an zu schlafen. Ich erkläre ihm die Gründe, warum er auf der Couch nicht übernachten kann. Er ruft seine Freundin an und sichert sich eine Schlafgelegenheit. Lee und Jeff gehen. Jeff

sagt, daß er uns morgen anruft, um uns seine Gedichte zu zeigen. Wir diskutieren mit Jim alles und jeden. Ted erscheint. Er hat ein Exemplar von *The Sonnets*, das weder Anne noch Jim gesehen haben. Jim geht. Ich lese Zeitung, Ted liest nach der »Schnell-Lese-Methode« *Freewheelin' Frank*, Anne liest *The Sonnets*. Dann geht Ted.

1. November 1967
Stellte den Wecker auf 10 Uhr, wachte aber erst um 1 Uhr auf. Während ich frühstückte, kam Harris. Zuerst spricht Anne mit ihm, dann ich. Er hat vor, in NY zu bleiben, einen Job zu finden, sein eigenes Apartment, etc. Ich mache fest, ihn am nächsten Tag zu treffen. Dann geht Anne weg. Lese *A Confederate General From Big Sur* zu Ende. Gehe die 8th Street herunter zur 8th Street-Buchhandlung. Teds *Sonnets* liegen im Laden aus wie auch Paul Blackburns *The Cities*. Bemerke einen Fehler in der Inhaltsangabe von Blackburns Buch. Kaufe mir die *Post* und die *Voice*. Beide langweilig. Ich lese etwas über rebellierende CCNY-Studenten. Knicks verlieren zum sechstenmal hintereinander. Dann kommt Anne nach Hause. Wir kleben Briefmarken auf die Vorankündigungen, die Bill Beckman gemacht hat, und adressieren sie, sie sind für die Lesung, die sie und Jim nächste Woche in der St.-Mark's-Kirche halten. Während wir dabei sind, kommt Ted. Er und Sandy wollten zusammen bei Steve Holden essen, doch Sandy muß Babysitter spielen. Ich entschließe mich, zusammen mit Ted zu Steve raufzugehen. Anne muß zur Kirche wegen der Lesung griechischer Dichter, ich finde, ich sollte auch hingehen. Zuerst aber gehen Ted und ich zur Buchhandlung in der 8th Street, um ein Exemplar der *Sonnets* für Steve zu kaufen. Es sieht nach Regen aus. Bis zu Stevens Wohnung in der East 74th Street nehmen wir ein Taxi. Steve hat Hunderte alter und neuer 45er Platten, und die meisten der alten Platten sind phantastisch. Darunter: »Tragedy« von Thomas Wayne: »Hey Girl« von Freddie Scott und viele andere. Ich entdecke eine Platte, die von Steve Holden geschrieben wurde. Sie ist von Rod McKeun. Sie erschien 1959. Wir essen Huhn, Reis; trinken Wein. Essen Eis. Diskutieren Dichtung. Spielen mehr Schallplatten. Lesen Steves Dichtung. Diskutieren Dichterkonferenz in Berkeley und Teds Lesung dort, die Anne und ich mitmachten (doch kannten wir Ted noch nicht so richtig). Hören uns mehr Musik an. Dann gehen wir. Es regnet. Wir gehen ein Stück in die Innenstadt. Es ist 23 Uhr. Dann nehmen wir ein Taxi und fahren zu mir. Anne ist nicht zu Hause. Sie ist vielleicht nach der Lesung noch irgendwohin gegangen. Wir gehen zu Ron. Er ist nicht da. Wir versuchen Peter anzurufen, aber alle Telefonzellen auf der 2nd Avenue sind kaputt gemacht worden. Dann treffen wir Tom Veitch und Richard Kostelanetz. Richard geht. Ich gehe in einen Kiosk und rufe Peter an; keiner meldet sich. Tom, Ted und ich gehen zurück zu Ron, wo Tom wohnt. Unterwegs treffen wir Anne. Die Lesung hat ziemlich lange gedauert, und sie kam aus der Kirche. Alle gehen wir zu Ron. Ron sagt, er sei in der Wanne gewesen, als wir schon mal da waren. Tessie und Pat sind nach Tulsa gefahren. Nach einiger Zeit kriegt Anne Hunger. Ted, Anne und ich gehen.

In *Gems Bar* treffen wir Erroll und Julian. Ich sehe jemanden, von dem ich weiß, daß ich ihn vorher schon mal irgendwo gesehen habe. Er ißt eine Portion Eis und Schokolade. Wir lächeln uns zu. Ich sage: »Wo haben wir uns getroffen?« Er sagt: »Dort.« Ted geht nach Hause. Anne und ich gehen nach Hause. Als wir nach oben gehen, sehe ich mich um und sehe, wie der Typ, mit dem ich geredet hatte, aus dem Gebäude schleicht. Anne ißt zu Hause. Ein paar Minuten später kommen Peter und Linda. Jeder verblaßt auf seine Art. Ich denke an Tom Clark und an das, was er macht. Dann gehen Peter und Linda. Ich wünschte, ich hätte eine Schreibmaschine.

2. November 1967
Ich stehe früh auf, um 11. Peter kommt vorbei. Er hat sich die ganze Nacht mit Pillen wachgehalten. Dann steht Anne auf, macht Frühstück, geht arbeiten. Peter geht auch. Dann kommt Harris. Er ist ziemlich ruhig; will nicht über Rochester oder irgend etwas anderes sprechen. Wir gehen 'raus, zuerst in die Tompkins-Square-Buchhandlung (wir gehen durch den Park), doch die hat zu, dann zur Post, dann zu Tom Clark. Harris sagt immer noch nicht viel. Um 5 Uhr gehen Tom, Harry und ich im Regen zurück in die Stadt. Tom geht, um Peter zu besuchen. Harris und ich gehen nach Hause. Anne ist zu Hause. Sie macht Abendbrot, weil Simone so um 7 kommen soll. Harris muß fort, um seine Mutter zu besuchen, die im Krankenhaus ist. Ich bin müde, als Simone kommt. In der Zwischenzeit lese ich *Franz Kline: An Emotional Memoir* von Fielding Dawson. Dann kommt Tom, und alle vier essen wir Abendbrot. Nach dem Essen sitzen wir alle rum und reden. George Kimball kommt, bleibt einige Zeit und geht dann. Dann kommt Larry. Dann Martha. Wir einigen uns darauf, ins Kino zu gehen und uns *Cool Hand Luke* anzusehen. Es wird in der City gegeben. Anne, Simone und ich nehmen ein Taxi; Larry, Martha und Tom ebenfalls. Der Film ist ziemlich gut. Nach dem Kino nimmt Simone ein Taxi und fährt nach Hause. Tom, Martha und Larry nehmen ein anderes Taxi. Anne und ich gehen zur 2nd Avenue und nehmen einen Bus. Die Klingel schrillte noch ein paarmal, doch wir haben uns nicht darum gekümmert.

3. November 1967
Ted ruft am frühen Nachmittag an und kommt später mit Kate rüber. Jim kommt vorbei. Er bringt mir ein Geburtstagsgeschenk mit, eine Schallplatte von Arlo Guthrie. Anne geht in die Kirche. Ted, Jim, Kate und ich gehen in die Innenstadt zur Delancy Street, um Pillen (Obitrols) mit einem gefälschten Rezept zu bekommen, das Ted hatte. Während wir auf die Pillen warten, gehen wir zu Ratner an der Delancy Street rein. Der Drugstore löst das Rezept nicht ein. Wir gehen zurück zur Avenue C, Ted und Kate gehen nach Hause. Ich gehe zum Drugstore auf der Avenue C, wo ich die Pillen bekomme. Mit Jim gehe ich zur 9th Street. Jim geht zu Bill und ich nach Hause. Anne ist zu Hause und erzählt mir, daß wir zu einer Party eingeladen sind, die Les Levine heute abend gibt. Um ca. 8.30 gehen wir zu Teds workshop

am Gerichtsgebäude. Treffen dort Dick und Peter und Ron Zimardi. Peter sagt, daß Sandy angerufen und gesagt habe, daß Ted krank ist und der workshop ausfällt. Dick, Ron, Anne und ich gehen daraufhin zu Peter. Dort sind Carol, Crissie und Linda, sie sehen sich Fernsehen an. Dick und Peter spielen Schach. Anne und ich lesen. Ron geht bald. Dann gehen Dick und Carol und Crissie nach Hause, und wir gehen zur Party. An der Bowery sehen wir einen Mann völlig nackt auf der Straße liegen. Es sind nur wenige Leute auf der Party, als wir ankommen. Wir sprechen mit John Perreault. Von den anderen, die noch dort sind, kenne ich niemanden. Ich fühle mich nicht zum Trinken aufgelegt. Ich fühle phantastische Energiewellen und Rastlosigkeit bei so steifen Angelegenheiten. Langsam kommen jetzt mehr Leute. Sandy und Lee kommen. Ich spreche kurz mit Sandy. Dann fangen wir an zu tanzen. Schweißtropfen fallen von meinem Gesicht, doch ich fühle mich wohl. Um ca. 1 gehen Anne und ich und kehren nach Hause zurück.

4. November 1967
Samstagnachmittag; eine Zeit, die ich ganz besonders hasse. Möchte nie aus dem Bett kriechen. Sandy ruft an. Ich versuche, Karten für *The Beard* zu bekommen, doch sie sind zu teuer. Um ca. 4 gehen Anne und ich zu Bill. Sandy spielt dort Babysitter. Bill und Jim sind ebenfalls dort. (Vorher kamen Ted, Larry und Joan zu uns, blieben eine Weile und gingen zurück zu Ted.) Sandy, Anne, Kate, David und ich gehen zurück zu Ted. Zuerst bringe ich Kate zurück. Ted, Joan und Larry hören sich Tonbänder an. Jeder wird dort Abendbrot essen. Nach dem Abendessen gehen Larry und Joan zur Radio City Music Hall. Um 9 brechen Ted, Anne und ich auf und gehen durch die Stadt. Wir gehen in das Schallplattengeschäft am St.-Marks-Platz, wo ich mir »Different Drum« von den Stone Ponies und »Don't Worry Baby« von den Beach Boys kaufe. Vor unserem Apartment treffen wir Lee, Dick und Carol. Sie gehen in der 42nd Street ins Kino. Zuerst kommen sie aber noch mit rauf, und für ungefähr eine Stunde hören wir uns Schallplatten an. Martha kommt mit der Schreibmaschine herüber, weil meine immer noch in Reparatur ist. Wir entschließen uns, alle ins Kino zu gehen. Auf der 42nd Street sehen wir *The Counterfeit Traitor* mit William Holden. Er ist nicht schlecht. Es wird kalt. Wir finden kein Taxi. Dick und Carol und Lee verschwinden. Wir nehmen die BMT zurück zum St. Marks Platz. Es ist 2.30 morgens. Wir sitzen herum und trinken Kaffee. Ted bringt Martha nach Hause. Ich gehe raus, um eine Zeitung zu kaufen. Es steht nichts Interessantes drin, was man lesen könnte.

MICHAEL MCCLURE

Verteidigung der Jayne Mansfield

Dieser Aufsatz wurde vor dem Tode Marilyn Monroes geschrieben, dem vollkommenen Säugetier – ich habe ihr an anderer Stelle Lebewohl gesagt...

Jayne Mansfield ist Teil einer amerikanischen schwarzen Tradition, die von Poe bis zu ihr reicht – und Thoreau und viele andere bekannte und unbekannte menschliche Wesen einschließt. – Ich erzählte das Henry Miller. Er trank, und ich war high von der Bergluft. Mir war es ernst, und wir diskutierten darüber; er erzählte mir, daß er Sophia Loren am liebsten mag, und die Unterhaltung schweifte auf andere Dinge ab. Seit diesem Abend habe ich über das, was ich gesagt hatte, nachgedacht. Ich war unfähig, meine dunkle Tradition wieder klar zu sehen, und ich lag in den warmen Höhlen des Mittags und brütete darüber. Miller hatte gesagt, ihm schiene Jayne Mansfield synthetisch und zufällig.

An Jayne Mansfield ist nicht mehr Zufälliges als an Thoreau oder Poe. Ich spreche nicht von ihrer Kunst als Schauspielerin. Ich spreche von ihr als menschlichem Wesen. Thoreau und Poe sind ähnliche Geschöpfe – sie erobern die menschliche Vorstellung durch ihre *Existenz*. Daß sie Gedanken auslösen, heißt nicht, daß sie synthetisch oder zufällig sind. Ich glaube, diese drei haben eine geheime Dunkelheit gemeinsam.

Ich denke nur an ihre körperliche Schönheit. Mit Poe sprechen wir von der Schönheit des physischen Geistes, und mit Thoreau denken wir an die Physiologie der Sehnsucht nach Freiheit.

Schwärze und Sexualität und Rätselhaftigkeit umgeben wie Wolken alle Lämmer dieser Welt – es gibt tief Verstecktes unter allem Weichen. Das ist nicht ein rein amerikanisches Phänomen – obwohl wir es hier oft beobachten können –, es besteht eine Entfremdung von Geschöpf zu Geschöpf auf unserem Kontinent, und sie begünstigt die Entstehung mysteriöser Rätsel. Der große französische Dichter Antonin Artaud ist eines der Lämmer Europas.

Während meiner Unterhaltung mit Henry Miller kamen wir auf Artaud zu sprechen. Ich fragte Henry Miller über Artaud aus, weil ich wußte, daß sie sich in Paris getroffen hatten... es war so natürlich, von Jayne Mansfield auf Artaud zu kommen – es war, als würden wir eine Unterhaltung über einen geheimen Gastgeber dieser Welt fortsetzen.

Jayne Mansfields Körper ist nicht synthetischer, als es das Werk oder Gehirn Artauds ist. Artaud ist sowohl ein Kriegsherr der Geschichte als auch ein Lamm. Artaud ist in dem Maße ein Kriegsherr, wie Crazy Horse einer war, und Jayne Mansfield ist genauso ein schwarzes Lamm wie Artaud. Artaud kämpfte für die ewige Wahrheit und Schönheit und für die Unmoral seiner

supermasochistischen Seele. Wir können nur ahnen und zaghaft raten, für was Crazy Horse starb – sein Geist ist ein fremdes Universum, das für immer verschlossen bleibt. (Was für ein Anblick der amerikanischen Berge und Bisons bot sich ihm über der Leiche von Custer[1]?) Ich weiß, daß Artaud ein Lamm und ein Kriegsherr ist, und ich weiß, daß Jayne Mansfield zum mindesten ein Lamm ist. Meine Augen und mein Körper sagen mir, sie ist ein Lamm. Wenn ihre Existenz etwas Zufälliges hätte, wäre ihre Eroberung meiner Liebe unverständlich. In der dunklen Tradition ist es möglich, daß ihre sichersten Exponenten sich des Mysteriums, das sie in ihren Körpern oder Worten tragen, nicht bewußt sind.

Die Tradition des Schwarzen ist ein Erbe des Gesunden, das unbewußt von Unschuldigen erhalten wird. Das Dunkel ist *Liebe*, die in die Verstecke ihrer Körper oder Seelen und Köpfe getrieben wird. Sie läßt sie dunkel leuchten. Sie sind die Träger einer verlorenen und notwendigen Gesundheit, nach der sich jene sehnen, die sich zu ihnen hingezogen fühlen. Die Unschuldigen, die Lämmer, die das Dunkel erhalten, müssen verstanden und geliebt werden!

Poe, Thoreau, Mansfield sind Fallensteller der menschlichen Imagination – ob sie es nun mittels Wortkörpern auf einer Buchseite oder mittels lieblicher Gesten sind.

Was treibt den Liebhaber jeder Frühlingsblume dazu, der den einzigen Tag ihres Aufblühens erwartet, über den Ungehorsam gegenüber dem Staat zu schreiben? Wie kommt ein Dichter mit so einer empfindlichen Sensibilität, wie sie Poe hatte, dazu, sich auf Musik des Verfalls einzulassen? Seine Sensibilität ist die eines Lammes. (Siehe *Die denkwürdigen Erlebnisse des Gorden Pym.*) Poes Liebe zur Klarheit und Wissenschaft beruht auf mehr als nur der Oberfläche seiner Liebe-zum-Tod; seine geheimen Schriften sind eine Interpretation des Universums, zu der er über eine inspirierte und idealistische Reflexion gelangte. Das wirklich Schwarze, das unbemerkt in so vielen Menschen liegt, ist Gesundheit und das Ringen um Gesundheit – es ist das Verlangen zu sehen, zu sein, zu sprechen und nicht zu gehorchen.

Ungeachtet der Bedeutung eines Kunstwerkes (Jayne Mansfield hinterläßt keine Kunstwerke) hat jedes dunkle Wesen eine unübersehbare Bedeutung.

Marlon Brando ist außergewöhnlich, aber er enthält nichts Schwarzes. Er stellte unseren Wunsch zu handeln dar, und wir erschauerten. Brando und Jayne Mansfield sind beide an ihre Zeit gebunden – und Artaud, Poe, Thoreau sind unsterblich. Sie alle lassen uns erschauern. Es gibt immer Überschneidungen von Sterblichkeit und Unsterblichkeit, und Kunst und Sein und Sein und Kunst ... es kann nicht getrennt werden, weil es nicht getrennt zu werden braucht. Es gibt ein Geheimnis: *wir alle sind Geschöpfe unserer Be-*

1 Crazy Horse (eigentlich Tashunca-Uitco, 1849–1877), Häuptling des Oglala-Stammes, wird allgemein als das größte militärische Genie der Sioux-Konföderation anerkannt. Am 25. Juni 1875 schlug er in der berühmten Schlacht von Little Bighorn eine Rotte von Weißen, die unter ihrem Anführer Custer in das Gebiet der Sioux eindrangen, um nach Gold zu graben. (Anm. d. Übers.)

gabungen und Eigenschaften – einige Menschen ziehen unsere Vorstellung an durch die Dunkelheit, die sie ausstrahlen und nach der wir uns sehnen.
Jayne Mansfield fesselt uns durch die dunkle Rätselhaftigkeit ihrer physischen Gegenwart. Ich weiß, daß es Unversehrtheit und Ganzheit ist, die ich in ihr sehe, und ich bewundere sie. Es ist seltsam, daß Männer ihre Gesundheit abweisen – sie ist so rätselhaft und dunkel, weil sie selten ist, zumal sie von den meisten, die sie besitzen, unterdrückt wird.
Sicherlich möchten die meisten liebenden Männer Jayne Mansfields Liebe besitzen. In Lateinamerika schreien Menschenmassen nach einem Blick auf ihre Brüste, und sie gibt sich selbst [2].
Jayne Mansfield ist ehrgeizig – wie schwarz und einfach und schön die Gegenstände ihres Ehrgeizes sind! Wie sehr sie manchmal mit sich selbst im Einklang sein muß! Sie sieht so vernünftig aus! Es ist etwas Reines und Einfaches im Ehrgeiz – im Besitzen eines Körpers und darin, mit ihm zu gewinnen.
Der Künstler ist vielleicht ein Katalysator, aber wie kann er arbeiten, mit was soll er arbeiten ohne das Schauspiel der Begabungen und Eigenschaften und Rätsel von Männern und Frauen? Wie wenige zeigen sich selbst so einfach vor wie Jayne Mansfield. Vielleicht ist alles Unterdrückte miteinander verwandt – und große Schönheit ist eine helle Ausstrahlung des dunklen Unsichtbaren. Aber das ist kein Grund, um etwas zu verstecken – es ist ein Grund, um etwas ans Licht zu bringen – immer wieder wird neue Schönheit wiederherstellbar sein! Wo sind die Knochen von Crazy Horse?
Jayne Mansfields Geheimnis und ihre Dunkelheit und ihre Ganzheit ist ihre Sexualität. Auch Thoreaus Geheimnis war seine Gesundheit – sein Wunsch, sich zu erweitern und ungehorsam zu sein und sich zurückzuziehen ganz nach seinen eigenen Abneigungen und Wünschen. Thoreau und Mansfield sind dunkel, weil beide zurückhalten müssen, was zu zeigen sie die Freiheit haben sollten – es ist nur dunkel, weil es versteckt ist. Die Fülle der Dunkelheit manifestiert sich auf dem Gesicht Jayne Mansfields und auf den Buchseiten H. D. Thoreaus. Welche Unmengen von Thoreaus Gedanken und Gefühlen sind ungesagt geblieben ...? Was er nicht gesagt hat, ist fast offensichtlich.
Dunkelheit liegt auf Jayne Mansfields Gesicht und auf ihren Armen und Fingern. Sogar hier muß sie sich zurückhalten, um die Zensoren und die Unterdrücker zu passieren. Sexualität ist einfach schwarz und in sich selbst rätselhaft. Sex in Dunkelheit und Sex im Licht ist immer schwarz. Wir leben in einem Zeitalter, das den Sex verdunkelt und oft den Hunger in die Gebiete des Überflusses bringt.
Die Griechen, im Einklang mit dem Universum, waren Liebhaber von geschmeidigem und festem Fleisch – es war für sie da –, für das Auge, für Be-

2 Warum verdecken wir die Brüste einer Frau ...? Sie waren nicht immer versteckt. Die Gründe sind keine moralischen, sondern ökonomische und sexuelle. Ich würde lieber Brüste sehen – das würde einen rauschenden, tosenden Wolkenbruch der ökonomischen und sozialen Zweifel auslösen – und es wäre schön. – Ein Erwachen von Ehrlichkeit und Zärtlichkeit.

rührungen, für Küsse und Girlanden[3]. Sie liebten die Übertreibung der Sexualität – sie weihten Tempel den Brüsten und Hinterbacken der Venus. Sie liebten die Übernatürlichkeit von riesigen Brüsten, und sie richteten ihre Aufmerksamkeit auf die Schönheit eines Hinterns. Sie würden glauben, daß Torso und Glieder und Lächeln Jayne Mansfields übernatürlich sind.
Wenn der Körper Jayne Mansfields Geist ist, und ich bin überzeugt, daß es so ist, dann ist sie übernatürlich! Ihre Brüste und ihre Schönheit und ihr Körper sind zu verehren. Jayne Mansfield und allen lieblichen sexuellen Wesen wird nur eine Halb-Sexualität erlaubt, sie dürfen nicht vollkommen sinnlich sein. In ihr ist Gesundheit, die sich nur halb manifestieren kann – aber das ist nicht ihr Fehler; *sie strengt sich an.* Sie wird an der Vollendung und Erfüllung gehindert.
Athen würde sie anbeten, wie es Buenos Aires getan hat – oder mehr noch, Athen würde ihr Statuen bauen.
Das Geheimnis und Mysterium Jayne Mansfields ist dem Puritaner deutlich – das Schwarze ist unverkennbar. Sie trägt den schwarzen Pelz ihres Körpers und ist mit Weiß gekrönt.
Der Ruf, den sie hat, wird dem schamlosen nassen Mund ihrer Schönheit zugeschrieben – aber ich meine, auch das ... ist Teil ihres Mysteriums und ihrer Übernatürlichkeit ... das Schwarze ihrer Gesundheit greift nach uns in unseren Träumen.
Gebt Jayne Mansfield Rosen und Lilien und seltenen Honig und Saft von Aprikosen und Getränke, geheimnisvoller als Drambuie[4] und das weißeste, vollkommenste Brot. Laßt Anakreon sie preisen, und die Gelehrten werden sich in zweitausend Jahren streiten, ob die Verse silbern oder golden sind. Sie ist ein dunkles Geschöpf – laßt uns die Worte, die von ihren Lippen kommen, in Erinnerung behalten; wenn sie *besungen* wird, dann werden wahrscheinlich Worte von überirdischer Weisheit ihre Schönheit begleiten. Wir dürfen uns nicht vorstellen, was sie ist, oder erwarten, daß sie es ist. Laßt sie SEIN und uns ihre Übernatürlichkeit zeigen.
Befreit Jayne Mansfield, und laßt sie sich selbst ganz offenbaren. Was kann sie von der Liebe zeigen? – sie, die sie durch Betonung des Körpers so sehr ein Geschöpf der Liebe ist!
Das, was schön ist, ist nicht synthetisch, obwohl es manchmal aus den Niederungen der Falschheit kommen muß – in die sie durch ihren Körper hineingeboren wurde. Laßt die Dunkelheit ans Licht ...

3 Siehe: Michael McClure, A. Garland – eine Girlande, dtsch. von R.R. Rygulla in *Acid – Neue Amerikanische Szene,* hrsg. von R. D. Brinkmann und R. R. Rygulla. Darmstadt 1969. – Das Gedicht *A Garland* sowie die in diesem Buch enthaltene *Fuck Ode* gehören mit einem dritten längeren Gedicht zu dem Zyklus *Dark Brown* von M. McClure, den er auf Anregung der dirty speech-Bewegung schrieb. Siehe dazu: Leslie Fiedlers Aufsatz in Acid. (Anm. d. Übers.)

4 Ein spezielles schottisches Whisky-Getränk. (Anm. d. Übers.)

II. MANSFIELD & HARLOW

Oh, Lamm, Lamm, könnt ich mich nur an
das Gedicht erinnern, das ich für dich schrieb
in dem Buch, das jetzt verbrannt liegt.

Jean Harlow, ich habe das Gedicht nicht vernichtet, das ich für dich schrieb. Und du bedarfst keiner Verteidigung.

Jayne Mansfield, du bist das SCHWARZE. Jean Harlow, du bist *La Plus Blanche* – die weißeste. Marilyn Monroe ist DAS SÄUGETIER. Jayne Mansfield allein braucht Schutz und einen Kämpfer – ihr alle aber seid Geschöpfe der Liebe.

Jean Harlow, warst du eine bessere Schauspielerin als Mansfield oder Monroe...? Ich habe dich nur zweimal gesehen. Einmal in einem Film, in dem du in der Empfangshalle eines Hotels zwischen Laurel und Hardy auf der Stelle tratst – du bewegtest dich durch die Höhen und Tiefen der Komödie wie eine Frau aus Samt durch zwei Schatten. Ich war wie sie gerührt – und ihre Rührung war nicht gespielt. Ich sah einen Teil von *China Doll* – ich konnte ihn nicht ganz sehen, nicht einmal um deinetwillen, oder *um* deinetwillen wollte ich ihn nicht sehen. Aber ich sammelte Bilder von dir... sie sind fest verschlossen in meinem Gehirn. Ich habe nie eine Biographie über dich gelesen (– auch nicht über Lana Turner, obwohl ich einige ihrer Liebesbriefe in Zeitungen gelesen habe, und sie sollten als ein Tribut an die Wärme der Frauen gedruckt werden). Es kümmert mich nicht, ob du eine gute Schauspielerin warst oder nicht. Ich verliebte mich in dich in einer halben Minute – die Größe deines Daseins läßt Liebe entstehen. Einige sehen dich als eine robuste Hure oder Nymphe – aber sie sehen dich mit denselben Augen. Du bist ein Ganzes!

Ich schrieb das Gedicht mit einem Foto ihres Profils vor mir, aber es war nicht ihr Gesicht, das in mir das Gefühl von Lieblichkeit bewirkte – der Anblick ihres Gehens kam mir vor Augen. Wenn Jean Harlow ging, berührte sie nicht den Boden – aber sie berührte ihn – und sie gab nicht vor, daß ihre Zehen nicht auf ihm waren. Sie ging vorbei mit der fließenden, sexuellen Anmut einer Frau. Sie nahm nicht die Anmutspose ein, die eine Schauspielerin vor der Kamera einnimmt für die Millionen Millionen zukünftiger Verehrer. Sie bewegte sich und lächelte mit dem Weiß des Lebens, und sie drehte sich um, um mit weit geöffneten Augen zu starren! Das Standfoto zeigt nur ihr Gesicht und eine sensitive Geschmeidigkeit zu blicken, zu schwatzen und zu starren – und ein Schmachten in Hals und Schulter.

Ein Gedicht, das ich für Jayne Mansfield schrieb und verbrannte, wurde ausgelöst von einem Foto, das ich von ihr sah. Sie lag nackt ausgestreckt mit einem Handtuch über ihre Hinterbacken. Sie blickte hoch und lächelte ihr liebliches Lächeln aus riesigen Lippen und weißen Zähnen. Ihre Ungeheuerlichkeit und Übernatürlichkeit lag ausgestreckt auf der Promenade wie eine geheimnisvolle fleischliche Erste-Hilfe-Ausrüstung der Liebe... Sie besaß etwas Gutes, das dringend gebraucht wurde, und sie verschenkte es großzügig. Es schien, daß das, was sie besaß – ihre Medizin –, mehr als eine Hilfe war; es muß auch eine Herausforderung sein. Jayne Mansfield zu lieben, würde bedeuten, das Supernormale in einem selbst zu finden – um ihre Liebe zu erwidern. Und ist nicht das Supernormale die wahre Norm? Sie erscheint wie ein Rotes-Kreuz-Lamm der Liebe mit Dunkelheit, die durch Zartheit, schlanke Arme und riesige Brüste im Sonnenlicht schimmert. In einem anderen Schnappschuß hält sie einen winzigen Teddybären an ihrem Busen – seine Nase durch den Ausschnitt eines durchsichtigen Negligés gegen ihre Nippel gedrückt – während sie lächelnd hinunterblickt, ihr platinblondes Haar auf dem Kopf aufgetürmt wie ein Flittchen. Und ich habe noch befremdendere Bilder gesehen. Ich mag ihre Augen. Ich frage mich immer, was sie in ihrem Leben tun *würde* – wenn sie frei wäre, es zu tun. Welche öffentlichen Demonstrationen oder Feste der Liebe würde sie aus ihrer Schwärze machen, wenn sie frei wäre, sie machen zu können?

Jean Harlow ist ganz die feuchte Frau und das weiße Tier – sie scheint nur einfacher Liebe fähig – sie ist sophisticated und ihre Liebe ist dennoch einfach – sie will Lust mit gezielten Gefühlsausbrüchen geben und empfangen. Obwohl die eine schwarz ist und die andere weiß, würden weder Mansfield noch Harlow einen Liebhaber verletzen oder kränken. Jean Harlow stellt keine Forderungen – sie bittet um einen Partner und einen Beschützer, und obwohl ihr Körper geistig ist, verlangt sie mit einer Seele, die wir alle verstehen. Die Brüste und das unendliche Lächeln Jayne Mansfields sind ein Fleisch-Geist, den wir kaum begreifen können.

Der Anblick Jean Harlows, fraulich und gemessen, löst sanfte Erschütterungen aus, die zu unsterblichen Statuen in unserem Gedächtnis erstarren. Das Erscheinen Jayne Mansfields ist ein sexueller Auftritt. Sie tarnt nicht das Ereignis, sie macht es für uns. Sie tut alles, was getan werden kann, mit der augenblicklichen Präsenz ihrer Rede oder ihres Fotos – Sexualität fließt aus ihr in ungebrochener und fast komischer Fülle und deutet auf das hin, was sonst noch in ihr ist. Sie scheint sich selbst mit viel guter Laune und großem Überschuß zu verspotten. Es wäre falsch anzunehmen, die dunkle Tradition sei ohne Humor oder voll Schwermut. – Poe ist einer der humoristischen Schriftsteller ... sogar Thoreaus *Walden* hat humoristische Passagen. Und warum ist Mark Twain unsterblich?

Wird sich ein kleines Kind, nachdem es Jean Harlow in einem Film gesehen hat, an sie erinnern? Oder wird es in seiner unkomplizierten Welt glauben, daß alle Frauen wie Harlow sind – oder sein sollten. Jean Harlow hat die Gabe einer gewöhnlichen und fast vollkommenen Liebe – es gibt nichts *Unnahbares* in ihr. Sie besitzt Schattenhaftigkeit – aber es ist die Dunkelheit einer Komödie, die zu erkennen von einer höheren Einschätzung ihrer Seele abhängt – ihre Sexualität ist weiß und einfach und nicht dunkel. Harlow stellt keine *Forderung* und hat keine Ekstase des Fleisches – aber sie strebt nach Gefühl und besitzt eine Begabung der intensiven und sanften Lust. Ich glaube, ein Kind *könnte* sich eher an Mansfield erinnern ... in der Nacht.

Wahrscheinlich bedeutet Harlow mehr für den Mann oder Jugendlichen, der in der Liebe gelitten hat.
Und da ist Marilyn Monroe, die das klassische Gleichgewicht der männlichen Begierde verkörpert; sie ist am meisten verständlich, denn sie umfaßt alles – sie ist keine Spezialistin, sondern eine Vollkommenheit –, sie wird sofort verstanden, aber das Verständnis ist nicht verbindlich. Monroe ist weder schwarz noch weiß – sie ist rosafarben.
Harlow zeigt die einfache Größe der Frauen – sie ist eine Verkörperung der Einfachheit und der unaufhörlichen Lust. Es gibt schönere Augen als Harlows – aber es gibt kein schöneres Geschöpf.
Mansfield ruft Gesichter und Körper von auf kindliche Weise herausfordernder, sexueller Ekstase ins Gedächtnis. Aber sollten sie Herausforderung sein? Harlow läßt mich an gefahrlose, zärtliche Freuden denken. Es gibt riesenhaftere Brüste als die von Jayne Mansfield – aber es gibt nur wenige Wesen wie sie, und die anderen verstecken ihre Schwärze hinter einem kalten Gesicht.
Laßt uns die Schönheit in allen Wesen verehren und Männer und Frauen befreien, so daß sie ihr heimliches Selbst sichtbar machen können. Laßt uns damit aufhören, weder Jayne Mansfields Darstellung sexueller und sinnlicher Größe zu verhindern noch die irgendeines anderen Geschöpfes. Wie würde das Ausleben von Begabungen und Eigenschaften anderer Personen aussehen? Die Griechen waren weise, was ihre Schönen anbetraf, und priesen Übernatürlichkeit und Natürlichkeit gleichermaßen – und liebten das Fleisch einer Frau. Laßt uns alle Schönheit beim Namen nennen und alle Schönheit erkennen.
Ein Liebender würde das Schwarze in Jayne Mansfield nicht leugnen – auch wenn er seine eigene Madonna vorzieht. Leugnen heißt, ein Teil dessen, was Liebe sein kann, auslöschen. Ich bin der Stimmen, die erklären und verleugnen, müde.
Die dunkle Eigenschaft der Mansfield sollte in jedem Wesen gepflegt werden – auch wenn nur eine Spur davon da ist – diese zu verfolgen, wird sie helfen. Harlow und ihre Eigenschaft werden geliebt. Wir werden Jean Harlow in den Raum hinaustragen – und Mansfield ist weiterhin unter uns. Zur Wahrheit gehört die Freiheit jeder Liebe.

Man, free thinker, are you really solitary, reasoning
On earth where life shakes everything?
Your liberty is disposal of your forces
But the Universe is absent from your resolutions.

Respect an active spirit in the beast.
Each flower is a spirit-genius locked to Nature.
A love mystery lives in metal.
All is sensate! And everything is mighty on your being.

Beware in the blind wall a prying stare.
Matter is equipped with a voice!
– Don't make it serve a single impious use!

Often in a dark being lives a hidden god.
And like a newborn eye, covered by lids,
A pure spirit rises under the skin of stones.
– Gerard de Nerval

Ein ewiger Liebespfeil steckt in allem Neuen, und die Wahnvorstellung der reinen Schönheit ist so maßlos wie ein Universum. Der Mann und die Frau und das Kind kennen ihre Liebe und ihren Hunger, und die Regenbögen und Sternbilder sind eins. Vietnam und Zorn und Gold werden sich durch Lügen nicht ändern oder abkühlen.

Die Schwärze, die Sexualität und Freiheit dürfen in keiner Form verneint werden – oder sie verfallen. Die Liebe und das Rätselhafte klopfen an die Tür! Irgendeinen Teil der Schönheit zu verneinen, heißt einen Teil der Freiheit verneinen – aber jeder ist frei, das zu tun. Irgendeinen Teil der Schönheit zu verneinen, heißt einen Teil der Wahrheit zu verneinen UND ALLE DUNKLE WEISSE LIEBLICHKEIT!

GERARD MALANGA

Die Jagd auf Armeegesundheitsrasierklingen & Bombenklappen Phrasen, Phrasen!« Ein Report

1.

Was passiert in der modernen Lyrik? Sehr viel. Lassen Sie mich jedoch zuerst einmal feststellen, welche Art Lyrik diskutiert wird. Der Ausgangspunkt meines Essays ist Seite 1 der Grove Press *Anthology of American Poetry, 1945–1960*. Doch ich glaube, es gibt auch in all den anderen Anthologien einige gute Lyriker, doch kein vernünftiger Mensch könnte die besten von ihnen mit »modernen« Lyrikern vergleichen.

2.

Die Grove-Press-Anthologie, trotz einer Menge Scheiße, die sie enthält, und trotz einiger unschöner Unterschlagungen, dient wunderbar dazu, die Luft von der lauten Leere zu befreien und zur gleichen Zeit einen guten Teil aller modernen amerikanischen Lyrik in die Luft zu werfen. (Leider fand der Herausgeber irgendeinen Grund, Kenneth Rexroth, Kenneth Patchen, Louis Zukofsky und Edwin Denby, dessen Gedichte zur Klärung der Begriffe »modern« und »amerikanisch« in bezug auf die Lyrik überhaupt wichtig sind, nicht aufzunehmen. Und ich möchte gar nicht davon sprechen, daß Edwin Denby, der unbekannteste dieser vier, vielleicht einer der zwei oder drei größten lebenden Dichter ist.) Hier ein Beispiel seiner Arbeit, die sich mit der Innen- und Außenwelt, dem Wetter und der städtischen Umwelt beschäftigt:

»City Without Smoke«
Over Manhattan island when gales subside
Inhuman colors of ocean afternoons
Luminously lived, tear the sky so wide
The exposed city looks like deserted dunes.
Peering out to the street New Yorkers in Saloons
Identify the smokeless moment outside
Like a subway stop where one no longer stirs. Soon
This oceanic gracefulness will have died.
For to city people the smudgy film of smoke
Is reassuring like an office, it's sociable
Like money, it gives the sky a furnished look
That makes disaster domestic, negotiable
Nothing to help society in the sky's grace
Except that each looks at it with his mortal face.

3.

In der Grove-Press-Anthologie hat man gewisse willkürliche Unterteilungen gemacht, zur Vereinfachung, d. h. um die verschiedenen Dichter in »Schulen« aufzuteilen, falls es welche gab, die da waren. Es war eigentlich keine schlechte Idee, doch ergaben sich daraus natürlich bestimmte irreführende Verbindungen, die später genauer hätten unterteilt werden müssen, um eine genaue Aufstellung der verschiedenen Strömungen und Entwicklungen für die, die es interessierte, aufzuzeigen. Das ist jetzt, 1966, möglich, nachdem die Grove-Press-Anthologie und seine verschiedenen Abteilungen im Licht der vergangenen sechs Jahre gesehen werden können, um nicht nur festzustellen, was seit 1960 passiert ist, sondern auch, um ein besseres, akkurateres Bild von dem, was vorher passierte, zu bekommen. Ein anderer wichtiger Punkt, auf den ich hinweisen möchte, ist die Tendenz amerikanischer Lyriker, sich heute noch mehr als (sagen wir mal) während der Kriegsjahre und der Zeit gleich nach dem Zweiten Weltkrieg mit der Technik, den Tricks, Cadenzas, poetischen Mitteln, Ton und Stil – die alle unter dem Begriff »Kunstfertigkeit« zusammengefaßt werden könnten – als mit Inhalt und Stoff zu befassen. Ich persönlich finde diese Richtung eine unfaire Unterschlagung jener wichtigeren Dinge, mit denen sich die Lyrik beschäftigen sollte; doch so liegen die Dinge nun mal.

Doch um jetzt einmal anzufangen: es gibt und gab, was die »Black Mountain School« genannt wird. Der Black-Mountain-Einfluß ist weit verbreitet, besonders durch die Prominenz und Bedeutung seiner erklärten Anführer, Charles Olson und Bob Creeley. Denn eine Zeitlang sah es so aus, als sehne sich jeder junge amerikanische Dichter danach, ein Black-Mountain-Dichter zu sein, d. h. kurze Zeilen zu schreiben mit einer Art spastischem Rhythmus, dessen formale Mittel es nicht schafften, das zu verdecken, was eigentlich ein tragischer romantischer Versuch war. Doch was die Schule anbetrifft: Die gleichen Dichter, die typisch für sie waren, ich nenne hier keine Namen, sind verschwunden, mit Ausnahme von Creeley, der immer besser war als alle anderen und hochinteressant blieb; einmal wegen seiner vergangenen Leistungen und dann, weil man gespannt darauf ist, was er jetzt, ein halbes Leben hinter sich, tun wird.

Olson ist natürlich nie ein Black-Mountain-Dichter gewesen. Und er bleibt auch jetzt das, was er in der Vergangenheit war, Charles Olson. In gewisser Hinsicht ist Olson wie der Maler Hans Hofmann. Er ist wirklich ein großer Dichter, eine großartige und anregende Persönlichkeit und ein Lehrer, und, wie bei Hofmann, sind Olsons Anregungen hauptsächlich so, daß sie jemanden die eigene Richtung finden lassen und nicht zu einer Imitation von Olsons Dichtung zwingen.

4.

Für eine ganze Reihe von San-Francisco-Dichtern, und ich habe völlig vergessen, welcher Schule sie angehörten, waren die vergleichbaren Anführer à la Creeley und Olson Jack Spicer und Robert Duncan. Jack Spicer, der kürzlich starb, beeinflußt immer noch eine Menge San-Francisco-Lyriker, die

meisten von ihnen sind leider langweilig. Das folgende kurze Gedicht von Spicer ist aus seinem vierten Buch *Language*:

A redwood forest is not invisible at night. The blackness covers it but it covers the blackness.
If they had turned Jeffers into a parking lot, death would have been eliminated and birth also. The lights shine 24 hours a day on a parking lot.
True conservation is the effort of the artist and the private man to keep things true. Trees and the cliffs in Big Sur breathe in the dark. Jeffers knew the pain of their breath and the pain was the death of a first-born baby breathing.
Death is not final. Only parking lots.

Auch Robert Duncan ist in der Dichtung eine Persönlichkeit, eine Art Alter Meister, einmal durch sein eigenes Werk und zum anderen wegen seiner immensen Energien. Seine eigene Dichtung hat sich seit 1960 kaum verändert, und es ist seine frühe Dichtung, von der ein gewisser Einfluß ausgeht (so z. B. auf John Wieners, LeRoi Jones und in neuester Zeit Robert Kelly). Als Ergänzung zu dieser Gruppe wäre noch zu sagen und als interessant festzuhalten, daß Philip Lamantia (zur Zeit auf einer seiner immer länger dauernden Reisen in Europa – im Augenblick in Malaga, Spanien) immer noch Einfluß auf Lyriker von Maine bis Carmel hat, ein paar hier und dort, obwohl man von ihm selbst kaum etwas hört.
Einige andere San-Francisco-Dichter, besonders zwei, sind irre aktiv, lebendig und wichtig für jüngere Dichter und was es sonst noch so gibt. Diese beiden sind Phil Whalen und Gary Snyder. Beide haben seit 1960 eine Menge Werke herausgebracht, beide waren in allen neuen Magazinen, die seit 1960 herausgegeben wurden, besonders häufig vertreten, und beide werden immer wieder diskutiert, wenn jüngere Lyriker nicht über Gurus, sondern Lyrik und Lyriker diskutieren. Und schließlich ist da auch noch Mike McClure in San Francisco, der in die Tiersprache ausgewichen und eine Art rechtsstehender Experimentalist ist, eine sehr interessante Figur (und sehr schön anzusehen), den keiner imitiert, den aber auch keiner aus den Augen läßt. Anstatt über seine Arbeit zu reden, zitiere ich ihn aus der Einleitung zu den *Ghost Tantras*: »You've never heard anything like this before. These are my personal songs but anyone can sing them. Pronounce them as they are spelled and don't worry about details – use a natural voice and let the vibrations occur. They come from a swirling ball of silence that melds with outer sounds and thoughts. They were written in kitchens and bedrooms and frontrooms and airplanes and a couple in Mexico City. Their purpose is to bring beauty and change the shape of the universe.«
Hier ist ein männlich-männliches Beispiel aus *The Beast Sound*:

GOOOOOOR! GOOOOOOOOO!
GOOOOOOOOOR!

GRAHHH! GRAHH! GRAHH!
Grah goooooor! Grahh! Graaarr! Greeeeer! Grayowhr!
Greeeeee
GRAHHRR! RAHHR! GRAGHHRR! RAHR!
RAHR! RAHHR! GRAHHRR! GAHHR! HRAHR!
BE NOT SUGAR BUT BE LOVE
looking for sugar!
ROWRR!
GROOOOOOOOOOOH!

5.

Die *Yugen*-Leute haben sich mehr oder weniger aufgelöst, ebenso die *Floating-Bear*-Gruppe. Diane DiPrima macht zwar hier und da noch etwas, zusammen mit ihrem Mann, dem Schauspieler Alan Marlowe; sie drucken Gedichtbände für ihre Freunde in der *Poets Press*, doch das ist nicht so bedeutend, und sogar ihre eigene reizvolle und harte Dichtung in *Dinners and Nightmares* ist fast ganz verschwunden. Von der *Yugen*-Gruppe scheint lediglich LeRoi Jones übriggeblieben zu sein (sein Bild ist heute einfach überall zu finden!), und weil Sie alle glauben, Sie wüßten alles über ihn (Sie wissen nicht alles), sage ich nichts mehr außer, daß sein *System of Dante's Hell* das ist, was *Frank O'Hara* einmal: die aufregendste, mitreißendste und gültigste etc. experimentelle Prosa in Amerika seit Gertrude Stein genannt hat. Es ist ein großartiges Buch.
Überhaupt: Die Beat-Generation blüht weiter. Allen Ginsberg ist jetzt der bekannteste Lyriker in Amerika. Und er ist heute zehnmal besser als zu der Zeit, als er *Howl* schrieb, und Gott schütze ihn; was sagte Charles Olson in Berkeley letzten Sommer: »Allen, du bist unser Führer.« Seine indischen Gedichte sind großartig.
Der dritte Beatnik-König, Gregory Corso – nach Heirat, Rauschgiftsucht wieder der alte Prahler, nur mit mehr Ernsthaftigkeit als gewöhnlich und mit zwei neuen Büchern seit dem großartigen *Gasoline* – dessen Gedichte manchmal langweilig waren (doch auch phantastische Sachen enthielten), veröffentlichte kürzlich in einer Auflage von 100 Stück das Buch eines Genies, es heißt: *The Mutation of the Spirit* und ist fast besser als alles andere, was er gemacht hat. Ich glaube, Gregory wird sich nie im normalen Sinne weiterentwickeln, doch jetzt ist es schon klar, daß er in Abständen uns alle durch die Herausgabe eines authentischen, zeitlosen Werks eines großen amerikanischen Genies in Erstaunen versetzen wird, was offensichtlich seine Aufgabe ist.
Dann ist da auch noch Jack Kerouac, immer noch nicht als Dichter bekannt, und (einmal abgesehen davon, was Allen über *Mexico City Blues* sagt) ist es wohl wirklich keine großartige Lyrik, doch irgendwie ist er ein großer Dichter. *Desolation Angels* war so gut wie alles andere, das er machte, und glaubt mir, Freunde, Jack Kerouac ist DER große amerikanische Schriftsteller unserer Tage. Ich habe es gesagt. Peng!

6.

Ich muß mit diesen Typen aufhören, weil es neue Lyriker gibt, über die ich sprechen möchte, und sie sind wirklich das, was heute in der modernen Lyrik passiert, und das ist es, worüber wir reden, wir, das bin ich, doch: hier bin ich bei der *wichtigsten Entwicklung* unter den älteren Dichtern der modernen amerikanischen Lyrik. Ich meine die *New York School.*
Auuutsch. Zuerst aber eine Pause, um zu sagen, daß Mr. J. Wieners, NYC und San Francisco und Boston, Mass., und Buffalo, weiterhin schöne Lyrik macht, formal und schwierig wie immer (oder, um eine Redewendung zu erfinden, »weiblich, wunderbar und unnachgiebig«).

7.

Jetzt zurück nach NYC. Die New Yorker Lyriker wurden von Don Allen in der Grove-Press-Anthologie vorgestellt, besonders Kenneth Koch, John Ashbery, James Schuyler und Frank O'Hara. Dieser Gruppe wurde nicht allzuviel Platz gewidmet, doch die Zeit hat gezeigt, daß es gerade diese Gruppe war und immer noch *ist*, die die vibrierendste und vitalste aktive Macht der heutigen modernen amerikanischen Lyrik darstellt, sowohl in ihrem Einfluß als auch in den herausgebrachten Arbeiten. Frank O'Haras *Lunch Poems* und *Love Poems*, John Ashberys *The Tennis Court Oath* und *Rivers and Mountains*, Kenneth Kochs *Thank You* und jetzt auch Jimmy Schuylers *May 24th Or So* sind die besten Bücher, die seit 1960 verlegt wurden. John Ashbery ist ein heiliges Wunder. Es hat sich gezeigt, daß er (und *nicht* Olson noch Ginsberg oder Duncan) DER Lyriker ist. Persönlich glaube ich, daß John Ashbery der größte englischschreibende lebende Lyriker ist. Als ein kurzes Beispiel seiner Arbeit hier die Eingangsstrophe seines Buches *Rivers and Mountains:*

These lacustrine cities grew out of loathing
Into something forgetful, although angry with history.
They are the product of an idea: that man is horrible,
for instance,
Though this is only one example.

8.

WAS GIBTS NEUES???

Ja, was ist neu (doch vielleicht ist es nicht so neu), das, was passiert, passiert in New York City. Oh, in Detroit gibt es eine tolle Aktivität, doch John Sinclair, der junge Bösewicht dort, wurde vor kurzem nach Pot durchsucht, hatte was und bekam sechs Monate, in denen er sich abkühlen muß, und Ginsberg berichtet, daß in Wichita auch mit Charles Plymell was los sei; und es gibt immer ein paar neue Talente, die sich durch San Francisco schwatzen, trotz der Haß-Kriege, die in der ziemlich provinziellen Großstadt stattfinden; doch ich wiederhole: *das, was passiert, passiert in New York City.* Dort verlegen die beiden neuesten und intelligentesten der Neuen, Erben der Beat-

Lyriker, *Ed Sanders* und dieser anmaßende junge Mann *Ted Berrigan* die beiden besten Gedicht-Magazine der Welt. Sanders ist der alleinige Herausgeber und Verleger des berüchtigten und wunderbaren *Fuck You, A Magazine of The Arts,* und Berrigan gibt ebenfalls allein das verrückte und frivole *C, A Journal of Poetry* heraus. Sie teilen sich das ganze Territorium untereinander. Sie verlegen ein paar derselben Leute, besonders sich selbst gegenseitig (zu aller Überraschung), plus Wieners, Ginsberg, Corso, O'Hara. Doch um genau zu sein: Ed Sanders' Rennbahn enthält Rechte von Ginsberg, Wieners, Olson, Corso, Orlovsky, McClure etc., obwohl Ed Sanders selbst sein bester Lyriker ist, ein junges Genie, dessen *Poem From Jail* und *Peace Eye* großartige Bände sind. Aber C ist, um ehrlich zu sein, interessanter, wenn man auf die entdeckten Leute sieht, und mit nur ein oder zwei Ausnahmen erscheinen alle guten jungen Lyriker dort. Berrigans Buch *Sonnets* und Sanders' *Peace Eye* sind die beiden wichtigsten neuen Bücher. Folgende Gedichte sind ihnen entnommen:

– Song of the Hustler – von Ed Sanders

YUK YUK!
CLEM THE SLICK
IN THE BUSINESS HUSTLE
CLEM TH' SLICK
IN THE GAPE TOOTH
HUSTLE
FOREVER
SELLIN TH'
FANTASTIC
CARNY DORK
HUSTLING FOR
ARMY HEALTH RAZOR BLADES
&BOMB DROP
YUK YUK!
MILITARISM, THE
METAPHYSICAL
BANANA HARNESS
FOR A
BULL DIKE AMERICA

CLEM THE SLICK
WITH HIS HAID
ALL FULL OF IDEAS
YUK YUK, TO MAKE LOOT!

YUK YUK!
ARR HARR!

Und von Ted Berrigan hier das Sonett XXVII:

It is night. You are asleep. And the beautiful tears
Have blossomed in my eyes. Guillaume Apollinaire is dead.
The big green day today is singing to itself
A vast orange library of dreams, dreams
Dressed in newspaper, wan as pale thighs
Making vast apple strides toward »The Poems«.
»The Poems« is not a dream. It is night. You
Are asleep. Vast orange libraries of dreams
Stir inside »The Poems«. On the dirt-covered ground
Crystal tears drench the ground. Vast orange dreams
Are unclenched. It is night. Songs have blossomed
In the pale crystal library of tears. You
Are asleep. A lovely light is singing to itself,
In »The Poems«, in my eyes, in the line, »Guillaume
Apollinaire is dead.«

Zusätzlich möchte ich noch die Arbeiten einiger junger Lyriker empfehlen, die besonders talentiert sind (»in extremis«), es sind: Dan Cassedy, Ron Padgett, Ingrid Superstar, David Murray, Debbie Caen und Albert René Ricard (die meisten von ihnen arbeiten nach der Journal-Tagebuch-Formstruktur), die sich um den Maler Andy Warhol und um mich gruppieren. Von ihnen hören Sie später mehr!

Dan Cassedys *Katz Lectures* ist ein unveröffentlichtes Buchmanuskript, das sich hauptsächlich mit der Beobachtung einer universalen Revolution beschäftigt und mögliche gute Vorschläge enthält sowie mitfühlende Einblicke in Angstzustände gibt; und es berichtet von Hoffnungsschimmern, die den Weg erleuchten, auch wenn sie vielleicht in den nächsten fünfzig Jahren gar nicht kommen.

9.

Das Lesen von *In Advance of The Broken Arm* bestätigt sofort den Respekt vor Ron Padgetts Imagination als Techniker. Er weiß genau, welche Effekte er will, und er weiß auch, wie er sie bekommt. Hier ein Beispiel:

TALKING NEUTRALITY
a talking song from the painter Miro

Always I walk in nature ... alone
I love the night
Especially the sky
And when I look at the stars
I think of how I am thinking of ...
Nothing

(note: the word »nothing« is to be spoken with a gross German accent, as in »nawthieengk«)

10.

Ingrid Superstar (bekannt aus Untergrundfilmen), wie ihre Freunde sie rufen, hat ein Trip-Buch geschrieben, eine Art Tagebuch. Ihr Stil ist schlecht, doch im Sinne von »Camp« wiederum gut. Was in Ingrids Tagebuch schlecht ist, ist deshalb gut, weil sie das, was sie schlecht macht, ernsthaft macht. Das Gute an Ingrid Superstars Arbeiten ist, daß sie nur von *ihr* stammen können.
Hier ist ein Beispiel, die Anfangsstanze einer Persönlichkeitsstudie ihres Mentors, des Pop-Jungen Andy Warhol:

Pop Art is very uptight, but imaginatively different and
has its own original manner. Up-tight means to have so
many different things of interest going at the same time
to attract the audiences attention, in order to confuse
them (maybe intentionally or unintentionally).

Andy is very congenial, always agreeing with everything,
probably just to avoid a hassle.

Always chews gum, esp. when he's upthere. His poor teeth.
Never knows anything. Quote: »I don't know, soon, maybe.«
Usually indirect, as you can see.

Usually quiet, shy and observant at first, with a cute
smile. (It's the quiet ones and the sweet sneaks that
you have to look out for)

Ein weiteres neues Magazin, das genannt werden muß, ist Aram Saroyans *Lines* (soeben eingegangen), von dem es sechs Ausgaben gab. Aram Saroyan ist ein komischer Kauz, verlegt und schreibt konkrete Poesie (plus wirklicher Lyrik) und ist ein ziemlich langsam denkender Typ, doch ein großartiger junger Lyriker, den man leider nicht meiden kann.
Dann gibt es noch David Murray mit seinem *David Murray's Journal*, ein an Swift erinnerndes Traumjournal, eine Sammlung seiner Reisen, sexuellen Eskapaden und der Leute, mit denen er es in seinem Leben zu tun hatte.
Der von David Murray erreichte Effekt ist der, Liebe zu machen als ein alles umfassendes physikalisches und psychologisches Erlebnis in moderner Literatur. Manche Leser mögen David Murray's Journal ekelhaft oder pervers finden, doch das ist nur ein oberflächlicher Eindruck, denn Davids prosahafter Stil ist originell, undurchsichtig, etwas verklärt, doch ebenso lyrisch und farbig.
Jetzt kommen wir zu einem sehr bedeutenden Tagebuch von einer Heldin unserer Zeit, Debbie Caen. Debbies Tagebuch ist vielleicht eines der bedeutendsten Prosastücke, die von einem jungen Autor in Amerika seit Hunjckes

Journal geschrieben wurden. Was das Tagebuch so wichtig macht, ist ihr Aufnahmevermögen und die Enthüllung einer außergewöhnlich sensitiven und klaren, aber auch gequälten Rauschgiftseele, einer Gesinnung, die von den Impulsen der Einsamkeit beeinflußt wurde, uns aber trotzdem erfahren und lesen läßt, was Debbie Caen über ihre persönlichen Krisen und die ihrer Freunde, die sie umgeben, zu sagen hat:

> *We live a life void of holidays and surrounded by our twins we crowd our heads with sound so loud, it fills our tender, pinkish brains as water fills a lost bottle.*
>
> *Sometimes I wonder if I am the joke and she merely another prop, pushing me, downward. Until final blackness, my only path. No more. The one last chance, never again the opportunity to retreat.*
>
> *I missed you by only two blocks.*

Peter Behrens Tom Clark: Superbälle / Larry Fagin: New York, Noch einmal guten Tag, Der Spaß / David Ray: Krebstod bei guter Pflege, Drei Frauen / Robert Sward: Der Apteryx (1/35) aus Websters Dictionary und Neu-Seeland, Halstedt Str. / Anne Waldman: Wie darüber schreiben, Hineingehen, Macht der Gewehre / Lewis Warsh: 8 Uhr morgens, Französisches Fenster, Sanfte & zärtliche Liebe / Ted Berrigan & Ron Padgett: Kodak.
Rolf Dieter Brinkmann Paul Blackburn: Ritual 8, Dreiteilige Erfindung, Die prachtvollen Haare, Das Zusammentreffen, Hände, Douglas Blazek: 2 Uhr 59 in der Zivilisation / Aram Boyajian: Die chinesische Mauer / Charles Bukowski: Leben / Tom Clark: Das Jahrbuch, Baseball, Nachmittage, Elf Arten, einen Scheißvogel zu betrachten / Kenward Elmslie: Alabama / Dick Gallup: Wie die Sterne, Die Georgianer / Gerard Malanga: Zweiter Ruhm / Ron Padgett: Salat, Das Leben des M., Charles Dallery Passage, Nach dem gebrochenen Arm, Hübsche Sachen / Robert Sward: Genau die Luft, die er atmet, Bergabhang.
Herbert Graf Kenward Elmslie: Randfiguren / Dick Gallup: Die Rückkehr der Philista / John Perreault Emily Dickinson, Die Amerikaner / Peter Schjeldahl: Weißes Land, Lächeln, Hier bin ich, (Wegwerfbares) Gedicht für Les Levine.
Rolf Eckhart John Aram Boyajian: Stummfilm-Star / Charles Bukowski: Aufzeichnungen aus einer verworrenen Trägheit / Edward Field: Das Leben der Joan Crawford / Lenore Kandel: Gedicht für Perverse / Michael McClure: Le Plus Blanc, Fick Ode / Ron Padgett & Ted Berrigan: Usura.
Ralf-Rainer Rygulla Kenward Elmslie: Die Geschichte Frankreichs / John Giorno: Aromasucher / Gerard Malanga: Kälte, Das weiße Hemd, Zur Erinnerung an den Dichter Frank O'Hara.
Carl Weissner Ted Berrigan: Tambourin-Leben / Douglas Blazek: Morgendlicher Exorzismus mit Enterhaken / Charles Bukowski: Bogart in der Welt der Toten, John Dillinger, Die Gesichter nagen an meinen Wänden, sind aber noch nicht ganz durch / Tom Clark & Ron Padgett: Brötchen.
Miriam Körner & Gert Raeithel & Ralf-Rainer Rygulla & Rolf Dieter Brinkmann Frank O'Hara: Biotherm.

***

Der 1. Teil des New Yorker Tagebuchs von Lewis Warsh wurde von Peter Behrens übersetzt ● *Rolf Eckhart John* übersetzte den 2. Teil des New Yorker Tagebuchs von Lewis Warsh und Gerard Malangas Bericht Die Jagd auf Armeegesundheitsrasierklingen ● Der Essay Michael McClures Verteidigung der Jayne Mansfield sowie das Statement McClures und Gerard Malangas biographische Anmerkung und Statement wurden von *Ralf-Rainer Rygulla* übersetzt ● *Carl Weissner* stellte freundlicherweise das Statement Charles Bukowskis zur Verfügung, das ebenfalls von ihm übertragen wurde.

***

Die Statements der Autoren wurden für diesen Band abgefaßt außer den nachfolgenden: Charles Bukowski aus einem Brief an Carl Weissner, November 1966 / Lenore Kandel aus einem Interview in Voices from the Love Generation, ed. by L. Wolf, Boston 1968 / Michael McClure aus Einleitung zu McClure, Dark Brown, San Francisco 1961/67.

***

Hinweis

auf deutsche Gedichtveröffentlichungen der hier versammelten Autoren in anderweitigen Publikationen (Datum: Juni 1969).

Ted Berrigan: 2 Gedichte in Fuck You / 1 Gedicht in Acid / 3 Gedichte in März-Texte 1 ● *Paul Blackburn:* 1 Gedicht in Junge Amerikanische Lyrik / 2 Gedichte in Beat / 4 Gedichte in Acid ● *Douglas Blazek:* 2 Gedichte in Acid ● *Aram Boyajian:* 3 Gedichte in Fuck You / 1 Gedicht in Acid ● *Charles Bukowski:* 3 Gedichte in Fuck You / 2 Gedichte in Acid ● *Tom Clark:* 3 Gedichte in Acid ● *Edward Field:* 3 Gedichte in Fuck You ● *Larry Fagin:* 3 Gedichte in Acid ● *Dick Gallup:* 2 Gedichte in Acid ● *John Giorno:* 2 Gedichte in Acid / 7 Gedichte in John Giorno, Cunt. ● *Lenore Kandel:* 1 Gedicht in Beat / 3 Gedichte in Fuck You / 2 Gedichte in Acid ● *Gerard Malanga:* 2 Gedichte in Acid ● *Michael McClure:* 2 Gedichte in Junge Amerikanische Lyrik / 2 Gedichte in Beat / 1 Gedicht in Acid / 2 Gedichte in Akzente ● *Frank O'Hara:* 6 Gedichte in Junge Amerikanische Lyrik / 2 Gedichte in Beat / 3 Gedichte in Fuck You / 2 Gedichte in Akzente / 34 Gedichte in Frank O'Hara, Lunch Poems und andere Gedichte ● *Ron Padgett:* 3 Gedichte in Acid / 1 Gedicht in März-Texte 1 ● *John Perreault:* 2 Gedichte in Acid ● *Robert Sward:* 2 Gedichte in Acid ● *Anne Waldman:* 2 Gedichte in Acid.

Quellen: Junge Amerikanische Lyrik, hrsg. von Gregory Corso und Walter Höllerer, Carl Hanser Verlag, München 1961 Beat, Eine Anthologie, hrsg. von Karl O. Paetel, Rowohlt Verlag, Hamburg 1962 Fuck You, hrsg. von Ralf-Rainer Rygulla, Melzer Verlag, Darmstadt 1968 Akzente, Heft 4, 1968, darin Heiner Bastian, Provocation John Giorno, Cunt, März-Verlag, Darmstadt 1969 Frank O'Hara, Lunch Poems und andere Gedichte, Verlag Kiepenheuer & Witsch, Köln 1969 Acid, Neue amerikanische Szene, hrsg. von Rolf Dieter Brinkmann und Ralf-Rainer Rygulla, März Verlag, Darmstadt 1969 März-Texte 1, hrsg. vom März Verlag, Darmstadt 1969.

Das nebenstehende Gedicht Joe Brainards wurde der von A. Waldman herausgegebenen Anthologie »The World«, Bobbs-Merrill, New York 1969, entnommen.

BÄUME

Haben Sie jemals innegehalten, um sich zu fragen, was die Welt ohne Bäume sein würde? Bloß eine große braune Kugel.

Wissen Sie, wieviel Bäume es auf der Welt gibt? Nein, Sie wissen es nicht. Keiner weiß es.

Es gibt nichts, was ich mehr liebe als Bäume. Ausgenommen Leute und Blumen. *Einige* Leute und *einige* Blumen. Natürlich, nicht alle Bäume sind makellos. Tatsächlich habe ich einige hübsch häßliche gesehen.

Bäume sind Leuten wirklich sehr ähnlich. Sie werden alt. Sie kriegen Krankheiten. Und sie sterben.

JOE BRAINARD

DIE AMERIKANISCHEN TEXTE

Robert Sward

"The Very Air He Breathes"

She lies upon a tawny mat
of effluence—and leopard spots.

And he *(he's hers
and she knows it!)*

Can but barely be seen, crouched
and to the left of her.

One ear, an eyebrow, and a bit of cheek
are all that show of him.

The caption (again) suggests that it is fun
(fabulous fun) being female

At a time like this! And, indeed,
it looks like fun.

Her eyes are huge and subtly closed
as leopard spots; and her lips are spread.

She is, in fact, a deodored leopardess
about to take the male.

But again, the caption: *You are the very air
he breathes* (the male is hard upon her).

She appears to be undisturbed by this;
and with both shaved armpits bared, she arches

For him. One is inclined to think of her
as being altogether without fear; she smiles,

And takes the male. Neither deodorant,
nor effluence, could do more.
                                        She smiles,
and she lies there, the very air
he breathed.

The Apteryx etc.

The inflected apteryx (or kiwi) would appear
To be a rudimentary, an essentially
Webster-bird. The apteryx (from the Greek *a* +
Pteryx) does not fly and, in fact,
Lacks all regard (and need) for flight.

Flat-breastboned, hen-sized and scratchy,
The apteryx stands on two declining
And unlikely chicken-legs. It *ooou's* for food

Through a long, thin reed-like beak:
Insects, snails, crippled fleas and berries.

The nostrils of the apteryx
Are at the last half-inch of its beak.
And the bird – not quite extinct – survives
Under government protection. It reproduces
Slowly, and in public, burrow-hiding.

If its hairs were feathers, ocellated
Aphrodisiacal, the sleepy, marginal, asterisk-eyed
Apteryx could (conceivably) strut, cock
And play the peacock; however, with its one hint
Of a tail, and grayish, short shag-brown hair

The apteryx would seem content to *ooou*. And,
Its beak alone, apt and straight, endears it
To one; but when it curls itself, extinct
Within its sleeping back (by day),
Enwhiskering its *ooou*, the apteryx returns
Upon the government and Webster of it all.

Halsted St., Chicago

It is Chicago, it is Chicago
I am trying to plug in,
My finger in my navel, in Halsted Street
With holes in it; in an electric light
    socket,
        buzz, buzz
I want very badly to plug in.
I put my left forefinger in my ear,
And my other forefinger, I put that
Exactly on the nose
   between the eyes
Of Little Orphan Annie, who appears daily
        (twice daily, in fact)
    on the back pages
Of the Chicago *Tribune*.

I can't stand holes. I kiss people when they talk,
Or put my finger in.
Also railroad tracks. I walk on them.
One day it rained. I walked for fourteen hours.
I walked all the way north to Wisconsin.
And it is true, it was good to learn:
If people see that you care for them
They do not mind your plugging in.
Coming home, no one on the bus minded
    my plugging in.
I plugged in to their buttonholes
                    and shoes
    (the shoelace eyes in them).
I came back strong,

I came back with all my fingers
    and my toes too,
Back once and for all now.

I unscrewed the telephone; I put my fingers in.
Click, click, the operator.
I stammered out my message, my latest coming,
Deepest feelings, vibrations, revelations . . .

A failure to understand me.
Anger on my part. And a new urge to plug in.
The bent coin release, the holes in urinals,
God's left eye, heaven too, outer space
The ionosphere, the stratosphere
    the Milky Way
        and Universe in general.

Hillside

A girl lies on her belly
In a blue dress.
A man awkwardly for some moments
Adjusts his knees
And fingers his necktie.
The hill stands up;
It is alive with men rising out of blades of grass.
They vanish. The hill assumes
Its angle of repose.
The lovers leap to their feet,
Fasten themselves to trees,
And never touch. Shadows darken.
The moon comes out,
And the lady in blue stands before me,
Reclines for a while on my chest
Then like the others
Vanishes forever.

***

Kenward Elmslie

Alabama

On the blackboard there comes the couple
Trudging along rusty railroad tracks in sneakers
On their way to the annual money crop square dance.
To the left, technicolor weather—red sky, white fields.

Summer is a rumor. Where *are* the seasons? Who knows?
Suddenly whiskies explode on the shelves of the drygoods store.
Careening cars, screams and violence, the Saturday violence formula.
To the right, state troopers feign sleep. It is night in Alabama.

To think, ancestors of this very same vanished couple
Planted real trees, now permanent as driftwood.

History of France

Wind, cold, rain.
Then came the sky person:
a pale empress.

Today is beautiful –
such lively girls!
A sharp-cornered stone hovers.

Ah, rigid acceptance!
Money buys everything
except walls between people.

The empire in the rain
with the muzzled atmosphere
stopped us at the border.

Striped barriers! Oafs!
And beyond, men in swimsuits shout,
"Art, make us free."

Another plaintive morning
full of chickens, dust, and buoys.
The sea keeps re-beginning...

Lobster claws in the pine forests
betoken an illogical sea
which sings: I *know,* I *know.*

Sticky tar and plastic messes
clarify the alliance of judge and guide.
True democracy need never exist.

Not only need, but never will.
Think of cliffs. Think of peacocks.
And the salty skiffs of the colonels.

Withdrawing rooms come next—perfumed earphones
for the young people: it's the Divine Sarah.
Wooden leg sounds bump about the divans.

"Secrecy in the provinces,
a journey under a waterfall –
these won't test your manhood, Robert."

A pretty woodwind, and thrushes.
They say the dormers fly open
to admit sweet-faced aristocrats.

And the maids dump out the cakes,
The pretty bush designs on the main course,
while everyone hides letters in hollow trees.

The party includes the lady with the map-shaped face,
the boyish man, the chess-playing lifeguard;
how they love the French summers recently.

The cleverer towns have crested yellow parks,
nice and oblong with ferns and pebble deer,
and on these the old sweet lovers loll (the wasps).

Underneath them, musical flushing,
tunnels to the ocean,
and bloated hairy sea creatures.

We have never (bump) sat on (bump) rocks,
the women facing west,
and watched the Atlantic and Pacific sunset,

the men tucked into blankets,
the children tucked in too,
and the old people in the cars.

Well done! You see, the cities
have erected spangled circus nets
or are they nests?

Into them (keep whirring, pap factories)
ocean souvenirs fall, misty bitchy things,
so the boulevards get more usage.

Now, in the mountain gravel pits,
the workers wear scoopy hats,
in which they smuggle out the granules.

But in the mauve valleys,
such attractive colleges.
All built on animal cemeteries, alas.

In winter, they, pack 'em solid,
come spring, to Hans and Ivan's amazement,
come now—he reaches the valuables:

fountains of exposed beasts and breasts,
lottery tickets in the sluices,
to prevent the acids from seeping through.

In the warehouses, racketeers
daydream of that sky person,
the pale empress.

At lunchtime, they take it out,
the tongue-shaped wooden box;
today is beautiful.

Fringe People

for Ruth Yorck

How to tell fringe people from yourself, himself, us, you, her?
They hunt for clean central beds full of lovers to deceive.
When they enter rooms, the most valuable still-life shatters.
They scream "Trap!", deliberately trip (won't get up, ever leave).

Thus their Hollywood looks get damaged. Forced to aim at
Invisibility, they hide for hours, hood for weeks. Oops there
they are!
Caught pulling at their lips, they form the Pro-Compassion
League.
Dreadful clowns, their motto: for every laugh a scar.

Their latest? "Get centered is our this year's mystique,
Our ideal of haven is a hurricane's eye, a calm norm
And to hell with the others!" Verbatim. Alas their mask
Even inches away looks like perfect skin and their smile, ah warm.

***

Dick Gallup

The Return of Philista

Coming down the sluice of morning, Billy the Kid
Ignites a bitter cigarette, dreamy
Dreams fill his mind: she isn't in love.
Saddling his bronco, the rigamarole of buffoons,
Please, he says, making stratiations, making squawkings:
In the quiet air of the soible morning. A girl
Cometh to the Western water-tap: and she is in love.

It is morning, Billy says, and the morning and she is concocting
Something unpleasant for me and "Clumps,"
My sidekick. Where now is Ievski of Avila, and Alyosha?
Both just notches on the time-stick. The sly deviations
Of fate and a loose gun call him to memorising her gala occasions
Of communicating with his white love. A girl
Is more than her color, he thinks, as she is "in love."

It is a black morning and she is "in love"
With Franz Hals, theatrical
Bitch, says Billy, lern yr runcibles, Love. She murmurs
"Always skulking around, To be
Just so! a Paloma Negra . . . or some splendid king, all glory
In the flower, all honor is the love, was her dream, turned to
Shit. Alas! awaking she finds she's "in love."

On a kiddish morning and she is in love.
Kid Love! Billy Love! The love of morning is nothing but love,
Ravelled-sleeve love, jew love, prick love! oh! to waken so
shackled with love!
Billy the Kid wakes up in the morning and She is not in love.

Like the Stars

Like the stars
I've been wandering alot

A paper chair

The juice begins at home
And runs uphill toward you
Clanking away into the mill
Carrying a clump of broccoli
My favorite vegetable

Looking at the ripples on the backs of folks
Huddled around their mobile homes
I expect life to be like music

I am bone dry
Bony dry

Sometimes I think you
Are my favorite vegetable

From the edge of the galaxy
I puke on the tiny classical voice
Of Mozart

Little man
On the sidewalk

Excuse me Mr. Mozart
I was aiming for the Crab Nebula

With an Au Pair girl on your arm
A little garden in your ear

We have good heads you and I
Though dark rivulets of despair
Crinkle the grey matter
And you are not Mozart

The mini-lamp swings through the Earth's core
A twisted
bent personality run by an insane conscience
Balloon night
Underneath a dark cloud of balloons

Really my heart is a sponge
Aching for the sea (burp) water
To fill it up with Premium Girls
Who all have a flooding problem.

Terror, death, murder, illness, poverty and rain
Are what bothers me when I have the time
Beans for tonight peas for tomorrow

1968

The Georgics

On Sunday afternoon in Georgia I had nothing to do
So I sent myself back to Georgia underwater
In the traditional manner of the English
Renaissance. Could I maybe conk you
Out some poems? Huh? The highly polished poems
Of the English Renaissance daunt me
With their Latin tongs. Glossolalia
Liquors up the dative of mannerisms
In the Georgian manors of Washington.

Looking at his hand, the man said "ugh!"
Return to his damaged forearm, forearm
Which is an up to the minute examination
Of his partner's chiseled gaze. "Ugh!"
Georgie has four aces! He goes backward
To Georgia to lay down his last game.

Can I see them? Can you see them? "Glug!"
Are you thirsty? No, you are Georgia O'Keefe
And I have come back to you, a flowering maniac;
Come back to Georgia too, where we are dead,
Having nothing, needing nothing, desiring nothing.

***

Michael McClure

FUCK ODE

THE HUGE FIGURES FUCKING THE HUGE FIGURES FUCKING THE
HUGE FIGURES
FUCKING ON THE CLIFFS ON THE BANKS IN THE BLACK RIVER
in with the fields without proportion, the black clover
grown meadows. THERE IS NO SIZE! Undreaming and
vast as a dream. This is love INVENTED. The huge
COCK
slipping in the soft dream. Not dream. In the cunt,
THERE! In the mouth. The slipping of figures upon
the other. The rocking, the hugging swaying,
HOLDING.
THE FIGURES JOIN THEIR BODIES TO THEIR BODIES,
the skin walls are joined! Arm of arm
held to arm. The huge faces and behemoth legs,
the round arms of love made anew. We slip
down into the black clover. I/slide into the
scented grass I sing in your ear. My song is nothing
but the sounds of my feeling. Music is ugly. My
song is the same as yours holding me.
ALL IS QUIET BUT MY SONG TO ME, YOUR SONG
to you. This is our touching. This
is the vast hall that we inhabit. Coiling,
standing. Cock into rose-black meat. Tongue
into rose meat. Come upon your breasts, Come

upon your tongue, come in your burrow
Cavern love snail breath strange arm line

OH SLEEP SLEEP NOT. OH STRENGTH BODY
LOVE
There are no lies in your face your eyes
I see in darkness. There is a golden
casket hanging there over our heads,
Silver, Silver Carafe, No!
!A SIGHT, SIGHT!
THE VOID OF OUR SENSES ETERNAL. THE COME!!!!
My cock is blue and pink in the vast
night. Night? In the vast. OH
ever undreaming I feel you/ I, you
are my body as I claim it. This is not
Nothing. Oh Ever ever!! Oh not chalice but
body. Oh tongue lined
sweetness of buttock and tight sleekness of
asshole. Oh mount of meat fur
coated, hand bruched. Huge Figures, Fucking,
perfumes eternal called perfumes. Remembrances
of this ever moment. Oh MEADOWS MEADOWS
MEADOWS MEADOWS MEADOWS MEADOWS MEADOWS MEADOWS
MEADOWS MEADOWS
MEADOWS OF THIS, tracery orange black in my closed eye touch
of clover, of all soft and destroyed body-crushed flowers
IN THE BANKS ON THE BLACK RIVERS I REPRIEVE MYSELF
from the false-to-you/myself. From the false to myself
creating moments. Each moment the last each the new
Invention. Each the last protection and attack

AND NOT THAT BUT THE BREATHING LAST. THE HARD-ON THE
FEEL-UP
The stretched cock plunging you. The Oh Not Dream, HOLDING THE
grasp of myself by myself. The body known at last!!!
!AT LAST!
YOUR HAIR IS A BLOND FIELD AND A MEADOW IN BLACKNESS.
THE CLOVER THE SIZE OF MY LEG! THERE IS NO SKY
eyes closed or open. Oh Love Love Already recaptured and
lost. Each instant of stone, basalt and huge each a
square boulder among the figures not lost on the eye!
THE JERK JERK JERK OF THE COME INTO THE HEAT
of my inside-cock. Burning. The tube of
myself. Oh mangled line! Oh burning beauty!
COMED EYE SOBBING AND TEARS OF LAUGHTER, OH
breathing. Oh false explanations. Freed

Of all lies the face is pure. The gestures are imm-
ortal. THE FIRE IS FIRE CONFUSIONS BURNT IN
upon themselves. What is speed? Oh false
to myself uncovered! Oh come in your pink-rose
cunt and on your tongue tip. Breast. NO!! Shoulder
in my mouth. Bite on your buttock. Ass kissed
BEATENED AND FRESHENED NOT LOVE NO BUT
new.

OH FEAR FEAR FEAR TORN AND GONE. OH HUGE FIGURES, BREATH.

OH CLOVER CLOVER CLOVER AND NOT MUSIC OH HUGE UGLINESS

that is beauty! OH beauty that is huge ugliness. Oh
vast halls of meadows and blackness. Dark
water. Oh who has been here before I
raise me in Seraph-hood! I say it risen from fear I
expand the face arm nerve muscle of myself to
include myself. The step to fill it is easy. Oh all
unsimple. Simple. Oh beatened darkness huge and whole.
MY COCK YOUR HAND OUR MOUTHS YOUR MEAT CUNT MY SIZE

BLACK LIGHT BLACK LIGHT BLACK LIGHT BLACK LIGHT

and meat beast creatures turning huge. Light
clover cool in your hug of me of my hug.
NOT MUSIC!!!

OH BEGONIA PETAL ON THE PAGE, Worm within. NOT MUSIC!
My arms huge cradles on the clover. My back a block.
Your/my pant in pleasure and shriek of coming. The
waves of it and toe-twists. The muscles revolt
each seeks to become a lover. OH STOP STOP.
((Pride, liberty, love, have one meaning - Invention.))
I, my body, I, I, I, I, I, buckle!
The instant test.
NOT NOT MUSIC.
I BUCKLE FROM ONE VISION, SIGHT, FROM THE CLOVER.

((THIS IS THE CAVE OF THE VOID OF OUR SENSES. THIS IS ALL OPEN.
Open your mouth to me You/I. Let me lay the huge head of my cock
on your tongue again in blackness. Swell till it comes white spurts
in blackness. Let your breasts stretch as they do. What color I see
them what shape they are, solid figure. Spread your legs. The shape
you make them / I / for me. I feel the hair with my tongue my
cock as I enter. Oh past, past. There is one tense. There is one.
I/ HUGE FIGURE FUCKING IN BLACKNESS,
moistness of clover warm/cool. Wet of tongue and meat-cunt
cool/warm. Beige taste in blackness. As you sink to my knees
and fall to grasp you / I. Come drop on your shoulder.
THIS IS THE DARKNESS IN BLACK LIGHT THIS IS THE CLOVER THIS
is the valley and black river. Carafe again, no
the found hunt. Not the Chase, the all moment. The whole blossom,
not the ion exchanged. The come shot and huge
slipping
BLACK WATER IN BLACKNESS WATER CASCADING
on the cliffs and the banks and the meadow.))

NO LIMIT TO THIS NO MEDALLION NO MOVED WITHIN BUT
all blackness and meadow, river, clover, bulks

fucking. You/I suck come from me in huge motions of mouth
blossom/ cunt/ arm round but. I slip down to cover
you forever. Not I outspoken but all others inspoken. Oh bright
dark I/you/I.

OH LAWRENCE LAWRENCE LAWRENCE I AM WHOLE AS IS JOHN
WEBSTER
his huge body there on the bank-tips, cliff-edge joined
his desire-love with his body. Oh see him there!!!!!!!!

WOMAN WOMAN WOMAN WOMAN WOMAN WOMAN

I-You/I, now
FOREVER!!!

Le Plus Blanc

JEAN HARLOW, YOU ARE IN BEAUTY ON DARK EARTH WITH WHITE
FEET! MICHAEL
slaying the dragon is not more wonderful than you. To air
you give magical sleekness. We shall carry you into Space
on our shoulders. You triumph over all with warm legs and a
smile of wistful anxiety that's cover for the honesty
spoken by your grace! Inner energy presses out to you in warmness –

you return love. Love returned for admiration! Strangeness
is returned by you for desire. How. Where
but in the depth of Jean Harlow is such strangeness
made into grace? How many women are more beautiful
in shape and apparition! How few can /have/

draw such love to them? For you are the whole creature of love!

Your muscles are love muscles!

Your nerves—Love nerves!

And your upturned
comic eyes!
Sleep dreams of you.

***

Aram Boyajian

The Great Wall

It would be impossible for a soap bubble to go over the
Great Wall of China. But in those places along the wall
which are in ruins, it would be possible.

A small pan is filled with a soapy liquid. A large plastic ring is placed in the pan. Bubbles are made by lifting the ring and gently blowing into it.

IN APRIL
A BLIZZARD OF BUBBLES
FROM RING BLOWING CHILDREN

CHILDREN PUFF THEIR CHEEKS –
WINDS ON OLD MAPS
BLOWING SOAP BUBBLES

A SOAPY BUBBLE HITS MY HEAD –
I'VE BEEN IGNORING MY CHILDREN AGAIN
FOR POETRY

ON THE FIRST WARM DAY
PALE CHILDREN
BLOWING SUMMER BUBBLES

ON THE FIRST WARM DAY
NEW BUDS
AND SOAP BUBBLES

A BUBBLE GOES AND GOES
UNTIL IT HITS A TREE –
FORGOTTEN ALL WINTER

In the sandbox with two small children, a young nurse covers her legs with a sweater. But she is quite careless.

THE YOUNG NURSE
SHOWS OFF HER LEGS –
NOT SOMEONE ELSE'S CHILDREN

THE YOUNG NURSE
LOOKS AFTER HER LEGS –
NOT CHILDREN

THE YOUNG NURSE SHOWS HERSELF –
I WATCH SOAP BUBBLES
TOUCH THE GROUND

I remember Audry, my friend's young wife. At first one breast was removed. Then they cut her up piece by piece until she disappeared. She had a Jewish funeral and everyone was encouraged to cry.

DEAD AUDREY –
AND A YOUNG NURSE IN THE PARK
SQUATS

UNDER AUDREY'S SILKWORM BLOUSE –
CANCEROUS BREASTS

PEOPLE CRYING –
AND A FLASH
OF A BLACK PUDEND

MEMORY AND BUBBLES BURST –
FASTER AND FASTER

In time, I imagine, both sides of the Chinese Wall became the same. But I don't know for certain. What is true for other walls may not be true for one.

Silent Movie Star

With my autographed Douglas Fairbanks Sr. sword
I snip off tips of feathers on hats
of mustaches noses fingers and swish
the tips of pricks and swish swish
there go toes all over the place
slices of ass thinner than roast beef
neatly done nipples like the black greek olives
I love to suck on.
My each thrust is envious jealous belittling.
My each cut a So what Who cares Shit.
And once the crowd is neatly strewn
I swing by rope and chandelier and ledge
up to Mary Astor's place.
From the balcony I enter a huge hall
all fading flags and rusting trumpets on walls
scrawled with hearts and initials
dates and the statement *I was here.*
The door at the far end is handleless
and my hand remembers the touch
of porcelain knobs with pink roses.
The door creaks suddenly slowly slowly
open.
My breath stops.
She stand there
all snatch
and a cutlass

***

David Ray

Dying of Cancer well Attended

There was a time when slapping
My tires on the highway
Toward Oklahoma would do
For escape from the creaking couch
The room where I bit my pillow
Or wanted a girl
Who'd danced for me or bathed with me
And next day smiled under the Pontiac Indian

And now I don't bother to move
I slide toward the toilet
On my pillow
When we were kids
We also had all manner of conveyance
We called them choo-choo trains

Three Women

i

By now if I had not left
Would our two children be more
Beautiful than those she gave my friend
To whom I introduced her?

ii

By now if we had not parted over
What was after all a trivial misunderstanding
Would we live on the great ranch
She inherited, and would we ride horses
Up the arroyo, reading the Indian inscriptions
On the red canyon walls?

iii

By now if we had not quarreled
In a Times Square restaurant
(When she then demanded a dime
To call a man who *would* take her
To Radio City, to see *Ben Hur*)
Would we still wake to the cat
Purring beside us? Would she still
Urge me to make love to church chimes?

***

Paul Blackburn

The Glory Hairs

To watch a woman
pissing in open air is
to watch an animal
                                        do it / that naked
like a horse or cow
Nothing so neat as a man's dong
but wide as a church door
                                        whizzing openly

They do well for their purposes
to hide the act, that

frank, flat use of the equipment
                    for business,
with a cheerful sound
not associated with love   .   And then

to dry and rise with a sly sweetness,
thinking of it   .   All I can stand
of delicacy
is the hand moving on my chest
                    inside the shirt when she
                                    is thinking of it

The Encounter

Staggering down the road at midnite
home from the bar, the

mexican Bandit stood facing me, about
to improve his standard of living

Two
fingers handled the moustache gently,
the other hand fingered the pistol. My asshole

dropped out/
and crawled all the way back to El Paso

1958

Ritual VIII

Let me tell you, let me tell
        you, it
        is the repetitions
        keep us going any
        way
That pretty girl crossing
        on the ferry at 6 so
        clearly ignoring
all the attention she gets, will
        grow old, get
        pregnant,
increase the population or not,
        come to look
        different, change
        her ideas, and so,
                    years from now
                    another girl
looking not unlike her will come
        sit in the same seat, not
                    smoking,
eaten up by bad coffee and foghorns
                    back
to some unremarkable life, and

the process
rebegin
That old advertisement for a cleanser, Old
Dutch,
holding a can of Old Dutch cleanser with
the same picture on it,
and the same one on that, only
a little smaller, always
one a little smaller, the
same thing
over again

Hands

Her room is
stuffy, she notices,
as they enter it

After fucking on the light,
as she thinks of it, throwing
the light sweater on a carefully madeup bed, she

moves quickly to the
window, he is close behind her, as
she bends to throw it up
he takes the crests of
both ilia in
his hands to
press
her ass against, her crack against his . . .
"Wait a minit, cancha
wait a minit?"
she yells, bringing
one thing up, & another
down

Three Part Invention

June 21/62, 1:05 AM
s o l s t i c e
All windows open, moths
strike against the screens
The cheerful counterpoint:
the wide sound,
you whizzing in the bathroom
with the door open, against
the steady whirr
of air
conditioners in
the new building around the block,
pressure of air forced on metal leaves slatted out, over-
laid by the soft nature of your relief, the sigh
as you dry

the small tight hairs
and rise .
The leverage is metallic
and a cataract of water
ends the song .

The first quarter-hour of solstice
ends with your hand in the small of my back, a gentle
stroking
that brings everything from me, colors
and the dark spring from me into the dark / breaths
move from the shallows to deeps after-
ribcages rise and fall together.
Aware finally of movement of air
cooling the damp limbs, to making *V*
four an inverted *M* : and then, both
flopping on our faces, all those
lower case *l*'s .

Returning to work
after the fuck, first
I water the flowers,
care with fingers for the young plants that
nod in the well of night . The black young
cat jumps onto my knee as I write, her
belly heavy with kittens . She
prods at the book in my hand.

Air conditioners spin
against the regular
breathing from the
other room . Air
moves thru'
the quiet stream of my wrist, moths
strike the screen.

***

Ted Berrigan

Tambourine Life

for Anne Kepler

1.

FUCK COMMUNISM
it's red and white and blue
in the bathroom
Tult's
One dollar, you Mother!
Make all your friends
(now there's an idea)
STOP!
ARTFORUM
723½ North Cienega Blyd
Los Angeles, California
*

Back to the wall

(it's all in California)

Thanks to Jack

I mean it's all right here
It's morning
and I'm looking over the wall
at Mr. Pierre Loti and his nameless dog
they work well together
on paper
chasing a tiger across white expansiveness
that is not lacking in significance
what is?

The Russian Revolution
CIRCA 1967

2.

The apples are red again in Chandler's valley

redder for what happened there
never did know what it was
never did care
The End
on a pillow
naturally
a doormat lust steam a hiss Guilty!
I see the handwriting on the wall
of the bridge
intersection
New York Post ten cents
tip the newsboy
over
a million
laughs
that's the party line:
yes
he's working on the paper:
Mr. Horatio Alger
(he has a lovely talent)
thank you
here's your change

3.

I'm touched
here, take this penny
there is no need for the past
the sun is out
it's night
I mean
it is night
and I love you better
since
this seizure / of my eyeballs

*

Take off those Fug panties
Go ahead
it's a big world
The big guys do it
TO ANNIE
(between Oologah & Pawnee)
Guillaume Apollinaire

4.

The bodies of my days
open up
in the garden
of
my memory
in America
*
I have had the courage to look backward
it was like polio
I shot my mouth off
*
I NEED MONEY
that money
that at last
means less
than a band-aid
or a toadstool
*
OUCH!
that band-aid had an OUCH! in it
Who notices a toadstool in the street?
Everyone
who has on
a band-aid
That toadstool had a
band-aid on it

5.

(to Brett deBarry)

"He doesn't know how to take a vacation"
Dick
doesn't know how to take a vacation
either
That is not to infer
that Dick is a toad
under a band-aid far from it
a toad is a cold-blooded fellow
Dick is warm and full of blood
When you leave, Dick
turn the refrigerator
to vacation please

6.

Now I'm going to read 3 cereal poems:

CORN FLAKES
OATMEAL
RY-KRISP
they were composed
excuse me
I mean NOT composed
using the John-Cage-
Animal-Cracker
Method of Composition
(this seems to be mushrooming
into
major work
of high
seriousness

*

I'd fight for that!

I didn't have to.

8.

True Love

there is only one way
to describe
"True Love"
does anyone know
that one way?

*

Mr. Nelson Algren
1958 West Evergreen
Chicago Illinois

*

In Chicago Illinois, you
are really at home
whether you like it or not, baby,
and, whether you like it
or not
You Are My Friend
so don't pees me off!

9.

Come into my house
tonight
Dick
and I will show you
this new work
"Houses at Night"
It & this page, there not here, are not the same
except in a
manner of
speaking
it is not
"A Portrait of Jean-Marie"
tho it cd be, sir

it is also not
"A Portrait of Barbara Harris"
whom I don't know
though I like her plenty
she's a lot like me
(my own name is
"Mr. Brigadoon")

10.

I am constantly being caught up
in my own commotion
it is now a slow commotion

The radio turns me on

11.

Commotion over, clothes in hand I wait
in Mr. Ron Padgett's furlined
bridge-jacket

who shivers now
in Paris, Oklahoma
between Galveston &

Mobile a word
incidentally
invented
cross that out
coined
by Mr. Marcel Duchamp
to describe a
lady finger

12.

it's too cold in here but not for me
in my present balloon state to write this love song
"Cold rosy dawn in
New York city"
hovering over the radio

13.

I woke up this morning
it was night
you were on my mind
looking for a home
for the boll weevil

LADY BRETT

nothing like that in New York city
it's all in Oklahoma
where you-all
can learn to talk like me
if "you-all" is
Mr. Ron Padgett, "The
American Express"

14.

He's a good friend of mine
although he fears he is unable to love
people
who have no politesse
whatever that may be
thanks anyway, Frank
you're not without *con brio*
n'es ca'fe?

(thanks, Ed)

15.

I quote
from "The Code of the West"
a work
by Mr. Ed Sanders
whose "Poem From Jail"
I highly recommend
On second thought
I quote instead
this work
by Mr. Marcel Duchamp
which
oddly enough
I also give high
recommendation

16.

THE CODE OF THE WEST

1. Sob when you read "Black Beauty."
2. The true test of a man is a bunt.
3. Dare to do your duty.
4. Press the tip of the tongue on the gums
behind the upper teeth as for t, and expel
the breath with vibrations of the vocal cords.
5. He went to the windows of those who slept
and over each pain like a fairy wept.
6. Halt!
7. Loosen your snood.
7. Close your eyes and doze.
9. Jove! Jove! This shepherd's passion
is much upon my fashion!
10. Drill.

17.

you know
once people paid no attention to me
MAYAKOVSKY
in the garden of my memory
& now
passion's flower
wilts
constantly

because
my lady love is a Holy Roller!
Her body is a sponge
it has no mud
Tonight's heat
will dry that mud
and it will fall into dust
I'm already in it
the body I mean
not the dust
however if you are in the dust
kindly hop into this tub of
black water please
now hand me that quail
lean me against the belly of a woman
(you are that woman)

18.

knock on the door of her house
knock-knock
the sun is out
river flowing in a window
a geranium trembling automobile
droning
across the screen
Turn back to look
you don't see
the door open
you are standing there
I mean
I am sitting here
between the door
to a world full of others
like yourselves

and the droning solitude of this here Los Angeles
Freeway
How to get off?

19.

Hi, Bears!
do you believe in magic?
good!
because I am here
to make a monkey out of you
The best way
to make yrself a monkey
is to jump down
(spin around)
pick a bale of cotton
if you don't understand
that
you will never understand
your country's history

1000 volumes a year
ooze from the minds
of dead monkeys
and yet
we are still too dull
to understand
them
or that

*

Kiss me! it is not at all unpleasant
to be kissed by a monkey
if you are a monkey
I am not a monkey
I do not have a monkey on my back
I am not a monkey's uncle
turn page

20.

Only a monkey would read this
THE ENCYCLOPEDIA OF FLIES
over 250 flies
photographed
in living color
These 250 flies were tied "up"
excuted
by hand
Not my hand
The Little Sisters

21.

There are no flies on me, New York City
oh

22.

There are, however,
two sorts of landscapes
the interior
and
the exterior
as well as the other
which we will not go into here

23.

One song I have always liked
is
"Hope you Happy Monkey"
that's the truth
it's by Ruth Krauss

24.

There you are
There I go
past The Majestic Men's Clothes
slightly dissheveled
is a nice phrase
it has impact
like the three pricks
Alice gave
to Joe Gould
in 1933
MOTHER
that's Alice's idea of Wonderland

25.

She happens to be a sex expert, among other things
if you are squeamish I'd better not tell you
WHAT other things . . .
"How did Red China get the "O" bomb?"
no one knows
No one will ever know
because no one
is a tautology
let's have no truck
with tautologies

26.

This poem
has no truck
although it does provide
a sort of Reader's Digest
of Oriental sex practices
under the sheets
Who threw the panties into
Mother's Tea
is a good example of one
of the many unanswered questions
life provides
Where did the beautiful
British secret agent
lose his nightie
is another
it was not a Majestic nightie
nor was it a man's nightie
unless of course
the Beautiful British
secret agent
was a female impersonator
Perhaps that was his secret
There has always been a
quick turnover
among British secret agents
Look! there goes one now

27.

I am here today a gentleman
with time on my hands
you are in my heart
during
The Four Seasons
which are
1. springtime
2. bedtime
and so on

28.

There is a revolution going on in my skin
I have the gift oft young skin
no pimples
which is why I am here today
I would like to introduce myself
However
it will be better
between us
if I don't cheat
The victory is always to the sweet
so keep on the ball, buddy
I mean "the button

29.

COME ALIVE
Meet Me At The Smoke Ring
(Get Your Piles Out of Vietnam)
Let's Love One Another
(Equality for Homosexuals)
YES
SUCK
Stand Up For Dikes
Commemorating The Visit
Of Pope Paul X
to NYC
1965
We Won't Go
I'm for Legalized
Abortion
NO MAN IS GOOD THREE TIMES

30.

Life certainly is marvelous
when you're in love
isn't it?
Consequently, it is important
to be in love
most all the time
but not all of the time
When you are in love
all the time
you get bored
because life is boring
when it's always the same
that's a strange theory

31.

It's a theory of strange
I am in love
right now. I am in love with
(fill in name of person in room)
see me about this later, (ditto) .
I am not in love with Mr. Walter Steck
He was or
was not
recently elected
to the assembly
Just for the record I found Mr. Walter Steck
recently
at five o'clock in the afternoon
on Garcia Lorca's birthday
lying in the gutter
on his button

33.

O ship of states!
Sail on allegorical poem
about wispy affairs

34.

Branching out
shooting all night
he grounded
himself
on a button

35.

you stand
hitting upon things
you hadn't thought upon
when you get into the pictures
you wake up
inside an oval
portrait
I mean a woman
A beautiful reminder sitting on a line
it could be a steamship line— or even a ferry
line
you take it right
down the line

36.

Life is boring when you are Tarzan of the Apes
e. g. You step out from behind a bush
and say
Yes, I am M'sieur Tarzan

37.

Dick Gallup arrives at this point
and says
"Life is too boring"

38.

Jacques Louis David is crying in his crib
he is not bored
Jane has given him a banana

39.

Dick reads those lines
They bore him   but I laugh plenty

40.

David is sobbing bitterly
in the jungle
"Shut up
or I'll kill you"
He doesn't want to

41.

He wants the white
tempera
paint
with which I am painting out the words
in this here comic book
"Tarzan of the Apes"
so that I can fill in the words

42.

"The Words" is a good book
it is the autobiography of Mr. Jean-Paul Sartre
from age zero to ten
In it
he tells what a little shit he was.
"I'm going doo-doo" says Jacques-Louis David
we have words
and he falls asleep
unexpurgated

44.

Life is long
its sure been a long times
crossword puzzle
since I last
was here
That Spring of '65
that was
my best year
that was also a good year for
Dancers

Buildings and
People in the Street

*

in the cell block
a boy
invented
the mahogany cage
before he rested
The climate was a song
Crowds disperse my
purpose
my great calm
Dim lights
turn me off
the radio parts
the curly hair
me on the floor
saying

45.

"Go now
and get me a vast band-aid

46.

I'm sitting here thinking that these words that I have been
borrowing from Mr. James "The Rock" Proust and son
should stretch to the end of at least one
period in my life.
They did.

48.

"What I really like is new girls to fuck"
that's a good line
it was said by Dick Gallup
who let it drop there
that to be explained later
in the backroom
of The Peace Eye
that's all I know

49.

Cow a is not cow b
Dick
Count Korzybski said that
that Polish cocksucker
is what a drunk called HIM
He didn't mean Korzybski
though
He'd never heard of Him
I don't know what he meant
I was drunk

He was speaking Polish
He didn't like Counts
That's a fact

50.

According to FACT
William Burroughs
studied under
that Polish cocksucker
in Chicago
I've always admired Count Korzybski
and, in fact, I've always admired William Burroughs
Hi Bill!
I do not, however, admire FACT Magazine
because it costs too much money
and probably for other reasons
too vague to be present

51.

After all, this is art, not life
or, on the other hand, after all,
this is life, not art. Please
check one of the two. In any case,
it's six of one and half a dozen of
"the other"

52.

Listen
Is there a Pseudotsuga Menziesii
in your house ?
if so, there is
nothing to worry about
it would be hard to find
a house
in America
where Pseudotsuga Menziesii isn't
all over the goddam place
it has a lovely talent

53.

cross something out here

54.

Imagine yourself
driving on a super highway
with your friend
Mr. Bob Harris
besides being a genius
he is also a perrennial
problem child
who mooches off his friends
sleeps with any available women
ignores his children
and drinks ceaselessly

like yourself
you may have to stop often
to relieve yourself
because your friend
suffers
from a terrible disease previously
unmentioned
but not in this poem
nor by anyone you
has ever known
in this vale of tears

55.

back on the freeway the cars pass
over your eyes ears nose and throat and hairs
no interviews no photographs
no autographs
in this dream
which is so realistic
you can almost hear my voice
in your ear
which is on the level of your back,
dear

56.

Fish and Cheep Pet Shoppe
The Pioneer
Block Drug Manhattan
Fox's Corner
Martha's
are all places I have never visited
though I keep meaning to
*
the mist of may
is on the gloaming
and all the clouds
are halted still
fleecey
and filled with holes
They are alight with borrowed
warmth
just like me

57.

Italy is a boot in the atlas
The snowball centuries rolling
collect only the tiny footprints of
hens
the burning bush attracts
the hen
One comes to take one's
place in the sun, only
to smother inside the
hide of a hen

These passages were taken
from the works of a man
who was once attacked by a butterfly
in broad daylight

58.

Come in !
Hello Lee Mr. Lee Crabtree
of The Fugs
just came in

59.

Rhetoric
is what we make
out of our quarrels
with others
out of
our quarrels with ourselves
we make poetry
Yes, that is true,

60.

In my house, every cloud
has a silver lining
there is only one cloud in my house
Inside that cloud is a joke
it is an inside joke

61.

on every mirror
in my house
is a big kiss
placed there by Mr. Joe Brainard
*
it's very exciting
not to be asleep

62.

If Joe Brainard were here now
he'd be excited
about giving me those kisses
that's a lie
clickety-clack William Saroyan

63.

What we do in life
in New York City
in 1965
we "get the money"

64.

GET THE MONEY !

that was Damon Runyon's favorite expression
the heat is coming on
like gangbusters
(Eric Partridge)
History of American Climate)
I guess that means
it's time to burst,
eh,
M'sieur Cloud?

65.

Speaking of Picasso, he once said
that for him
true friendship cannot exist
without the possibility of
sex
That is true
I have many men friends
I would like to fuck
However, I am unable to do so
because I am not a homosexual
fortunately
this makes my life complex
rather than simple
and vice versa

66.

Dream on O impudent virgin
Guillaume Apollinaire
you too are aware of the duality of nature and of
the spirit
and you too prefer the visible
to the invisible
I salute You !
(Salutes)

67.

the true Guillaume
is a great deal more interesting
than many of those people
whose misfortune it is
not to be so true

68.

the logic of that is
lost
but may be recovered
in the theory of Mr. A.N. Whitehead to the effect
that a human being
may posses two kinds of perception / that
as it were
work from opposite ends.

69.

So, in conclusion, may I say
that this is what life is like here
you drink some coffee, you get some sleep
everything is up in the air
especially us
who are me

70.

Now
in the middle of this
someone I love is dead
and I don't even know
"how"
I thought she belonged to me
How she filled my life when I felt empty.
How she fills me now.

71.

games of cribbage
with Dick
filled this afternoon

do you understand
that?

72.

What Excitement !
crossing Saint Mark's Place
face cold in air
tonight
when
that vague someone waving
on a bicycle turned me
back on

73.

What moves me most, I guess
/ of a sunlit morning
is being alone
with everyone I love
crossing 6th and 1st
at ice-cold 6 a.m.
from whence I come home
with two french donuts, pepsi
and the New York Times

74.

Joy is what I like
That, and love.

January 1966

***

Tom Clark

Afternoons

It's fine to wake up and hug your knees
my knees
when I have run out of fire fluid
I rush back to bed

the feeling of paws on my knees
petals and wings
little hair
why have you gone

I sing that in my head
being alone is a song
a cigarette in bed
it 's better not to touch the ceiling
but if love attaches a band aid
from the ceiling to your head
there 's nothing to do but recognize it.

Superballs

You approach me carrying a book
The instructions you read carry me back beyond birth
To childhood and a courtyard bouncing a ball
The town is silent there is only one recreation
It 's throwing the ball against the wall and waiting
To see if it returns
One day
The wall reverses
The ball bounces the other way
Across the barrier into the future
Where it begets occupations names
This is known as the human heart a muscle
A woman adopts it it enters her chest
She falls from a train
The woman rebounds 500 miles back to her childhood
The heart falls from her clothing you retrieve it
Turn it over in your hand the trademark
Gives the name of a noted maker of balls

Elastic flexible yes but this is awful
You say
Her body is limp not plastic
Your heart is missing from it
You replace your heart in your breast and go on your way

Baseball

One day when I was studying with Stan Musial, he pointed out that one end of the bat was fatter than the other. "This end is more important than the other," he said.

After twenty years I learned to hold the bat by the handle. Recently, when Willie Mays returned from Europe, he brought me a German bat of modern make. It can hit any kind of ball. Pressure on the shaft at the end near the handle frees the weight so that it can be retracted or extended in any direction. A pitcher came with the bat. This pitcher offers not one but several possibilities. That is, one may choose the kind of pitch one wants. There is no ball.

Eleven Ways of Looking at a Shit Bird

I
In twenty occupied stalls
The only moving thing
Was the eye of the shit bird.

II
I was of three minds
Like the man who has just seen three shit birds.

III
The shit bird whirled in the flush.
It was a small weight off my pants.

IV
A man and a woman
Are one. Plunk!
A man and a woman and a shit bird . . .

V
I do not know which to prefer,
The sound of my own squeezing,
The shit bird whistling,
Or the splash.

VI
Icicles filled the deep toilet
Beneath my ass.
The shadow of a shit bird
Crossed it
And froze fast to the basin.

VII
I know noble accents
And lucid, inescapable rhythms;
The song
Of the shit bird..

VIII
When the shit bird flew out of sight,
It marked the basin with many circles.

IX
At the sight of shit birds
Flying in a green light
Many would take hiding.

X
He rode over Connecticut
In a glass coach
Without a washroom.
Once, a fear pierced him;
It was the approach
Of the shit bird.

XI
The water is whirling,
The shit bird must be flying.

***

Larry Fagin

Hello Again
for Lewis Warsh

I like your thin nose
As it appears on this paper.
I like mine, too,
An intelligent and truthful copy.
I liked being with you yesterday.
The ring around the city got pretty blue.
You smoke a lot
But suddenly and dramatically.
Your wife is terrific.
She is so pretty.
I like the way she drinks her coffee.
Let's get together again real soon.
We're better than anyone else in town.

New York

The radiator came on and the geraniums died.
Finally throwing up all the arms on the page
They came down in bangs, spilling mucilage
And some ink. Someone. I was careful to move a muscle...
I thought I witnessed an assist
From it. In and/or Out of the Blue. Not
A cloud. A huge network of dots got
Connected, would prove ghostly.
Nor swan nor clown but machinery
For lowering or raising heavenly objects.
When I rushed to pull the shade the sky –
Writers wrote Yanks 5, Reds 3
Across the page and would-be face. Then my ears
Burned and I cheered, remembering what name and team.

The Joke

My wife was a joke
I told a man
who slept with her
the night before.

Had she heard,
the cost
would have been
no love lost.

One night in bed
the joke
lit a cigarette
and blew smoke

in my face
which is no disgrace.
Now she and her lover
are free of each other

and he sits in a chair
and laughs at her
and makes an obscene gesture
in the air.

***

Lenore Kandel

Poem for Perverts

Come be my leather love!
and hand in glove we'll play our own amazing games
behind locked doors and silent window shades

> But she's exquisite!
> Six and a half inch high black patent leather boots that lace up tightly to the tender crotch, a brass and leather belt of chastity, a French-made corset that laces sixteen inches small, black leather gloves from fingernail to armpit (so tight it took an hour to ease them on), and best of all, a featureless black leather hood fitting over the entire head and gathered snugly at the neck permitting (exquisite!) only desperate painful breathing and no movement whatsoever

Be mine! Be mine!
I'll buy you iron fetters for your tiny wrists!

> The Fat Man, completely naked except for black leather gloves, made a gesture and they removed the hood leaving only a thick blindfold. They forced her to her knees in front of him and he put his gloved hands on her head and giggled softly as he pushed it where he wanted it. There was nothing she could do except obey.

I'll buy you manacles and thongs
and lash you trembling to the chairs
I'll lead you at midnight on a dog chain
to secret parties where Lady Olga demands *discipline*
and even I am subject to her whims

Exotic ladies!
Members of CLUB UNUSUAL!
Heroines of the spanking brigade
Heroes in lace-trimmed silken underwear, subjected to
UNSPEAKABLE INDIGNITIES!

Virgins of thirty-six with elongated tongues and clawlike nails
Affectionate young man, accustomed to discipline and
fond of frolic
Will cook and clean, desires only good home and a
STERN MISTRESS
UNSPEAKABLE INDIGNITIES!

Come be my bondage queen!
We'll meet on Friday afternoons and play
"Who'll Wield the Whip" and "Hide the Dildo"
you'll count to ten and find yourself in any one of seventy
predicaments

Bound To Please!

The bride wore black leather and carried a neat bouquet of riding whips; the groom donned a French maid's costume and was given away by Madame Tyrant of the well-known Tyrant Boarding Academy. The nuptials were celebrated by the Fat Man, who accepted the caudal kiss from all participants at the close of the ceremonies.

Love, he whispered, Love is my whip
and etched his ardor on her slender back
The blood wreathed down like roses!
Until she wept for joy who also wept for pain

Behold the fantasy of man gone civilized!
No naked brute could dream these delicate deceits
"Be mean to me," he begged
"No," she said, "I won't, I won't do it"
"Ah," he sighed ecstatically,
"I knew that you'd be mean"

"Lick it!" demanded Madame Olga, and Poor Francine complied, the tears running down her tender cheeks
"Lick it!" demanded the Fat Man, and Poor Evelyn obeyed.
She was chained on hands and knees but she lifted her head obediently, her blue eyes overflowing with tears

"Lick it!" ordered Nina, the French Maid, and Poor Harry did as she said, having learned the folly of rebellion at the cruel hands of Madame Tyrant

Lick it! Adore the booted foot, the gloved hand, the whip, the rod, the Agony Pear, the manacles, the chains, the Witches' Cradle, and the spanking board!
There is no way out, each door a further entrance to new indignities and epicurean conceits of anguish impossible to dream on, the carnivorous bloom of flowering neurosis gone to synthetic seed.
There are no exits in Bondageland, there is no way back!

Exquisite! breathed the Fat Man
He adjusted his pallid bulk delicately
and mounted the blue-eyed corpse

***

Gerard Malanga

Second Fame

It was time for the screaming to stop
Continuing in the dreams that we lose
Upon waking and the hair shines
In the sunlight all day.

"I am thinking about Benedetta" is the title of this
Poem, although the feeling of leather on flesh is exquisite
And the tight blue jeans are found soaking
Wet on the grass. But he can't get you
Out of his mind in the facial
Expression that tells you so.

So we fear the wind in the weeds
Recover the secret. Is it this road
Way or was it later?

Nothing will come but nothing will go empty
Handed as the young girl with dark hair stands
Knee-high in water
Wearing a white bathing suit
With a white organdy blazer
Opened to one side.

Cold

The young girl is unable to change
The form of her habitual thinking,
The posture with which she corresponds to
A feeling of sadness, the flow of her
Thoughts in which she is looking,
The facial expression, and so on;
She forgets herself to remember her pain
In the neck, to remember her problems.
I've said this before, remembering myself in the same
Situation until she came
Into my life for the first time
Remembering herself walking out in the open field

Of vision with eyes full of tears and smoke
Slowly coming out of her mouth.

The White Shirt

But what's the matter with this tooth
Ache that I cannot find
Time to tell the story of my life
Sentence because it does not work
Out? And why does she smile when he was
Thinking of the white trees
That fall suddenly
In the film of the calm dream
Boat I had had in childhood?

The friend no longer comes
With the flower in his left hand.
I thought of walking
Down the "up" escalator
Steps. Now she feels
Fine. In the afternoon
Young girls play idly with their breasts
In front of the bath
Room mirror and I am not ashamed.

I might just have had
The time to understand
A crowd of people
Admiring the machine
Gun which is astonishingly new
To help us recover those human
Relationships lost in the nightmare of the living
Beings who stand at attention
And we know nothing.

I have been walking since morning with a break
In my pace. The young model is waiting for the boy
Friend who will tell her
The truth when she dances
In the manner of that music
Score made that excites everyone
And they find every good reason
Impossible to understand
The twins walking beside me.

We saw nothing behind us on that roadway.
She was wearing a thin lavender evening gown.
The limousine moves swiftly across the countryside
To the inland estate
And yet sleep is a reason for not waiting
To think that the next day
Break would be any different:
The bikinis the same, the water
Cocktails that quench our thirst.

I saw her breast naked
The waist and the knee
Bone rising from leisure, excitement
Away from the beach
House in the dream regaining consciousness
At the touch of water
Spouts everywhere with us and our friends who exist
In the form and fashion of the tenderness
With such unspecified care.

The omnipotence of the body is not reconciled
But she walks through the tall weeds
With a grace that cannot be
Duplicated on the green hillsides,
On the brown road
Near us in another way of life
Terms that will not allow
For enough time to explain
The action of two bodies rolling in water.

The photos are not enough;
First because they are only an impression of the real
Sensation of the moment of not being there to feel
The release of the hair in the wind
In order to be able
To go further without suggesting
The truth which otherwise is impossible
To consider so that each afternoon
The young couple may relax on the sand dune
Among the weeds there and discuss forthcoming projects.

I do not know a great deal about the tropical
Reference to flowers. This is also a chain
Of thought, a way to begin
To see things for the first time
You find hard to accept
Because you are silent and you are going
Forward because you are alive
And are running with friends
Who would return there if they could.

All the beautiful people
Are full of the will to win
At any sport; bare bodies
Behind rocks on the beachfront,
Acquaintances that end in nakedness;
Angelic, graceful, sexy as they stand
Still with their backs turned from the sun
Light setting in the sea
Storm, oil upon the hair, the neck and the stomach.

Yet even now I remember
The white shirt
Sleeve clinging to her wet body
Line smelling of the salt

Within the wind caressing us,
And they wake in a great house with many windows
Open. We wash each other's feet.
Those who have fucked on the beach know
The short story that is true.

In Memory of the Poet Frank O'Hara 1926–1966

It's Mezza Notte e Mezzo at Turino
a Monday two days after coming
down from a "trip"
the way a whisper of twilight comes down, sometimes
It seems to be whispering
"Take me home"
which only a moment before
aggravated my nerves
It's just barely menacing
without frieds or a first aid kit or some pain
killer and I go get a brand-name bottle of
Tintura Jodio at the neighborhood Farmacia
because I will get
an infection from the ball
point pen that punctured my right leg
through my pants pocket
only a minute ago
and walk up the damp cobblestone street
and think a little about Frank O'Hara but not too much
and the painful subject of pain
the last days of his life;
he would have fallen in love with Turino and its high suicide rate.

I go have a Tortellini alla Bolognese
and a Cotollette Petroniano
at a restaurant whose name and address I forget,
and buy the latest American editions of *Vogue* and *Harper's Bazaar*
to see
what all the beautiful people in New York are doing these days

I would rather go out
of my way to create imperfections that have
the characteristics of nature
But nothing's going on
with the International Set which is nothing
exceptionally new except all the bi-monthly footnotes
on how to be and stay beautiful,
"Great Day Looks" and "Beautiful Teeth"
(where did all the grace go to, anyway!)
Oh! and there's a rare photograph on page 21e of Benedetta
Barzini, striking a smile for once in her life,
wearing Indian Jewels by Van Cleef & Arpels
against her Estee Lauder year-round sun-bronze skin
(how's that for high camp!)
and articles on
Penelope Tree, Donna Merella Agnelli, the corny

ideas of one Tom Stoppard, Frank O'Hara
(who will be this dead man's voice while he still lives?),
and Harold Pinter.
How's that for eclecticism!
I go to the Piper Club because I must
and Mario Schifano is busy
"making it"
behind the slide projectors as he must
throughout the disorganized and tedious
life we love like neon in fog
indicating a pause for refreshment.
Soon collaborative measures and efforts and mergers
will be the development of the moment,
forced through
the eye of the public
or a partner,
and even bread, love, and dreams will soon happen
because everything happens
in the twentieth century under the sun or a rainfall;
but at the moment the sun is out of sight at Turino.

It's nearly 1:00 A. M. now and as I think about
my life, so difficult floating out into outer space
or into a low ceiling
fog, I am reminded of all the movies
my father took me to see as a child
at the moment of fog
afterwards waking up late at night
in a fog from a nightmare in sweat
or driving through fog in a Dodge Dart
without radio music. In-joke.
I am also reminded that
the local tabacchi is closed by now
and so I buy
a pack of Peter Stuyvesant Filters which I don't like
because the vending machine doesn't carry
Rothman's King Size Filter Tips.

At the Grand Hotel Roma I place
a phone call to Francesca at Rome 1:30 A. M.
"my heart your heart"
streak through the long distance wires.
She makes me feel confident and slightly noble
although I can't help from feeling tired today
but not too tired not to think of her, her head
cold and the strange reality of our lives crossing
each other from opposite parts of the world
map. Then toward morning
the rain will have stopped and the fog
will have lifted and I will think of her some more,
having not stopped.

***

John Giorno

Flavor Grabber

Watch
the flavor grabber
game.

The cop
started
to call me
filthy names
and was slapping
my face.

An experiment
I am about
to test
is to take
two tapes
which may
or may not be
of the same
content.

How many
L & M
cigarettes
are grabbed
in the next
50 seconds?

I could see
he had
a hard-on
and a big one
that reached
nearly
to the top
of his high
boots.

Prepares boys,
grades 8–12,
for leading
colleges,
adult life.

Watch,
there goes
a flavor grabber.

Then they both
stripped
and the cop

shoved
his huge dong
into my asshole
without even
spitting on it.

Now started
running
tape 1
forward
from the beginning
and tape 2
start
at the end
and flash back
not playing
backwards.

There's another
flavor grabber.

As I screamed
in pain
the mechanic
pissed
all over
both of us.

Promotes
initiative,
leadership,
courtesy,
poise,
character growth.

When you grab
hold
of an L & M,
you grab hold
of flavor,
good round flavor,
never sharp,
never flat.

He shot
a load
into my ass
that felt
like a pint.

The scene
in the centre
depicts
the Buddha
throwing away
a mad elephant.

You understand
but simply
the last
of the tape
played first
so the two tapes
are simultaneously
running backwards
and forwards
past
each other.

He no sooner
pulled
it out
than the mechanic
ran his 13 inches
into my flaming
butt
right up
to the balls.

Outstanding
faculty,
facilities.
Fully accredited.

Good round flavor
you just can't get
in any other filter
cigarette.

Sword
with gilded scabbard
mounted
with coral orbs.

He fucked me
savagely
and when
I cried out
in pain,
the cop
shoved
the mechanic's
dirty jockey shorts
into my mouth.

All sports.
ROTC.
Artillery,
Cavalry,
Infantry,
Band.

Grab,
get hold
of an L & M.

After the mechanic
came,
he pulled out
real quick
so that it felt
like my guts
would come out
with it.

Then when
tape 1
comes
to the end
run backwards
and when tape 2
comes
to the beginning
run forward.

1500 acres
on lake.
Scholarships.
Catalog.

Be a flavor grabber.

***

Ron Padgett

Lettuce

If in fact the dog
Is the mortal enemy of the groundhog
Then I wish to God
I had been born a dog

That I might terrorize the groundhog
Whose insatiable appetite
For lettuce and gree peas and cucumbers and collard greens
Has nearly decimated our garden

It's not that I begrudge a poor groundhog getting a bite to eat
But that lettuce!
So tender so thin so delicious
How can the taste buds, how can the taste itself, of a groundhog
Possibly appreciate the fragile beauty of a lettuce leaf?

(I don't mean iceberg lettuce, or the gross romaine; rather,
what is known as Boston lettuce, sometimes "field or butter lettuce")

Can you imagine a groundhog's idea of a salad?
It's grotesque! It's hideous!

But a more human notion of a salad
Say some field lettuce
Mixed with roquette or watercress or rugola
With tarragon vinegar and olive oil
All thoroughly confused and recumbent
On a delicate blue and white china salad dish...

This, near the end of a delicious, satisfying dinner
Is something a groundhog will never comprehend

This, then, is why I resent the groundhog's filching
Our lettuce at night
And why I wish God had made me a dog...

The Life of M.

"The true test of a man is a bunt. So kiss me!
O please come back to me! Then go away...
I only like you for a long time.
And then: "the gaucho is coming!"

The old room back in you
Or a complicated object by a pond
Weren't exactly "piled up"
But a tall short masculine kept starting to go

There's nothing in this box
Or the one in it but what's there?
Brown old arithmetic, a stopwatch,
A wrist and some h . . . . . . n.
Put them back. They are good for you.

No! They aren't! For they still love
Though the toe has been
But off the bumper crop of fumes.
Besides, the gaucho is almost here.

Passage Charles Dallery

I'm standing in the shade of a tree
When under a suddenly cloudy sky
Everything is stopped its shining
To do something else
Very much how I feel
When you walk across the room toward me
Or away from me
So long as I know you're thinking of me
It's like walking past an open door
Looking in
And not seeing anything

And hurrying on to open up the paper
Where you read about the hideous murder
Comitted there a few hours before
What's happening here now
In the sky slowly depriving the land of light
It's one of the greatest things I've ever seen

After the Broken Arm

From point A a wind is blowing to point B
Which is here, where the pebble is only a mountain.
If truly heaven and earth are out there
Why is that man waving his arms around,
Gesturing to the word "lightning" written on the clouds
That surround and disguise his feet?

If you say the right word in New York City
Nothing will happen in New York City;
But out in the fabulous dry horror of the west
A beautiful girl named Sibyl will burst
In by the open window breathless
And settle for an imaginary glass of something.
But now her name is no longer Sibyl – it's Herman,
Yearning for point B.

Dispatch this note to our hero at once.

Wonderful Things

Anne, who are dead   and whom I loved in a rather asinine fashion
                    I think of you often

buveur de l'opium chaste et doux
                                        Yes I think of you
with very little in mind

as if I had become a helpless moron

            Watching zany chirping birds

      That inhabit the air

And often ride our radio waves

So I've been sleeping lately with no clothes on
The floor   which is very early   considering the floor
Is made of birds and they are flying and I am
Upsidedown and ain't it great to be great!!

Seriously I have this mental (smuh!) illness

                                        which causes me to do things

on and away

Straight for the edge
Of a manicured fingernail
Where it is deep and dark   and green   and silent
Where I may go at will
And sit down and tap
My forehead against the sunset
Where he takes off the uniform
And we see he is God

God get out of here

And he runs off chirping and chuckling into his hand

And that is a wonderful thing
.... a tuba that is a meadowful of bluebells

is a wonderful thing

and that's what I want to do

Tell you wonderful things

***

Frank O'Hara

Biotherm (for Bill Berkson)

The best thing in the world   but I better be quick about it
better be gone tomorrow
better be gone last night and
next Thursday better be gone
better be
always   or what's the use the sky
the endless clouds trailing we leading them by the bandanna, red

you meet the Ambassador   "a year and a half of trying to make him"
he is dressed in red, he has a red ribbon down his chest he
has 7 gold decorations pinned to his gash
he sleeps a lot, thinks a lot, fucks a lot, impenetrable and Jude-ish
I love him, you would love him too   if you could see outside

whoops-musicale (sei tu m'ami) ahhahahahaha
loppy di looploop   which is why   I suppose
Leontyne Price asked Secretary Goldberg to intervene with Metropera
it's not as dangerous as you think
NEVERTHELESS (thank you, Aristotle)

I know you are interested in the incongruities of my behavior, John
just as Bill you are interested in the blue paint JA Oscar Maxine Khnute
perhaps you'd better be particularly interested   POOF

extended vibrations
ziggurats ZIG I to IV   stars of the Tigris-Euphrates basin
leading ultimates such as kickapoo joyjuice halvah Canton cheese
in thimbles
paraded for gain, but yet a parade kiss me,
Busby Berkeley, kiss me
you have ended the war by simply singing in your Irene Dunne foreskin
"Practically Yours"
with June Vincent, Lionello Venturi and Casper Citron
a Universal-International release produced by G. Mennen Williams
directed by Florine Stettheimer
continuity by the Third Reich
after "hitting" the beach at Endzoay we drank up the liebfraumilch
and pushed on up the Plata to the pampas
you didn't pick up the emeralds you god-damned fool you got
no collarbone you got no dish no ears
Maurice Prendergast
Tilly Losch
"when the seizure tuck 'im 'e went" – Colette
besides, the snow was snowing, our fault for calling the ticket
perhaps at the end of a very strange game
you won   ? (?) ! (?)
and that is important (yeah) to win (yeah)

bent on his knees the Old Mariner said where the fuck
is that motel you told me about mister I aint come here for no clams
I want swimmingpool mudpacks the works carbonateddrugstorewater hiccups
fun a nice sissy under me clean and whistling a donkey to ride rocks
"OKAY (smile) COMING UP"
"This is, after all," said Margaret Dumont, "the *original* MAIN CHANCE"
(fart) "Suck this," said the Old M, spitting on his high heels
which he had just put on to get his navel up to her knee

but even that extended a little further,
out into the desert, where
no flash tested, no flashed!
oops! and no nail polish, yak
yak, yak, Lieut.
no flesh to taste no flash to tusk
no flood to flee no fleed to dlown flom the iceth loot
"par exemple!"

out of the dark a monster appears full of grizzly odors which exhale through
him like a samovar belches out the news of the Comintern in a novel by
Howard Fast
BUT
the cuckoo keeps falling off the branch so everything's okay
nobody worries about mistakes disasters calamities so long as they're "natural"
sun sun bene bene bullshit   it's important to be sensitive in business and
insensitive in love because what have you if you have no "balls" what made
the French important after all if not: jeu de balles, pas de balles and,
for murderers of Algerians, regle de balles   may I ask
"do you love it?"

I don't think I want to win anything I think I want to die unadorned

the dulcet waves are
sweeping along in their purplish
way and a little girl is
beginning to cry and I know
her but I can't help because
she has just found her first brick
what can you do what

does that seem a little too Garboesque? now Garbo, a strange case. oh god

keeping them alive
there are more waves with bricks in them than there are
well-advertised mansions in the famous House
but we will begin again, won't we
well I will anyway or as 12,
"continuez, même stupide garçon"

"This dedelie stroke, wherebye shall seace
The harborid sighis within my herte"

and at the doorway there is no
acceptable bong except stick mush
room for paranoia comme à l'heure de midi moins quatre
et pour

JOUR DE FETE j'ai composé mon "Glorification" hommage au poète
américain
lyrique et profond, Wallace Stevens
but one
of your American tourists told me he was a banker
quels délices
I would like to tell you what I think about bankers but...
except W. C. Fields

what do you want from a bank but love ouch
but I don't get any love from Wallace Stevens no I don't

I think délices is a lot of horseshit and that comes from one who infinitely
prefers bullshit
and the bank rolled on
and Stevens strolled on
an ordinary evening alone
with a lot of people

"the flow'r you once threw at me
socked me with hit me over the head avec
has been a real blessing let me think
while lying here with the lice
you're a dream"
AND
"measure shmeasure know shknew
unless the material rattle us around
pretty rose preserved in biotherm
and yet the y bothers us when we dance

the pussy pout"
never liked to sing much but that's what being
a child means BONG
le bateleur! how wonderful
I'm so so so so so so so so so so happy
so happy I make you happy
like in the s- s- s- s- soap opera wow
what else I mean what else do you need (I)
then you
were making me happy otherwise I
was staring into *Saturday Night* and flag
pink shirt with holes cinzano-soda-grin
uvh. it is just too pleasant to b.w.y.

hey! help! come back! you spilled your omelette all over your pants!
oh damn it, I guess that's the end of one of our meetings

"vass hass der mensch geplooped
that there is sunk in the battlefield a stately grunt
and the idle fluice still playing on the hill
because of this this this this slunt"
it's a secret told by
a madman in a parlor car
signifying chuckles
* Richard Widmark *
* Gene Tierney *
* Googie Withers *

I hate the hat you are not wearing, I love to see your narrow head

there in the dark London streets
there were all sorts of murderers
gamblers and Greek wrestlers
"I could have had all of wrestling in London in my hand"
BANG
down by the greasy Thames shack
stumbling up and over
(PROKOFIEVIANA)

One day you are posing in your checkerboard bathing trunks
the bear cats only honey what a strange life

is the best of mine impossible what does it mean

that equally strange smile it's like seeing the moon rise
"keep believing it"
you will not want, from me

where you were no longer exists
which is why we will go see it to be close to you how could it leave

I would never leave you
if I didn't have to
you will have to too
Soviet society taught us that

is the necessity to be "realistic" love is a football
I only hear the pianos
when possession turns into frustration
the North Star goes out will it
is there anyone there
the seismograph at Fordham University says it will
so it will not
we are alone no one is talking it feels good
we have our usual contest about claustrophobia
it doesn't matter much
doing without each other is much more insane

okay, it's not the sun setting it's the moon rising
I see it that way too

(BACK TO SATIE)

when the *Vitalità nell' arte* catalog came in the mail I laughed
thinking it was *Perspectives USA* but it wasn't it
was vitality nellie arty ho ho that's a joke pop
I never had to see I just kept looking at the pictures"
damn good show!
don't I know it?
take off your glasses
you're breaking my frame
sculptresses wear dresses

Lo! the Caracas transport lunch with George Al Leslie 5:30 I'll
be over at 5
I hope you will I'm dying of loneliness
here with my red blue green and natch pencils and the erasers
with the mirror behind me and the desk in front of me
like an anti-Cocteau movement
"who did you have lunch with?" "you" "oops!" how ARE you

then too, the other day I was walking through a train
with my suitcase and I overheard someone say "speaking of faggots"
now isn't life difficult enough without that
and why am I always carrying something
well it was a shitty looking person anyway
better a faggot than a farthead
or as fathers have often said to friends of mine
"better dead than a dope" "if I thought you were queer I'd kill you
you'd be right to, DAD, daddio, addled annie pad-lark (Brit. 19th C.)

well everything can't be perfect
you said it

I definitely do not think that Lobelia would be a suitable name
for Carey and Norman's daughter if they have a daughter
and if they have a son Silverrod is insupportable by most
put that back in your pipe Patsy and make pot out of it honey
you were there I was here you were here I was there where are you I miss you
(that was an example of the "sonnet" "form") (this is another)
when you went I stayed and then I went and we were both lost and then I died

oh god what joy
you're here
sob and at the
most recent summit
conference they
are eating string
beans butter
smootch slurp
pass me the filth
and a coke pal
oh thank you

down at the box-office of Town Hall I was thinking of you in your no hat
music often reminds me of nothing, that way, like reforming

September 15 (supine, unshaven, hungover, passive, softspoken) I was
very happy
on Altair 4, I love you that way, it was on Altair 4 "a happy day"
I knew it would be
yes to everything
I think you will find the pot in the corner
where the Krells left it
rub it a little and music comes out
the music of the fears
I reformed we reformed each other
being available
it is something our friends don't understand
if you loosen your tie
my heart will leap out
like a Tanagra sculpture
from the crater of the Corsican "lip"
and flying through the heavens
I am reminded of Kit Carson
and all those smiles which were exactly like yours
but we hadn't met yet
when are you going away on "our" trip
why are you melancholy
if I make you angry you are no longer doubtful
if I make you happy you are no longer doubtful
what's wrong with doubt

it is mostly that your face
is like the sky behind the Sherry Netherland
blue instead of air, touching instead of remote, warm instead of racing
you are as intimate as a "cup" of vodka
and when yesterday arrives and troubles us you always say NO
I don't believe you at first but you say no no no no
and pretty soon I am smiling and doing just what I want
again
that's very important
you put the shit back in the drain
and then you actually find the stopper

take back September 15 to Aug something
I think you are wonderful on your birthday
I think you are wonderful

on all your substitute birthdays

I am rather irritated at your being born
at all
where did you put that stoppe
you are the biggest fool I ever laid eyes on
that's what they thought about the Magi, I believe

first you peel the potatoes
then you marinate the peelies
in campari all the while playing
the Mephisto Waltz on your gram
and wrap them in grape leaves
and bake them in mush ouch
that god damn oven delicacies
the ditch is full of after dinner
what sky
out there in between the ailanthuses
a 17th Century prison an aardvark
a photograph of Mussolini and
a personal letter from Isak Dinesen
written after eating

the world of thrills! 7 Lively Arts! Week-in-Review! whew!
if you lie there asleep on the floor after lunch
what else is there for me to do but adore you
I am sitting on top of Mauna Loa seeing thinking feeling
the breeze rustles through the mountain gently trusts me
I am guarding it from mess and measure
it is cool
I am high
and happy
as it turns
on the earth
tangles me
in the air
the celestial drapery salutes an ordinary occurrence
the moon is rising I am always thinking of the moon rising
I am always thinking of you
your morality your carved lips
on the beach we stood on our heads
I held your legs it was summer and hot
the Bloody Marys were spilling on our trunks
but the crocodiles didn't pull them
it was a charmed life full of
innuendos and desirable hostilities
I wish we were back there among the
irritating grasses and the helmet crabs
that spindrift gawk towards Swan Lake Allegra Kent
those Ten Steps of Patricia Wilde
unison matches anxious putty Alhambra
bus-loads of Russians' dignity desire
when we meet we smile in another language

you don't know the half of it
I never said I did

your mortality
I am very serious

ENDGAM WAITING FOR GODOT WATT HAPPY DAYS which means I love you

What is that hat doing on that table in my room where I am asleep
"thank you for the dark and the shoulders"
"oh thank you"

okay I'll meet you at the weather station at 5
we'll take a helicopter into the "eye" of the storm
we'll be so happy in the center of things at last
now the wind rushes up nothing happens and departs
L'EUROPA LETTERATURA CINEMATOGRAFICA
ARTISTICA 9–10
your back the street solidity fragility erosion
why did this Jewish hurricane have to come
and ruin our Yom Kippur

favorites: vichyssoise, capers, bandannas, fudge-nut-ice, collapsibility,
the bar of the Winslow, 5:30 and 12:30, leather sweaters, tunafish,
cinzano and soda, Marjorie Rambeau in *Inspiration*
whatdoyoumeanandhowdoyoumeanit
(MENU)
Déjeuner Bill Berkson
30 August 1961

Hors-d'oeuvre abstrait-expressionistes, américain-styles, bord-durs, etc.
Soupe Samedi Soir à la Strawberry-Blonde
Poisson Pas de Dix au style Patricia
Histoire de contrefilet, sauce Angelicus Fobb
La réunion des fins de thon à la boue
Chapon ouvert brûle à l'Hoban, sauce Fidelio Fobb
Poèmes 1960–61 en salade

Fromage de la Tour Dimanche 17 septembre
Fruits des Jardins shakspériens
Biscuits de l'*Inspiration* de Clarence Brown

Vin blanc supérieur de Bunkie Hearst
Vin rouge mélancholique de Boule de neige
Champagne d'Art News éditeur diapré
Café ivesanien "Plongez au fond du lac glacé "
Vodka-campari et TV

as the clouds parted the New York City Ballet opened Casey Stengel was there
with Blanche Yurka, "Bones" Mifflin, Vera-Ellen and Alice Pearce, Stuts
"Bearcat" Lonklin and Louella "Prudential" Parsons in another "box", Elsa
"I-Don't-Believe-You're-a-Rothschild" Maxwell wouldn't speak to them
because she wasn't "in" the party and despite the general vulgarity Diana
Adams again looked exactly like the moon as she appears in the works of
Alfred de Musset and me
who am I? I am the floorboards of that zonked palace

after the repast the reap (hic) the future is always fustian (ugh)
nobody is Anglican everybody is anguished

"now the past is something else the past is like a future that came through
you can remember everything accurately and be proud of your honesty you can
lie about everything that happened and be happily reminiscent you can alter
here and there for increased values you can truly misremember and have it
both ways or you can forget everything completely the past is really something"

but the future always fall' through!
for instance will I ever really go live
in Providence Rhode Island or Paestum Lucania
I doubt it "you are a rose, though?" (?)
a long history of populations, though
the phrase beginning with "Palms!" and quickly forgotten
in the pit under the dark there were books
being written about strange rites of the time
the time was called The Past and the books were in German
which scholars took to be Sanskrit or Urdu
(much laughter) which later turned out to be indeed
Sanskrit or Urdu (end of laughter, start of fight)
and at the same time the dark was going on and on
never getting bluer or greener or purpler just
going on and that was civilization and still is
nobody could see the fight but they could hear what
it was about and that's the way things were and stayed
and are except that in time the sounds started to
sound different (familiarity) and that was English

well, that Past we have always with us, eh?
I am talking about the color of money
the dime so red and the 100 dollar bill so orchid
the sickly fuchsia of a 1 the optimistic
orange of a 5 the useless penny like a seed
the magnificent yellow zinnia of a 10
especially a roll of them the airy blue of a
50 how pretty a house is when it's filled with them
that's not a villa that's a bank
where's the ocean
now this is not a tract against usury it's just putting two and two together
and getting five (thank you, Mae)

actually I want to hear more about your family
yes you get the beer

I am actually thinking about how much I love Lena Horne
I never intended to go to New Hampshire without you
you know there's an interesting divinity in Rarotonga that looks sort of like you

"I am a woman in love" he said
the day began with the clear blue sky and ended in the Parrot Garden
the day began and ended with my finding you in the Parrot Garden
Lena Horne had vanished into a taxi and we were moreorless alone together
of course it wasn't Lena Horne it was Simone Signoret we were happy anyway

"As if a clear lake meddling with itself
Should cloud its pureness with a muddy gloom"

"My steeds are all pawing at the threshold of the morn"

favorites: going to parties with you, being in corners at parties with you,
being in gloomy pubs with you smiling, poking you at parties when
you're "down," coming on like South Pacific with you at them,
shrimping with you into the Russian dressing, leaving parties with
you alone to go and eat a piece of cloud
YIPE! 504 nails in *The Gross Clinic!*
it's more interesting to see a Princess dance
with a Bluebird than just two bluebirds
dancing through diagonal vist' together

at the flea circus there was a bargain-hunter
at the end of the road a bum, the blue year
commenced with an enormous sale of loneliness
and everyone came back with a little something
one a baby, one a tooth, one a case of clap
and, best of all, a friend bought a medical dispensary
there were a lot of limbs lying around so
of course someone created a ballet company, oke
the barely possible snow sifted into a solid crystal
I sometimes think you are Mozart's nephew: "Talk
to me Harry Winston, tell me all about it!"

"from August to October
the sun drips down the sign
for eating at midnight ask Virgo
to be lost outside the cafeteria"

I went to Albania for coffee and came back for the rent day
"I think somebody oughta go through your mind with a good
eraser"
meanwhile Joe is tracing love and hate back to the La Brea tar-pits

hear that rattling?
those aren't marbles in my head they're chains on my ankles

why do you say you're a bottle and you feed me
the sky is more blue and it is getting cold
last night I saw Garfinkel's Surgical Supply truck
and knew I was near "home" though dazed and thoughtful
what did you do to make me think
after we led the bum to the hospital
and you got into the cab
I was feeling lost myself

(ALWAYS)

never to lose those moments in the Carlyle without a tie

endless as a stick-pin barely visible you
drown whatever one thought of as perception and
let all the clouds in under the yellow heaters
meeting somewhere over St. Louis
call me earlier because I might want to do something else
except eat ugh
endlessly unraveling itself before the Christopher Columbus Tavern
quite a series was born as where I am going is to

Quo Vadis for lunch
out there in the blabbing wind and glass   c'est l'azur

perhaps
marinated duck saddle with foot sauce and a tumbler of vodka
picking at my fevered brain
perhaps
letting you off the hook at last or leaning on you in the theatre

oh plankton!
"mes poèmes lyriques, à partir de 1897, peuvent se lire comme un journal intime"

yes always though you said it first
you the quicksand and sand and grass

as I wave toward you freely
the ego-ridden sea
there is a light there that neither
of us will obscure
rubbing it all white
saving ships from fucking up on the rocks
on the infinite waves of skin smelly and crushed
and light and absorbed

8/26/61–1/23/62

***

Anne Waldman

How to Write

Perhaps I'm kidding myself about
the life I lead

Sometimes I feel I'm dying
like a lot of things I see around me

Then I turn on the TV and understand
that everything must still be moving

Music, for example, and I rush outside
around the corner to a concert

It's so easy

Everything accessible from where I
happen to live at the moment

Things like rock concerts not too many trees on 2nd Avenue

Once, on the Sixth Avenue bus
I got a sudden sensation
I had been alive before

That I was a man at some other time
Traveling

You would think this strange if you were a woman

If I were a man right now I'd be getting out of the draft
but I think I'd want to be a poet too

Which simply means alive, awake and digging everything

Even that which makes me sick and want to die

I don't really, you know

I just don't want to be conscious sometimes

because when you're conscious in the ordinary way
you have to think about yourself a lot

Dull thoughts like what am I doing?

Uptown in a large crowd I want to sit down and cry
because everything is simple and complicated
all at once

Everyone has this feeling

Even people downtown

It is very basic to the way we are
which is why I can say "we"

A lot of drugs can change you if you want
because you too are made of what drugs are made of

In fact you are just a bundle of drugs
when you come right down to it

I don't want to go into it
but you'll see what I mean when you catch on

That's not meant to sound snotty
I'm open to whatever comes along

This is the feeling I get before I take a plane

Then everything's the same afterward anyway

All into one space and here I am again
alive still, same worries on my mind

The thing is don't worry!
You are doing what you have to what you can

You hear from your friends
They let you know what's happening in California, Iowa
Vermont and other places about the globe

They take you out of your little room
just like the newspapers or the news
or the man you live with

and put you in a much larger room
one in which you are in constant motion around the clock

Going In

We are going in the water for the rest of the day
so that sun so hot now is really a false start
when I mention it on those postcards a week from today,
wanting to lighten your feet as we move from town to museum
and taking in a swim we end up in a city which becomes the map
you buy as the water rips at the folds you bend the wrong way,
impatient to know the way I stay up studying myself in Europe:

Look at the water splashing from the edge like that!

I can't keep my eyes off summer clothing
or looking for Negroes, say, in Switzerland wondering
what everybody's thinking back in New York a revolution
in my head I'm dreaming everyone is black and here we are
eating a prezzo fizzo and dizzy behind the Uffizi.

It's all so wonderfully exhausting with this wine in my feet
and you're dragging me through these streets of sexual freaks
can't believe the skirts I'm wearing and everyone praying
somewhere every day I want to go in the churches they won't let me
like you won't let me bite my nails what fun is that?

But how extraordinary everything is and new hitting my eyes
so I can't see myself getting up at 6 am in Venice,
but you do, thinking of Stokely Carmichael in London and the part when
he was talking about "history" you know? and that's what we're doing

Like tyrants I want it all to be perfect and it isn't
so bad being here, alive, wet all over, and you along.

Gun Power

Coming down hard on America
                                        you've got to have a heavy typewriter
                                        strength & power
& superhuman energy to back you up
Already you're exhausted and planning your escape
                                                            (in this poem)
Without words you're well on the way
                                    to being an evolutionary trend
where men cast down their words like weapons
                                    and pick up real weapons
and sit in silence like dopes
Something you can't cover with a typewriter in New York City 1968!

What am I doing here then?
DECLARE WAR
BEWARE SINCERE WHITES
are interesting words, I think
which carry a certain weight like
GREAT SHACKLES do
when William Burroughs is talking about Western civilization
or
NARCOTICS
Otherwise, I like to read anecdotes in the life of a great black leader
which lift me up
and carry me down
to the streets and back
Too much happening out there
I'm not prepared to die over just anything, you realize
ALL OR NOTHING LIFE OR DEATH
DECIDE NOW
The time has come to be yourself
but you'd better be okay or BANG!
You're not going to last through the summer
(& missing something if you do

***

John Perreault

Emily Dickinson

I met you in October, picking your nose,
and you couldn't speak English.
How charming.
I met you on the parkway, raising your thumb,
and you didn't know where I was going.

The inhumanity of it, the freakishness.
The terrible pose,
the garden full of wet roses,
and you surrendering loudly
to the whims of my gigantic nephew.

Please call the police! I have been robbed
by my sanity.
The days get longer and my money gets short.

But why do you insist upon singing so loudly?
You can't even carry a tune.
So why do you insist upon
singing arias from La Forza del Destino?

Personally, I have always wondered about you,
you and your strange decor
—your mannerisms that are not
in the least bit becoming
or, for that matter, fashionable.

On my windowsill is a bust of
Jack the Ripper,
or is it Emily Dickinson, deflowered?

The Americans

Bathtub time! We sponge ourselves all over
with green and yellow sponges
and Larry, official bottle-cork,
watches us from the window across the street.

"Let us polka in the moonlight by the Ganges!"
sings Howard in his best falsetto.
"Let us tap-dance naked through the Alps!"

Larry jumps into his American car
and heads for Berlin.

"Taking a bubblebath is like soaking
in a warm gardenia snowdrift," says Emily,
who is bleaching her hair.
(She is bored with being a brunette.)

"Ugh!" says Ronnie.
"Spinach nightmares!"

We arrange to have the streetlights lit,
and dressed in our silk kimonos, bare-footed,
we go for a long walk on the outskirts.

But Sonia cries in her birch beer
tears of pregnancy for Harry
who has captured a fly.

"Pay me in kites or in rowboats."
she writes from her bike.

Sonia steals some flowers
from a graveyard,
boycotts Sam,
and, when the bells begin,
throws an orange at the wallpaper.

Bored and exhausted I limp down the street.
The sky. The bus. The bridge.

"Surrender," says Philip.
"Surrender to the touch of my elbow."

***

Peter Schjeldahl

Smiles

I am smiling tonight not really
At anything, just a simple explanatory
Kind of smile, with maybe a trace of "apologetic"
The way a person smiles to say "Go away,
I mean love me!" and "You'll never know me, will you?"
But you're not even looking at me now
So how could it be that?

The answer is of course it could be anything
And probably is, it's so cold out
I bought several things today, e.g. two distinct brands
Of roach spray, out of no necessity
Save gratitude's, at those stores being so warm
And stop-in-able   And of course no one was at home anywhere
But maybe aimlessly out of doors like me, or just possibly
In bed with each other, I like to think

Women and men smile differently, you know
A woman smiles to tell you what she's wise to or that she's
About to go insane and a man to tell you how he feels
Or wants to, which is usually "superior"
But not really, I mean nobody's *that* ambitious   Are they?

So summer and winter we keep on keeping our distance
Only to make it all the more subtle and exciting
As opposed to merely useful, the way
A policeman's smile is a keepsake
And that of a "foreigner," spectacular and odd
Your smile is warm and inconvenient
Like a sweater with no hole for the head to come out of

I wouldn't mind this cold so much if my breath
Were not forever freezing on my mustache
As I went steaming, moist with life, down Eighth Street
Grimacing to break the seal

Here I Am

Here I am feeling not especially
"Spontaneous," but in some way "new-born"
As we all must feel, these days, to go on with it
And by "it" I mean what we are doing
I'm not exactly sure what *I'm* doing, but I can sense it
Getting done out (in) there (here) constantly
Like a letter thoroughly written to someone (myself)
That is burned up in a fire like the one they had
Last month in the Morgan Annex Post Office
And there you have it—life!

Why I feel good is today I steamrolled
Several obligations, by doing them
There is no good substitute for action, really

My friends and I are wont to accuse me of being smug
We may be exaggerating things a trifle
Maybe it only says: I've got some mass of stuff here
But can't always find the handle to pass it on to you
I'd rather be unbearable than empty

It's nice in a dried-up kind of way to think
You are a weight the world has to carry:
                                                  Congratulations
World! on being so circumspect and persevering
May our partnership be a long one
And not completely unexceptional!

What do you think of that?

Les Levine Birth Day (Disposable) Poem

1.

Today is October 6, 1967 in New York, a nice day:
Smoggy of course but cool and "autumnal" and here
We all are at 119 Bowery, in a neighborhood interesting
As it is bad, kitty-corner from the amazing Bowery Savings Bank
Designed by Standford White (I think) which sometimes
At night is lit up like a cake
And which we all saw on our way to this place   of course
These things are not eternal—they are just New York
The way we are Les Levine's Birthday Party   fragile, but kind

2.

Today it is Les Levine's Birth Day
And I'm glad   are you glad?   ("Of course!")
No one knows if Les Levine is or is not glad
That today he is older again and (still) more famous (that
Is why we bring presents and a cake:
To console him if he is not glad, or to make him
Ecstatic if he is!)
                    In any case, birthdays are not
Disposable; they pile up, they collect us
They are important the way history is important
Like THE HISTORY OF THE IRISH RACE, which
Has brought us, many centuries in the making, Les Levine
Who is not disposable either, but lastingly interesting
And honorable   Of course each of us has his own reasons
For honoring Les Levine—like "birthdays," born every day
In every heart, or something like that

The first time I met Les Levine I thought he was a great artist
Today, after more than a year, I think Les Levine
Is a great artist   so you see, there is no such thing
As "progress," but only eternal things like

Thinking and greatness and art, and temporary things
Like Les Levine, that bring all the eternal things together
To make life bigger and more attractive for a minute

And today Les Levine is older: is he wiser?
Who knows? (no one knows) but probably not very
And this is probably for the best we do not need
Our great artists to be wise, so much as to be
Great, just great—that's all

***

Lewis Warsh

French Window
For Tom Clark

You will never appear in our Bronx store
tomorrow, for by then I will have met you
elsewhere, and taken you home. Never
leave a simplified form to
abbreviate off that sleek burr in
a jockey's first thought to pee on you,
for it is spacious and survives the day.
A placid jaunt towards peace
in an ambulance weaning
which is hopelessly confessed
into the slim hope of dubious-
ly waiting. After coffee
pipes under construction go
like the admiring monarch's faithful
swords to gracefully
cut away what you knew about
things. The streets are clean
now anger upsets the possibilities that
each newcomer improves our lives
rather than residing over ones system of belief
for making us famous. That is why coffee
is famous for the architecture
on which someone pees, though it is only a dog
in a factory who will someday manage one.

8 AM

Getting up into your clothes
Shirt patted down around body
You figure: nothing is worth this

Then a nickel falls into the slot
Of your pocket, before take-off,
And the plane of your body under
Shirt, slips back.

Warm & Tender Love

You brought home some coffee, Medaglia D'Oro. It's the kind we usually have when we visit Ron's or George's. A long walk. Afterwards, sweating inside my body repels coffee odors and other odors escaping from my mouth when I start to talk. You tried (you thought) to open the can with the new can opener I bought for 49 çh. at the Discount Store between St. Marks & 7th. Odors of cat food under the wooden board. Kitten wrapped up like a snowball on the couch, climbs to where I'm sitting in the rocker: knows, soon, I'll be drinking some Italian coffee, and not really enjoying it too. Always liked it when Katie or Pat served it, wonder what could be wrong. Too much trouble opening the can, gave me a headache, watched the coffee grounds sprinkle over the board. I always thought that coffee like that smelled good from a distance, like the distance from one person's house to another: you could never go wrong. On a cold night a cold man likes a hot cup of coffee. Return from a long winter walk, find coffee brewing, plugged in. I say: "I'd like a cup of coffee." "Black?" "A little milk in it please." You drop everything, rush inside to pour coffee, take cup from shelf, milk from icebox, begin pouring. The milk makes some coffee flow over the rim of the cup across the top of the table onto the floor.

***

Edward Field

The Life of Joan Crawford

For Barbara Barry

She was a working girl from a small town
but the town wasn't so small
that it didn't have a railroad track
dividing the right side from the wrong side.
On the right side was the Hill
where the swells lived in big houses,
and on the wrong side, the Hollow where the proletariat
spent their greasy and unrewarding lives.
(For in those days the American town
was a living demonstration of Marxist theory.)

Joan of course lived in the Hollow
in one of those shacks with sagging porches
the mill put up rows of for the workers.
Her father, Tim Crawford, was the town drunk
living on relief and odd jobs
ever since the mines closed down when Joan was a baby.
He had been waiting for them to reopen for twenty years.
Joan never knew what had happened to her mother:
Joan's birth, her mother's disappearance or death, the mine's closing,
that was in a time of violence no one would discuss.
Just mention it and her father went on a binge,
not that he was ever sober.
She sighed, and went off to work in the five-and-ten
wearing her made-over dress with little washable collar and cuffs.
Even with her prole accent and the cheap bag and shoes
she was a good looker.
Men used to come by in their flashy suits and big cigars,

call her tootsie and ask for a date,
but she knew a poor girl didn't stand a chance with them.
She wasn't one of those innocents
who think a guy loves you if he gets a hard-on.
Yet she wouldn't go with any of the boys from the Hollow
because with them the future was sleazy with kids
and the ruin of her figure before she was thirty—
and no fun after the honeymoon
except the Friday-night fight
when he would come home stinking, having drunk up the paycheck
and beat her black and blue
when she threw the stack of overdue bills at him
and then screw her viciously on the dining-room table.
Some fun.
That was life in the Hollow and she wasn't having any.
She had turned down a job working in the mill
where the pay was better but life closed like a trap on you
and chose the more ladylike job at the five-and-ten
where people called her Miss and she could pose genteelly
behind the Tangee cosmetic display and the ribbon counter.
For Joan had the makings of a lady
if she could ever get some dough to fix herself up with
and a speech teacher to correct her dreadful accent.

But Nature had its way with Joan at last:
Spring came and handsome John Wainrich
(of the best family in town—they owned everything,
the five-and-dime, the shut mines, and the mill),
John Wainrich came in one day to collect the receipts or something
and found a million dollar baby in his own five and ten cents store.
Well Joan fell hard
and went out with him in his big car
and of course in the moonlight she let him have his way with her.
She used to meet him on the sly
when he could get away from the country club
and the milk-white debutante he was engaged to,
and they would drive out to roadhouses
where he wouldn't be seen by his swell friends
Joan had pride,
but what is a woman's pride when she's in love.
What it came to, a few months later,
was that she got pregnant,
and just as she was about to break the good news,
he told her he was going to be married
and would have to stop seeing her until after the wedding,
that it was just a marriage of convenience
and wouldn't make any difference to them.
So she couldn't tell him then, she would have died first.

My great love, she muttered sarcastically,
he didn't even use a scum-bag.
And she went off to the city
where she got a job as receptionist in an office.
Her boss, Mr. Harris, was an older but dignified man
with a wife at home on Park Avenue, the victim of neurosis and wealth—

with all that money she could buy neither health nor happiness.
Joan used to listen to Mr. Harris's troubles
when she brought him his alka-seltzer mornings.
And when she was promoted to secretary, they would have dinner out
and she'd advise him on business,
she being a girl with a good head on her shoulders.

In Mr. Harris's company she saw the world and learned fast.
She lost her small-town look and learned to dress,
wearing hat and gloves, to fluff out her hair
and drink vermouth cocktails.
And while retaining the colorful idiom of the Hollow,
her grammar improved and her voice lost its nasal whine.
Joan was a knockout in every way
from honest eyes and square shoulders
to the narrow hips of a tango dancer.

Nothing showed yet in the baby department.
At night Joan looked critically at herself in the mirror:
Not a bulge, but baby was in there all right,
and her eyes went bitter as she thought of its father –
her great love, hmph.
"Well young feller, at least we'll have each other.
But I'd better be making preparations.
A working girl can't leave things to the caterer."

Then her boss proposed: He'd divorce his wife and marry her.
"Gee Mr. Harris, I think you're swell but I can't.
There is a real big favor you could do for me, though,"
and she told him how she gave her all for love
and her lover turned out to be a louse.
So Mr. Harris set her up in a little flat until the baby came.
He didn't make any demands on her or anything,
not yet anyway: It was sort of a promissory note
to be paid off later when she grew to love him out of gratitude.

But her ex-lover, John Wainrich, came to town
with his new wedding ring on, and tracked her down;
and misunderstanding the arrangement, called her a few names,
but swore she was his and he'd never give her up.
Joan still loved him but had the courage
to flee to a cheap hotel.
She got a job as dance-hall hostess, dime-a-dance,
six months pregnant, but with a brave smile
as the customers stepped on her toes.
They found her a good joe and a willing ear
as they told her their troubles
while rubbing off against her to a slow foxtrot.
One of her customers, impressed by her dancing,
got her to enter a dance marathon with him for prize money—
she needed that dough for the little stranger—
but the strain was too much for her,
marathon-dancing in her seventh month!

She came to on a hospital bed
with no makeup on and a white cloth over her forehead like a nun
to see her griddle-faced father looking down on her,
his mouth boozy as ever, but in his heart
vowing to go on the wagon if God would spare her life:
"Come home with me, Joanie, I'll take care of you."
"And baby too, papa?"
"Didn't they tell you, Joanie? The baby . . ."
"Oh no . . ."
And tears of mourning still in her eyes
she went back home to the Hollow and kept house for her father.

She had two visits shortly after returning home:
First, John's pale bride came by, big with child,
neglect driving her to seek out her rival.
When she saw Joan so sweet and good
instead of some tramp homewrecker type,
she burst into tears and confessed she knew John didn't love her
but hoped he would when the baby was born, his heir.
The bitterness in Joan's heart turned to pity—
weren't they both women who had suffered?—
so she forgave her and they wept together:
Joan never could resist being a pal.

The other visit was from old Mr. Wainrich, John's father.
(Never had the Hollow seen so many long cars drive through.)
The old capitalist had a confession to make:
"When I saw you at the window watering the geraniums
I could have sworn you were your mother."
"You knew my mother, Mr. Wainrich?" asked Joan astonished.
"Yes. Bette wasn't like the other women in the Hollow.
She was a Davis you know. Her parents
had been plantation people down in Georgia
and even if they did end up here in the Hollow
she never forgot that she was a thoroughbred."
"Are you trying to tell me that you loved my mother?" Joan gasped.

"Yes, I loved her, but the heir to an industrial empire
isn't free to marry whom he chooses,
so my family chose an appropriate bride for me.
At that time I was running our coal mines here,
where Tim Crawford worked.
He was the biggest and toughest man in the Hollow
so naturally he was spokesman for the boys.
He had loved your mother for years
but she knew what it meant for a woman to marry a miner
and live in constant fear of a cave-in.
And she hated his coarse language and crude manners: she was a lady.
And besides, she loved me.
But when I broke the news of my engagement to her
(I explained it was just a marriage of convenience
and it wouldn't make any difference to us)
she married Tim just to spite me.
But it wasn't enough for her: right on my wedding day
she got Tim Crawford to call the men out on strike,

and, with violence surging around the Hill,
I had the biggest wedding ever seen in these parts.
I was coal and my bride was steel: what a merger!
The President came, and there were reporters from Chicago,
and your mother, already big with child, leading a picket line.
That strike went on for months, and you were born in the middle of it.
But we couldn't go on apart, your mother and I.
We knew we were sinners, but we managed to meet on the sly,
although the strike had turned the town into a battlefield
and we belonged to opposing armies.
Finally we decided to run away together, but just at that time
a load of scabs I was importing to work the mines arrived,
and there was a tremendous battle between them and the miners,
led by Tim Crawford of course.
The miners had lead pipes and dynamite,
but we had the National Guard in full battle dress.
Your mother and I, eloping, got caught in the middle
and took refuge in a deserted mine;
and I don't know which side did it, but a stick of dynamite
was thrown down the shaft, and your mother
was buried by a ton of falling rock."
(Joan moaned and hid her face in her hands.)
"It was useless to do anything so I left her there.
Why say anything when no one knew?
She was destroyed by the strike she had started.
The mines were shut down for good of course,
I couldn't bear the memory.
They would have had to be shut anyway,
we were losing money on them."
"And that's why daddy never knew what happened to mother,
raising me all by himself, and took to drink . . ."
"Yes, and I went back home to my wife and our little John was born
and I tried to forget . . ."
"Promise me one thing, Mr. Wainrich," Joan said,
"for the sake of my mother's memory,
that you'll open the mines again and give daddy back his old job."
Joan had a lot to think about in the days that followed.
One day she got a call to come up right away to the big house,
and arriving, found John's wife dying,
having given birth to a child, and asking for her.
The pale bride lay holding her child, the Wainrich heir,
but seeing Joan, she sat up with her last strength and said,
"I give him to you," and fell back dead.
Joan fainted away, and when she came to,
it seemed a long time later, after the funeral and the mourning,
John Wainrich held her in his arms and was saying over and over,
"I am yours now, she gave me to you."
"But she meant the child," Joan cried.
"Both of us are yours, my darling."

So Joan found her place in life at last.
They always said she'd make it up there, surrounded by the help,
a lady, moving gracefully among the guests.
And what a difference now:
The miners in tuxes standing around the punchbowl with the swells,

the colored butler joining in the fun with loud yaks,
a new era, the classless society,
brought about by the smartest little woman in the U.S.A.,
Ladies and Gentlemen: Miss Joan Crawford.

***

Douglas Blazek

The Morning Grapnel Exorcism

The sun rose fiercely
playing white hot nickelodeon tunes
in my eustachian sleep tubes.

I slid out of bed like
an elephant menstruating.

Made it to the washroom
ready for the grand jury
to pronounce sentence:
cold water, soap, brush teeth.

Massive sunshine was ripping
thru my mouth like a yellow auger.

I was being conquered, the
day had me in its grasp—
all I could do was put on
a clean white shirt &
walk back to the bedroom.

Before I donned my undershorts
I grabbed my cock like a
masked torturer – the thing
bulged out dark & savage—

Hell, everything was still o.k.!

2:59 A.M. in civilization

insomnia is the hardest way to wait
better sleeping
better working
better anything
but not that endless staring
at flop house green walls
the way cops search their minds
with each face they see—
those green chalky walls
powder walls
talcum green
everything sprinkled with chalk

scuffing all thoughts
staining then green
there isn't any tolerance anymore!
this is what everyone does—
they can't tell the difference
between things
everything is green chalk
& the waiting
only wraps our screaming bodies
with earmuffs.

***

Charles Bukowski

notations from a muddled indolence

A woman walks by and I look at her and know that her existence is
depleted of thoughts of worms
that she does not realize that successful men can be such
beasts
that she does not know that I have fallen into the sloth of
formula

I watch her as I sit in a dirty kitchen on a dirty
afternoon
she walks dreaming of oranges and
Cadillacs

mentally I throw her up into a palm
tree
physically I rape her
spiritually I spit in her
eye

I realize that really she is no more say than
some words written by a small boy in a public
crapper

these innumerable and astounding
realizations
this dirty
life

her skin is white and sagging
she has on a purple
underslip

this is what causes
wars
great paintings
suicides
harps
geognosy and
hermits.

bogart in the world of the dead

(humpty dumpty sat on a wall and
played with his little round
balls)

—humphrey bogart smoking the cigarettes
the cancer cigarettes,
standing in the doorway tough
the women throwing themselves against
him
him like a god who never
shit or pulled a bugger from his
nose

(humpty dumpty sat on a wall and
played with his little round
bogarts)

ahah ah
life is a dripping faucet you cannot bear
and are too lazy to turn off and
too crazy to
understand—like all the nights the ladies scream and
leave

humpty dumpty whips his meat
bogart drives a racecar down the Paris streets of hell
cigarette dangling, of course, hitting a young lady in stocking-panties
a reader of Proust, of course, and digging gum out from under the
          dashboard, of course,
so
o.k.
bogart gets out of the car
he has dirty fingernails and a 49 dollar shirt
mounts steps of public flat
doesn't knock   opens door
burns his fingers with his cigarette
AT LAST!

then he
sees

she's working with somebody
she's on TOP
she's sweating bobbing mad foamy crippled
WORKING
          and, of course,
          he knows the man on the bottom—
          his FATHER
               lord have mercy his father the Father

father always knew good ass:
he made it himself

bogart goes out in flashes of lightning and
tombstone warnings

down to the bar to be served by
humpty dumpty
who is all sagged and dark-shadowed from jacking the pump

bog says something hump says something they throw drinks in each other's
faces
kiss clutch
            double soda
                        double suicide
                                    double curtain

she left her blue garters on over the stocking-panties for extra kicks
and ripped a hole in the stocking-panties for . . . entrance
she wore stocking-panties just like the one hit on the boulevard by bog
—the one who read Proust
but the one on top didn't read Proust

they seldom
do

you don't like this
poem?

in Paris they'd understand
in New York they'd just laugh
in Vienna they buried a midget with a 21 foot sausage

—sought entry to malady of converging conversing
transformation:
907 chips goldly-burning & just the same
'tis brakish-tame   'tis brakish tame
                            my boy bogart
                            dead for so
                            long
god damn the
hunters.

John Dillinger and *Le Chasseur Maudit*

It's unfortunate, and simply not the style, but I don't care:
girls remind me of hair in the sink, girls remind me of intestines
and bladders and excretory movements; it's unfortunate also that
ice-cream bells, babies, engine-valves, plagiostomes, palm trees,
footsteps in the hall . . . all excite me with the cold calmness
of the gravestone; nowhere, perhaps, is there sanctuary except
in hearing that there were other desperate men:
Dillinger, Rimbaud, Villon, Babyface Nelson, Seneca, Van Gogh,
or desperate women: lady wrestlers, nurses, waitresses, whores,
poetesses . . . although,
I do suppose the breaking out of ice-cubes is important
or a mouse nosing an empty beercan—

the two hollow emptinesses looking into each other,
or the nightsea stuck with soiled ships
that enter the chary web of your brain with their lights,
with their salty lights
that touch you and leave you
for the more solid love of some India;
or driving great distances without reason
sleep-drugged through open windows that
tear and flap your shirt like a frightened bird,
and always the stoplights, always red,
nightfire and defeat, defeat...
scorpions, scraps, fardels:
x-jobs, x-wives, x-faces, x-lives,
Beethoven in his grave as dead as a beet;
red wheel-barrows, yes, perhaps,
or a letter from Hell signed by the devil
or 2 good boys beating the guts out of each other
in some cheap stadium full of screaming smoke,
but mostly, I don't care, sitting here
with a mouthful of rotten teeth,
sitting here reading Herrick and Spenser and
Marvell and Hopkins and Bronte (Emily, today);
and listening to the Dvorak MIDDAY WITCH
or Franck's LE CHASSEUR MAUDIT,
actually I don't care, and it's unfortunate:
I have been getting letters from a young poet
(very young, it seems) telling me that some day
I will most surely be recognized as
one of the world's great poets. *Poet*!:
a malversation: today I walked in the sun and streets
of this city: seeing nothing, learning nothing, being
nothing, and coming back to my room
I passed an old woman who smiled a horrible smile;
she was already dead, and everywhere I remembered wires:
telephone wires, electric wires, wires for electric faces
trapped like goldfish in the glass and smiling,
and the birds were gone, none of the birds wanted wire
or the smiling of wire,
and I closed my door (at last)
but through the windows it was the same
a horn honked, somebody laughed, a toilet flushed,
and oddly then
I thought of all the horses with numbers
that have gone by in the screaming,
gone by like Socrates, gone by like Lorca,
like Chatterton...
I'd rather imagine our death will not matter too much
except as a matter of disposal, a problem,
like dumping the garbage,
and although I have saved the young poet's letters,
I do not believe them
but like at the
diseased palm trees
and the end of the sun,
I sometimes look.

the yellow walls have faces divided into blocks and out
of ice-cube windows
the world wanders by—
sticks and hints of world
in dress and in face
moving along the cement
stuck there, moving there,
people, heads arms eyes asses,
killers punks another madman another banker
a torturer of animals,
they go by,
my yellow walls have me within them
and the walls hold back death and the people for a while
for a while only.
I need rent, I sneak food in here,
sometimes an old woman comes and sucks my head,
sometimes I see a butterfly through the window
or when the mailman comes by
I peek at him from behind the shade and think vaguely of
murdering him,
and as long as there is wine enough and the walls do not
fall down, I fall down drunk,
ripped my whole right leg along the front
falling over a barbell I haven't lifted in ten years,
I was naked, ass-naked, white as toothpaste, alone and
listening to Wagner
smoking cigars rolling cigarettes
burning my guts with red and cooking and cooling ash and
roaches
I fell down over and into the fireplace a fireplace that
hasn't been used in 20 years and I came up black Jolson
singing MAMMY! bayoneted down the front leg, red red red
I was laughing in my yellow walls,
a one-man show,
and a halfglass of scotch
beer-chaser
my health is so bad that my health doesn't give a
fuck,
and in the morning
the sheet was stuck to my leg where the scab was
and I ripped it off and went to the bathroom
and got into a tub of hot water and the walls in there
were white,
and I floated down in there
thinking, well, not everybody can do this and I am not
even in a madhouse, in fact, not anybody is even bothering
me, and then I rubbed soap on my cock
dreamed a rape in my mindmovie and
jacked off.

living

I mean, I just slept
I awoke with a fly on my elbow and
I named the fly "Benny"
then I killed him
and then I got up and looked in the
mailbox
and there was some kind of warning from the
govt.
but since there wasn't anybody standing in the bushes with
a bayonet
I tore it up
and went back to bed and looked up at the ceiling
and I thought, I really like this,
I'm just going to lay here for another ten
minutes
and I layed there for another ten minutes
and I thought,
it doesn't make sense, I've got so many things to
do but I'm going to lay here another
half hour,
and I stretched
stretched
and I watched the sun through the small leaves of a tree
outside, and I didn't have any wonderful thoughts,
I didn't have any immortal thoughts,
and that was the best
part.
and it got a little hot
and I threw the blankets off and slept again—
but a damned dream:
I was on the train again
on that same 5 hour round-trip to the track,
sitting by the window,
past the same sad ocean, China out there mouthing
peculiarities in the back of my
brain, and then somebody sat next to me
and talked about *horses*
mothballs of talk that ripped me apart like
death, and then I was there
again: the horses running like something shown on a
screen and the jockeys very white in the face
and it didn't matter who finally
won and everybody knew
it. the ride back in the dream was the same as the ride
back in reality:
black tons of night around
the same mountains ashamed of being
there, the sea again, again,
the train heading like a cock through a needle's
head
and I had to get up and go to the urinal
and I hated to get up and go to the urinal
because somebody had thrown paper, some loser had thrown paper

into the toilet again and it wouldn't
flush, and when I came back out
everybody had nothing to do but look at my
face
and I am so tired
that they know when they see my face
that I hate
them
and then they hate me
and want to
kill me
but don't.
            I awakened but since there wasn't anybody
            over my bed
            to tell me I was doing
            wrong
            I slept some
            more.
when I awakened this time
it was almost
evening.   people were coming in from work.
I got up and sat in a chair and watched them
coming in.   they didn't look so good.
even the young girls didn't look so good as when they
left.
and the men came in: hatchet men, killers, thieves, con-men,
the whole bunch, and their faces were more horrible than any
halloween masks ever devised.

I found a blue spider in the corner and killed him with a
broom.

I looked at the people a while more and then I got tired and
stopped looking and fried myself a couple of eggs and sat down
and had some tea and bread with it.

I felt fine.

then I took a bath and went back to
bed.

***

Tom Clark & Ron Padgett

Bun

Hello. May I be alive in your dream of unconsciousness?
                                        Would you like to hear my life?
                                                                                Get down
                                                    on your hands and knees
                                                                                            and toes
                                                                                and *Starry Night*
                                            and crawl through the grass with me

Please to let the chirps
to drop to where the May
wind can blow them back
away into your mind-head

Wait a minute

weeds are so healthy
instead of destroying them

we should make them grow something
good to eat
God is
screaming at me
He was first recorded
in March, 1929

I am elevating a landscape sandwich
It's called *Déjeuner sur l'herbe*

If it's because of you
I find the stream refreshing cool

It's because the stream is you
forgot the moon
up there

in the sky
like a giant statue of Don Mossi

Others statues of you me
Go by

A statue of Santa Claus goes by at Christmas
And this is good
Matisse
Unlike you
We live in a turnip

Trembling
a lad lowers his shoulder holster
into the beer garden
which has a tuft of beer plants

growing
and Beethoven paints it all in one chromatic note

Will we, in twenty years,
Look down at these pages
And ejaculate?
Smuh!
God get out of here
And he runs off chirping and chuckling into his handbag

What's happening here
is that the brain tissue is momentarily
a noodle

Your mind is pretty
It would probably be interesting to you
To eat a potato chip of tin
I'd like to buy a house for your mind white curtains
I' ve always loved pink
I'm pressing a button Fragonard
I'll get up before you're awake
Penis-chintz
change diapers

Moon!
When I look at your face
flying through space
a question comes to mind
Will I ever see your behind?
a mule's brain
cloudy dangerous
The wart that is your behind
Kills a bystander
Who attempts to admire it
Why must we write with the fear that our private parts are going
to be bitten by growling monsters?
We live in perpetual warm and tender love and pain
Wayne, you eat du food
Et moi, je mange d'merde
On dit que je suis un mange-merde

My hairs are long and hard
Quand on dit "Korea" j'ai froid
dans ce pays

je suis Mort, le janitor
tout est OK
But
When I say "I love you "
God is talking
to himself
in language the police would understand

***

Ted Berrigan & Ron Padgett

Kodak

for Barbara Stanwyck

Which of course she did.
One went "boop boop a doo"
In the velvet bathtub she was not above

Suspicion. Those days we rubbed each other out.
At the big fantastic rent party we tore off a piece.
The exact opposite was false. For hours
You were cut down in the hedges, your kit
Was a mess. Our bandanas moved through the hills
In "The Seebee Manual." My enthusiasm gushed up you.
You asked for something "sanitary." So
I gave you a negress kit. You were licked, so
At last we got together. I loved every minute of it.
The moon was getting high. We mooned around
For a while, then split our sides heehawing.
Those were the days of our years. We call 'em
"Lies."
    Frank took in plenty that year. He's
a comer. Mighty sharp boy that Frank. Speaking of Frank,
Do you think we should leave now? Yes, because Momma's
Okay let's go. Farewell. So long. Goodbye.
They went into the bedroom "to read some books" or something.
Called it "self-development." It was dark under the door
Just like that other time. That time, Frank was born later.
Mmm-Hmmm. I thought so. More coffee? Theynk I will, thank'ya.
They were sayin' THAT word, you know. Uh-huh. I knew it.
Well, dearie, I'm off now, bye bye. Got to clean up . . . with a wink.
Everything started to click . . . him . . . her . . . the velvet bath . . "muck"
Later, we put him in the "Machine."
He came out lookin' like a hot lunch.
Then I admitted it all, yes, all of it,
And it came right on in. The backseat was cram-jammed,
The "church" picnic would certainly be a big success.
Then it started to spray again . . . everyone took to the hills,
Behind bandanas, on their donkeys which went "heehaw!"
It was dark under the donkeys. I never
Noticed *that* before. Take it away, ugh!
When everyone learned that Betty had . . . well . . .
Sure not for the school newspaper!
Hanna kept doing things over near the faucet.
Goodbye, Frank! Goodbye, Bert! Goodbye, Margie!
We learned *that* from *Robert's Rules of Order,*
In the corner of the marketplace, where it smelled "funny."
Bringing in "shivs" brings in the idea of "mastication,"
The word which flunked you in the fifth grade spelling bee.
I missed "Atlantic Ocean," Then we "showed off."
He told me some kind of crazy story about it. Like
He was fooling me or something. He think he's big.
We'll just *see* about that whole business and who's leading who around by what!
I decided to put an end to all that, so read her the note:
"If thee in me behold the flush of love
Further circumspect that truth doth bode,
I cannot fend thee off, O boy my troth! Well,
This wowed 'em! After that we stripped nude and took baths
Together. We played boats and submarine a lot. Gee! I really liked it.
Can I go over there again Ma? Huh Ma Can I huh? Ma? Can I?
Looks like a big whitewash job to me!
    That year there was snow, lots of it, and
We got plowed under. Father got all fagged out

On his big snow job. Some vacation he snorted
As the ambulance whisked him away. We cared, but you know...
I mean, we were having fun and all that!
You sing like Helen Kane, Helen Morgan, Helen
Forrest, Helen Zubiago, and Lola Cola ha ha ha!
Got you last!
America was known as a big melting part.
Waxey Gordon ran the the east side. I got hung up on
Bolshevism and kept reading those crazy books by Sol
Funaroff, and Emma Goldman. You were reading Henry
Miller. Later we both read Charles Dickens and went
to bed together. Little Dorrit was our very favorite.
Imagine, we've been married sixty-one years now and
never missed a single day. Ought to give us a meddle
or something. Oh, Pshaw, Mother. Oh. Tish, Father.
They meandered off into oblivion, happy with each other.
We call that death.
"The exact opposite is true," stated Jacques, the Pervert,
Or just "The Wipe." "I was there when it happened. Boy.
I "hate" you. Oh, Charley, stop! You're ruining my
.... Blackout. Love calls us to the things of this world
I shall willingly take anything it has.
I really did miss being in bed with you.
We used to have fun together. What's happening
to us. Oh, I don't know. Let's throw away
The past. The only important thing
is that we are together again. Bringing in that
brings in the idea of symbolism. You bought me
a sixty-five cent rose, remember. Yes,
Which no longer suffices, although you are evoked.
"They" were cruel, and now "we" have grown older.
This means something,
"Friendship" I guess. I'd rather go to the movies.
I've been trying to tell you about love.
But you took the first line when I wrote.

***

Ron Padgett & Ted Berrigan

USURA

More festive seasons, boys and girls!
Hatred hates us on birthdays, bids us
Finagle rituals to stem these vicious undertows
Set in steaming cities behind sex, solitude,
Sanctuary, certainty, my stand-off-ishness.
There must be something in a bump we can understand
And which has something to do with festivity.
You come into my life like a girl comes in
To a girl's life (misunderstood and soggy).
Thank you so much for the lovely pun
Said the thankful beggar. Then he pulled a dot from his nose
And offered it to the steaming wrist.

You are as wistful as broomfuls of feeling
Swept up in the tides of your own laundry
Of sin. You clean me out and then we are broke
Up, later we get downcast. Don Juan: Dedication: Bright star.
My head is on my table which is under my nose
And it thinks about you, right hand, who gently
Is scratching your eyes out. But manliness came to me
Early, before I was born a man in the shape of a seed,
Planted to seal a bargain. Later, when the crop came in
We paid off the mortgage with talk
And some sandwiches followed by coffee
At the brown and beige desks. We called it dedication
Or "The Right" and ritual moved its heads
Into another dimension, a family one at first, which soon
Became illicit and later turned to friendship.
At this point some death partook of you which are me
I mean free. At this we turn to fleas.
Please don't do that, Dickie! A hand
Slapped itself in the palm. Give me my had back
And leg, said the twins to each other. Gosh,
If only I hadn't eaten so much! How to go on
There and into the third person, he who shadowed
You, slavering and panting in the teeming underbrush.
More than once during the night were we shaken up
Out of our bed of leaves by the shrieks which emerged
From our mouths. Out shoes were fitting, though,
And we wore them out. It was our first night out together.
We wore our charro jackets. We wore indifference.
We wore Tom and Joe. We said farewell to Manfred
The Chamois. He tittered across the cold beach,
Having a ball, that boy. You jest get aholt
Of yourself. Then the Atomic Drop! Jet McClane.
Sputnik McClane. Rocket Baby. Let's play Siamese Tag.
Let's read some French poetry from Baudelaire to Present.
Let's stand up backwards. Bits of flak fell off our ears
Off the Somp Night, off the knob marked "Off". Come, come
Off it. Then we made up (some "bigger").
We called her "Yvonne the Terrible" because
She was always widely read. She shows her tail
To the breeze and we call it "inspiration".
Ron gets inspired at this, too. He stretches out
And grins in preparation for his nap. Then comes
His ritual dream. Vast tribes of smelly aborigines
Sweep across the canyon of his skull, seeking
The gold ring. Under the tree, in the tall grass,
The gold stained ring sits, awaiting the fertile hand.
Some girls are there, too, and have something to do
With everything. This is terrible. There's nothing
To do, so we join in singing, and everything turns to
Ritual kissing in the dining room. Next we have a hoedown
And our hands are marked with horsies then elephants.
At this the dream ends and the tears begin.
The rites are washed away, up to a lazy river of ambition
As the newly created lady pops into view.
Today she is 21. This enables her to exercise her rights

The right to smell, the right to be buried at noon under the tree,
The right to die and be reborn in the horrid fantasies
Of men. (But this had been going on for many years.)
She liked ritual, love, God, and fornication. Her
Fondest wish was sandwiches and sweet dawdling
Among the naked black men of the Zug tribe,
Those stinky aborigines who sing to her at night
Beside the bathroom, that room in which her future was conceived.
She knows the midget. The midget sits alone in his shorts,
Symbol of pathos. He doesn't have the sense to come in out
Of the rainbow. He wishes that cigarettes had some significance
As cigarettes. He sympathizes with "the pile". O thing!
But see now where they come, the zeros, how they swoop down
To strafe the hapless midget, to riddle his trunk with ... O!
Unspeakable! Lament. Over and out, said Roger.
Now as we look back over those heaps of years,
Boxes of mud along the highway, we must bow our heads
For a moment of Finnish. We call it "Portrait of a Ladybug."
We is weewee, we. You brooded too much there.
It did you in. You like my line, but you think it isn't
Spontaneous. It isn't. It is. This illustrates the complexity
Of our realitionship, in which you have a part to play, and so do I.
Thus we arrive at the theatre of improvisation known as "life".
You come on strong, to speak of ancient times, and I follow you
On the bill with "The Platypus Story," entirely concocted in my head
For your 21st Fantasy. Then you go home to bed and we go to the
movies, not caring in the least that it's too late.

***

Peter Schjeldahl & Ron Padgett

Drops

There're a few thousand touches of London in the air tonight
Touche
It's raining, slightly
Touching my brow with little thoughts
About how it's hitting my shoes with drops of cool mid-winter rain
Out of the mammoth hulk of a dark sky
I'm under—how almost depressing
To be stroked by beauty but think only of hate and death
And how they sprinkle your personality
So that History can come along and eat you in one obscene gulp!
Drat!

London! are your lights on tonight?
Hyde Park's being rained on hard
Of course (it would!) to give our soft skin a tiny jolt
Equal to one volt
Of the beautiful tonic power of love

This is the flashlight we shine in the eyes of death
As it rolls by, keeping its appointments

Prime Minister 2, any old fishlady 2:30
Then a quick siesta on the Thames' mud bottom
Overhead the Ship of Fools blinks on then off again
And soft rain sweeps, O Thames, your stinking surface
Where I float and drift, rain where my face was
Wake up!
Drink some steaming breakfast coffee here by the window
Which looks—oh no!—over the dreadful Thames!
But let us be calm and wait, so love can come and find us here
In the air through the window
Streaked with blood, sweat, and tears

ENDE